KB233358

이광요(李光耀)의
국가경영리더십

이광요(李光耀)의 국가경영리더십

이 상 수 著

한국학술정보㈜

서　문

　　국가경영 리더십은 국민들을 물질적으로 풍요롭게 하며 정신적으로 아름답고, 인간적으로 보람되게 살수 있도록 이끌어 가는 것을 말한다. 특히 국가를 이끌어 가는 리더십은 그 국가의 사활을 좌우하리 만큼 중요한 역할을 담당한다. 최고 경영자는 큰 목표를 가지고 큰 그림을 그리는 전략가이다. 조직이 올바로 운영되는지 확인하고 최고의 팀을 만드는데 전력을 기울여야 한다. 또한 조직원들이 효과적으로 일을 할 수 있도록 환경을 조성하고 조직원의 능력을 최대한 이끌어낼 수 있는 리더십을 발휘해야 한다. 국가최고경영자는 원대한 목표를 향해 끊임없이 전진하는 전략가이며 궁극적으로 국가의 비전을 파는 상인이어야 한다.

　　이광요는 국가경영에 대한 분명한 비전이 있었다. 그것은 싱가포르가 서구열강의 노리갯감이 되어서는 안 된다는 신념을 견지하고 취임연설에서 "나는 싱가포르를 1, 2, 3, 4, 5의 나라를 만들겠다"는 명쾌한 비전을 밝혔던 것이다. 1은 하나의 부인으로 도덕적으로 순결한 가족중심사회를 만들자는 것이며 2는 두 명의 자녀를 의미하고, 3은 전 국민이 3개의 침대가 있는 아파트를 소유하고, 4는 네 개의 바퀴가 있는 자동차를 타며 5는 일인당 국민소득 500달러의 부유한 싱가포르 건설을 위해 최선을 다할 것이라는 약속이다. 그러한 그의 꿈은 초과 달성되어 현재 싱가포르는 동남아시아의 초일류국가가 된 것이다.

　　오늘날 국가경영리더십개념은 학자에 따라 그 정의도 다양하며 그 영역도 기술문명의 발달과 조직의 분화로 인해 매우 방대하여 포괄

적인 접근이 필요하다. 국가경영리더십은 정치, 경제, 사회, 문화, 종
교, 철학, 예술, 등 전 분야를 포괄하는 영역에서 총체적인 역할수행
을 의미한다.

　필자는 리더십에 대한 관심을 가지고 연구활동을 하는 과정에서
집필한 박사학위논문「이광요의 근대화 리더십」을 다시 정리하여
책으로 편찬하게 되었다.

　이 책의 1장에서는 정치리더십과 국가발전은 어떤 상관관계가 있
는가에 대해 논하였다. 2장에서는 총리가 되고 난 후 싱가포르의 정
치・경제적 현실에 대한 이광요의 상황인식이 어떠했는가에 대해 살
펴보았다. 3장에서는 이광요가 현실적 상황인식을 바탕으로 어떠한
비전을 가졌는지에 대해 구체적으로 분석하였다. 4장에서는 효율적
인 국가시스템을 정비하기 위해 공동체에 어떤 정책적 처방을 내렸
는가에 대해 정치・경제적인 측면에서 설명하였다. 5장에서는 경제
발전과 서구문화의 유입으로 느슨해지는 국가시스템을 강화하기 위
해 어떤 사회・문화정책을 입안하고 실행에 옮겼는가에 대해 조명하
였다. 6장은 결론으로 싱가포르 이광요 리더십의 성공사례가 제3세
계와 한국에 시사할 수 있는 함의를 기술하였다.

　이 책을 통해 국가경영리더십에 관심이 있거나 장차 국가를 경영
하려는 각 분야 리더들에게 이광요의 국가경영리더십이 현장감 있고
실감할 수 있는 한 사례가 되길 바랄 뿐이다. 이 연구를 진행하는
과정에서 힘이 되어 준 아내와 현승이 현수, 애정 어린 도움을 준
정윤재 교수님, 이완범 교수님, 이서행 교수님, 전택수 교수님, 그리
고 이종찬 교수님께 감사를 드리고 한권의 책으로 편찬해준 한국학
술정보(주)에 심심한 고마움을 전한다.

2006년 1월

이 상 수

목 차

표 목차

그림 목차

Ⅰ. 서 론

1. 문제의 제기: 정치리더십과 발전

개발도상국들은 정치적으로 독립한 후 경제적 발전과 사회적 안정을 달성하는 데 적지 않은 어려움을 겪고 있다. 그리고 최근 달러부족 현상 때문에 초래된 동아시아의 경제적 어려움은 이른바 "유교자본주의"에 대한 회의와 불신을 초래하면서 "아시아적 가치"에 관한 새로운 논쟁을 불러일으켰다.[1] 그중 한국은 권위주의적 국가주도하에 경제적 근대화 달성에 성공한 사례이지만 최근에는 정치적 부패와 사회적 불신 그리고 전반적인 도덕적 해이 현상 때문에 어려움을 겪고 있다. 그런 싱가포르는 1965년 말레이시아로부터 독립한 이후 줄곧 "아시아적 가치(Asian values)"에 의한 국가발전전략을 실천하여 오늘날 가장 모범적인 "일류 국가"의 하나로 발전했다. 싱가포르 근대화의 지도자 이광요(李光耀)는 1994년, 미국외교전문지 Foreign Affairs의 인터뷰에서 미국사회의 실패에 대해 언급하면서 "우리들은 경제성장을 위해 가족을 이용한다. 우리들은 근검에 대한 신념, 효행과 국가에 대한 충성 그리고 대가족 특히 다른 무엇보다도 학자와 배움에 대한 존경의 문화적 배경이 있다는 것이 행운이었다"[2]라고

---

1) 함재봉, 「아시아적 가치논쟁의 정치학과 인식론」, 함재봉·김영명 외, 『아시아적 가치』 (서울: 전통과 현대, 1999), p.209; 함재봉, 『유교자본주의 민주주의』 (서울: 전통과 현대, 2000), pp.18～64. 참조.

2) Michael Hirsh, "Lee Kuan Yew Recants: Forget What I said about 'Asian Value,' declares the sage of Singapore," http://www.msnbc.com/news.html(검색일: 2001. 8. 4).

12

말했다. 이광요 수상은 싱가포르의 독립과 근대화과정에서 탁월한
정치리더십으로 1965년 초대 총리가 된 뒤 1990년까지 집권하면서
조그만 도시국가를 풍요롭고 질서 잡힌 선진국가로 건설하는 데 성
공했다.[3] 그는 싱가포르 경제발전의 지도자일 뿐만 아니라 세계의
정치·경제정세에 대한 예리한 분석과 처방으로 국제적으로도 명망
이 높다.[4] 그는 90년대 "아시아적 가치"의 주창자였고 중국적 세계
관을 통하여 유교를 부활시킨 지도자이다. 젊은 시절 동양고전에 심
취했던 이광요는 싱가포르의 래플즈 대학(Raffles College)을 졸업하
고 1950년 영국 캠브리지 대학에서 법학 박사학위를 받았다. 비록
서구식 교육을 받았지만, 그가 대만계 중국인이라는 점과 싱가포르
국민들의 70%가 중국인이라는 점을 감안할 때, 그의 근대화 발전전
략이 유교문화와 깊은 관련을 맺고 있다는 점을 유추할 수 있다.[5]
그리고 "아시아적 가치의 정치(the politics of Asian values)"에 관한
한 싱가포르의 사례는 리더십원칙, 프로그램, 그리고 성과적 측면에
서 전형적인 유교적 가치에 그 뿌리를 두고 있다.[6] 오늘날 싱가포르
는 이웃 동남아시아 국가들의 수많은 원자재를 가공하는 센터로서
기능하고 있을 뿐만 아니라 또한 동남아시아에서 움직이는 많은 초
국가적 기업의 지역본부로서 최적지가 되고 있음은 주지의 사실이다.
그리고 1965년 말레이시아 연방에서 분리된 후 자원도 영토도 부족

---

3) 김형곤, 「'비전' 실천한 대통령이 '성공'」, 『주간조선』 제1733호(2003), p.36.

4) Michael D. Barr, *Lee Kuan Yew: The Beliefs behind the man*(Washington,
   D.C.: Georgetown University Press, 2000), p.2.

5) 함재봉, 「아시아적 가치논쟁의 정치학과 인식론」, 함재봉·김영명(외), 앞
   의 책, p.191.

6) Yoon Jae Chung, "Globalization and the Politics of Asian Values: The
   Singapore Case and Its Implications for Korea", 『새 천년 한국인의 정체
   성』(성남: 한국정신문화연구원 2000), p.21.

한 싱가포르가 일류 국가가 된 배경에는 이광요 수상이 있다.7)

이광요는 개인과 사회의 관계에 대해 아시아에서는 서구와 달리 언제나 개인보다 사회가 훨씬 중요한 것임을 강조하였다.8) 다른 말로 그는 아시아에서는 서구적 개인수의에 바탕을 둔 민주주의보나 공동체주의에 기초한 "수양과 훈련(discipline)"이 더 중요하다고 역설하였다.9) 1923년에 출생한 이광요는 변호사로 활동하다가 1950년대 말 싱가포르 독립운동에 뛰어들었다. 1959년 싱가포르 정부 수립 직후부터 1990년 고촉동(吳作棟)에게 총리직을 넘겨주기까지, 그는 31년 동안 싱가포르를 이끌었다. 이광요 전 총리는, 인구 415만의 작은 도시국가 싱가포르를 1인당 국민소득 2만7000달러의 일류 국가로 만들기까지의 전 과정을 기획하고 이끌었던 연출자였다.

한때 한국이 IMF 구제금융을 신청한 이후 아시아지역을 휩쓴 달러환란은 아시아적 가치에 입각한 유교적 자본주의에 대한 평가절하를 초래했다.10) 이러한 달러부족현상이 태국이나 필리핀 등 동남아시아에서 국가의 큰 혼란을 불러 일으켰지만 동아시아의 "글로벌 시티"인 싱가포르는 타격을 입지 않았다. 자원이 빈곤하고 다민족으로 구성된 이 작은 도시국가는 모든 역경을 극복하고 90년대에 와서 세계 제9위의 1인당 국민소득을 달성했다.

그렇다면 1965년 말레이시아로부터 독립한 싱가포르가 4반세기 만에

---

7) Kuan Yew Lee, *From Third World to First: The Singapore Story: 1965-2000*(New York: Harper Collins Publishers, 2000), pp.3-4.

8) Time, 14 June, 1993.

9) Eric Jones, "Asia's Fate: A Response to the Singapore School," 1994, http://www.asiamedia.ucla.edu/Deadline/AsianLeaders/html(검색일: 2001. 8. 4).

10) 김석근, 「IMF, 아시아적 가치 그리고 지식인: '세기 말' 한국과 '철학의 빈곤'」, 함재봉·김영명 외, 『아시아적 가치』(서울: 전통과 현대, 1999), p.248.

14

개인당 국민소득 27,000달러의 아름다운 "정원국가(Garden State)"[11] 로 발전할 수 있었던 배경은 무엇인가? 그리고 싱가포르 근대화 지도자 이광요는 어떠한 국가발전전략으로 오늘의 싱가포르를 건설했는가? 싱 가포르의 성공적인 일류 국가 달성과 관련된 이러한 질문들은 자연히 이광요 수상의 근대화리더십에 대한 심층 분석의 필요성을 제기한다.

정치리더십은 국가의 발전에 있어서 필수적인 요인이다. 제이콥(P. E. Jacop)과 그의 동료들은 국가에서의 사회변동은 리더십의 결과라 고 주장하면서 지역사회 지도자의 자질이 국가의 발전과 밀접한 관 련이 있다고 주장하였다.[12] 국가사회에 있어서 리더십이 차지하는 중요성에 대하여서는 여러 연구가 있다.[13] 그런 연구들을 살펴보면 유능한 지도자가 있는 국가에서는 국가의 사업이 성공하였지만 그렇 지 못한 국가는 실패로 끝난 사례를 발견할 수 있다. 그런데 싱가포 르의 현대사는 이광요 수상의 리더십의 산물이라고 해도 과언이 아

11) 장광균, 『싱가포르 그 나라를 알고 싶다』(서울: 세훈문화사, 1999), p.35.

12) Phillip E. Jacob et. al., *Values and the Active Community*(New York: The Free Press, 1971), p.23.

13) 이러한 유형의 분석에 해당되는 글로서는 다음과 같은 것이 있다. 정윤재, "박정희 대통령의 근대화리더십: 그의 '개발독재'에 대한 재검토" 한국정치 학회(편) 『한국현대정치사』(서울: 법문사, 1994), pp.264-303: 정윤재, "근대 국가 발전에 대한 정치적 리더십 접근: 쓰루타니 다케쓰구를 중심으로," 한 국정신문화연구원(편) 『1960년대 초 주요 정치지도자 연구』(성남: 한국정신 문화연구원, 2001), pp.11-36: 김석준, 『The State and Change: Dynamics of the Modern States & Strategies for the 21C Korean State』(서울: 범문 사, 1994), pp.667-679: 김호진(외), 『한국의 도전과 선택: 21세기 국가경영 론』(서울: 나남출판사, 1997), pp.998-1018: Sidney Hook, "The Eventful Man and the Event-making Man," Barbara Kellerman, ed., *Political Leadership*(Pittsburgh, Penn.: University of Pittsburgh Press, 1986), pp.24-35: Taketsugu Tsurutani, *The Politics of National Development: Political Leadership in Transitional Societies*(London: Chandler Publishing Company, 1973), pp.82-114: Robert Elgie, *Political Leadership In Liberal Democracies*(London: Macmillan Press, 1995), pp.1-24.

닐 정도로 그의 역할은 지대했다.14) 싱가포르의 가로수 한 그루에도
그의 구상과 비전을 심었다고 말할 정도로 국민들은 그의 이상을 따
랐으며, 그것은 곧 싱가포르의 발전을 현실화하는 원동력이 되었던
것이다.15) 그리고 이광요 수상의 가부장적 강력한 중앙집권체제를
유지하는 정치사상의 내면에는 중국인의 철학과 사상이 깊게 자리
잡고 있음을 발견할 수 있다.16) 이러한 중국사상의 다섯 가지 주요
축을 든다면 그것은 공자, 맹자, 순자, 한비자, 그리고 법가사상의 사
상이다.17) 후임 총리인 고촉동 수상은 이광요를 "20세기의 공자"라
고 일컬었다.18) 이광요와 그의 팀은 다른 개도국 지도자들과 달리
사회질서를 유지하는 시스템을 정착시키는 데 성공했을 뿐만 아니라
경제개발청(Economic Development Board)이라는 국가 기구를 효과
적으로 운용하여 외국기업과 자본을 유치하는 데 성공하여 발전의

---

14) Clark D. Neher, 동남아지역연구회 역, 『현대 동남아의 이해』 (서울: 서울
    프레스, 1993), p.142.

15) 한태선, 「데모크라시에 대한 이광요의 이해와 적용」, 『사회과학논총 17』
    (서울: 한양대학교 출판부, 1998), p.356.

16) 위의 글, pp.359-361. 이광요의 통치철학은 국민들이 더 많은 복지와 혜택
    을 누리는 사회구현이었으며 그러기 위해 지도자는 정직과 청렴으로 모범
    을 보여 국민의 신뢰를 확보하고 인기를 얻는 정부가 아닌 존경을 얻는
    정부를 형성하는 것이었다. 창당 초기 이광요가 이끄는 인민행동당의 목적
    은 세 가지로 요약할 수 있다.1) 첫째, 모든 시민들이 물질적으로 풍요로운
    생활을 할 수 있는 사회를 건설하는 것이다. 둘째, 일하려는 의욕과 일할
    수 있는 사람들에게 직업을 갖게 하는 것이다. 셋째, 단지 직업만 제공하
    는 것이 아니라 지속적이고 빠른 경제발전을 통하여 매년 국민들의 생활
    수준을 향상시키고 인상된 임금을 지불하는 것이다. 이광요는 집권후반부
    정권 이양기에 통치 이념으로서 4개의 핵심가치(core value)를 공표 하였
    다. 그 내용은 다음과 같다. 첫째, 사회를 개인보다 우선한다. 둘째, 가정을
    사회의 초석으로 정립한다. 셋째, 경쟁대신에 합의에 의한 문제해결을 중
    시한다. 넷째, 인종적, 종교적 관용과 조화를 추구한다.

17) 위의 글, p.359.

18) *Straits Times*, 24 April, 1990.

발판으로 삼았다.

 이광요 수상의 주변사람들은 그의 정신적인 민첩성을 높이 평가했으나 가장 중요한 것은 그들이 이광요를 "사고"와 "행동"에 능한 자로 평가했다는 것이다.[19] 이광요의 영국유학은 유교적 사고를 가진 중국인 이광요가 식민 지배자 영국을 자신의 시각으로 바라볼 수 있는 안목을 지니도록 하였다. 최장수 리더로서 유명한 이광요는 유교의 가르침을 받아들인 유교적 지도자의 전형으로 간주된다.[20] 그의 리더십은 가부장적 권위에 기초하고 있지만 국민들을 돌볼 책임과 높은 도덕성을 견지하여 모범을 보이는 지도력으로 국민을 이끌어간다는 것이다. 부패를 추방함으로써 이광요는 다른 사람들의 선망이 되는 사례를 만들어 싱가포르 국민들이 그를 더욱 추앙하게 만들었다.[21] 다른 한편으로 집권정당인 인민행동당(People's Action Party, 이하 PAP)이 사실상의 일당독재정치를 주도했고 이광요 1인에 의한 통치가 장기간 지속되어 이광요, 고촉동에 이어 이광요의 아들 이현룡이 총리직을 자연스럽게 승계하는 현상이 발생하고 있다. 서구의 민주주의 시각에서 볼 때 시민적인 자유와 권리가 심각하게 제약을 받고 언론과 결사의 자유가 부정되고 사법부의 독립성도 의심을 받는다.[22]

---

19) Robert O. Tilman, "The Political Leadership: Lee Kuan Yew and the PAP Team," Kernial Singh Sandhu and Paul Wheatley, eds., *Management of Success*(Singapore: Chong Mob Offset Printing, 1990), pp.54-55.

20) Clark D. Neher, "Asian Style Democracy," *Asian Survey* Vol. XXXV, No.11, (November 1994), p.954.

21) 위의 글.

22) 1992년 12월 이광요는 필리핀에서 민주주의보다는 규율이 중요하다는 것을 언급했다.
"미국의 정치 평론가가 말한 것과 정반대로 나는 민주주의는 반드시 발전을 가져온다고 생각하지 않는다. 나는 나라의 발전에 필요한 것은 민주주

그러나 싱가포르는 주요기간산업과 공적서비스를 국가가 장악하고 관료집단이 통제하는 관리형 사회이다. 서구의 식민 지배를 받은 아시아적 토양은 전통문화의 단절과 서양문화의 무분별한 흡수로 인해 가치관의 혼란을 겪고 있다. 그리고 이러한 개발도상국들은 서구스타일의 민주주의를 그대로 적용할 경우 사회혼란이 가중되어 국가위기 상황이 전개될 수도 있다. 이러한 상황을 인식한 이광요는 유교적 전통가치를 회복하여 사회적 혼란의 치유를 시도하였다. 그리고 부패척결을 위한 철저한 시스템가동으로 질서를 중시하는 엄격한 가부장적 중앙집권체제를 유지하여 싱가포르를 세계선두국의 위치에 올려놓은 탁월한 국가경영리더십을 발휘했다. 그는 민주주의 자체는 좋은 것도 나쁜 것도 아니라고 파악하고 민주주의의 폐해가 나타날 때는 언제든지 그것을 싱가포르 현실에 맞게 시정해야 한다는 시각을 가진 지도자이다.23) 이러한 싱가포르의 발전과정을 고려할 때, 이른바 후발 산업국가들에 대한 정치리더십 접근이 필요하고 적실성이 있음을 발견하게 되는바, 본 연구에서 필자는 이광요가 싱가포르를 어떻게 진단하고 처방해 "일류 국가"로 만들었는지 살펴봄으로써 그의 근대화리더십에 대한 체계적 분석과 평가를 시도하고자 한다.

의보다 규율이다. 민주주의의 방종은 제멋대로 행동하며 혼란한 상황으로 이끌어간다." 한태선, 「데모크라시에 대한 이광요의 이해와 적용」, 『사회과학논총』(서울: 한양대학교 출판부, 1998), p.366.

23) Alex Josey, *Lee Kuan Yew: The Struggle for Singapore*, (Singapore: Angus& Robertson Publishers, 1980), p.229.

2. 기존연구의 검토

근대화이론은 여러 가지 발전 지표(GNP, 일인당소득, '근대적'가치의 수용도, 사회적 분화의 정도, 정치적 통합의 정도 등)에 따라 모든 국가사회들을 역사변동의 연속선상에서 설명하는 경향이 있다.[24] 기존의 근대화이론에 따르면 정치발전은 단계들의 연속을 통해 일어난다. 오늘날 저(低)발전국가들은 과거 서구사회가 통과했던 저(低)발전단계에 여전히 머무르고 있다고 가정하며 이들 국가의 근대화를 위해 블랙(C. E. Black)은 정치리더십을 강조하고 헌팅턴(S. P. Huntington)은 정치적 제도화(political institutionalization)를, 그리고 로스토우(W. W. Rostow)는 순차적 단계설을 주장했다. 블랙은 "근대화는 …… 창조적인 동시에 파괴적인 과정으로서 생각해야 한다"고 강조하면서 유럽의 근대화가 치른 값비싼 대가를 상기시켰다.[25] 그리고 그는 1966년 그의 저서 『근대화의 사회변동(*The Dynamics of Modernization*)』에서 일본의 도쿠가와(德川) 시대를 모델로 하여 근대화를 "역사적으로 계승되어 온 여러 제도들이, 과학혁명과 결합하여 급속하게 변화해 가는 제(諸) 기능들에 적응해 가는 과정"으로 정의하였다.[26] 그러나 블랙이

---

24) Frank T. Fitzgerald, 이각범 역, 『발전사회학』 (서울: 도서출판 한울, 1986), p.46.

25) C. E. Black, *The Dynamics of Modernization*(New York: Harper & Row, Publishers, 1966), p.27.

26) 블랙(Black)이 언급하는 근대화국면은 다음과 같은 4국면을 거친다.
   ① 근대성의 도전과제: 이 단계는 특정사회가 일차적으로 근대화를 추진하는 첫 번째 상황에 직면하게 되는 단계로서 전통적인 지식의 구조 속에 새로운 근대성의 이념과 제도의 충격을 받게 되고, 그 결과로 근대화를 주창하는 이론이 점차 자리를 잡게 되는 단계.
   ② 근대화리더십의 공고화: 근대화 추진지도체제의 확립단계로서 단기간의 격심한 혁명적인 투쟁의 과정을 경과하든가, 아니면 몇 세대의 장

언급한 근대화는 변혁을 지향하는 지도자들의 권력투쟁의 장이라고 주장하여 근대화의 정치를 권력 중심적으로 분석하는 경향이 있다.[27] 그리고 그가 주장하는 4단계의 연속적인 과정에 대한 논리는 발전단계의 다양한 구조 내에서 파악되어야 하며, 각 사회의 근대화는 반드시 그 사회의 전통적인 유산이나, 자원, 그리고 지도체계(leadership system)의 관점에서 이해해야 할 것을 주장함으로써 권력구조적 맥락에서 변화의 과정을 파악하려 하였다.[28] 블랙은 단계별 이행의 이면에는 근대화지도자의 지속적인 권력투쟁이 필요하다고 주장하였다.[29] 블랙의 권력 중심적 분석방법은 사회변혁에 있어서 리더개인의 자질과 창의적이며 주도적인 역할이 경시되는 경향이 있다.[30]

헌팅턴(S. P. Huntington)은 1968년 그의 저서 『변혁사회에 있어서의 정치적 질서(*Political Order in Changing Societies*)』라는 책에서 그는 "근대화가 진행됨에 따라 급속한 사회경제적 성장이 긴장, 스트레스, 불안정을 야기하며 정치적 부패에 따른 정치적 제도화가 뒤따르지

기간에 걸려 이러한 성격이 나타나는 경우도 있다.
③ 경제적 그리고 사회적 변화: 이 단계에서는 경제의 성장이나 사회의 변동이 전개됨으로써 농업 중심의 생활양식이 지배적인 사회에서 도시 지향적이고 산업구조적인 사회로 변모하는 시기이다.
④ 사회의 통합: 이 단계에서는 경제적으로나 사회적인 변혁 그 자체가 전체 사회를 통하여 근본적으로 새로운 사회구조로 재편성 통합되는 단계이다. 또 그는 후발국 정치발전의 어려움으로 ① 리더십 공고화의 어려움, ② 시간적인 제한, ③ 영토적 문제, ④외부에서 유입된 근대화 모델의 자국(自國)에 적용되는 데 따르는 마찰 등을 들었다. C. E. Black, 진덕규 역, 『근대화의 사회변동: 근대화의 비교사』(서울: 삼영사, 1983), p.113.

27) C. E. Black, *The Dynamics of Modernization*, 앞의 책, p.118.

28) C. E. Black, 『근대화의 사회변동: 근대화의 비교사』, 앞의 책, p.143.

29) 위의 책, p.142.

30) Yoon Jae Chung, "A Medical Approach to Political Leadership: An Chae-Hong and A Healthy Korea,"(Ph. Dissertation, University of Hawaii, 1988), p.2.

못하면 정치불안이 심해진다"고 보고 정치제도화는 적응성, 다양성, 자율성, 일관성의 요소를 지녀야 하며 그 요건으로 권위의 정당화, 구조적 분화, 정치적 참여를 들었다.[31] 이러한 헌팅턴의 정치 근대화이론은 부패를 전제로 하고 있으며 지도자의 공의(公義) 대한 실천 그리고 부패를 막기 위한 제도마련과 그 엄정한 법의 집행으로 근대화로 이행함에 따라 더욱 정치적 깨끗함을 실현할 수 있다는 가정을 무시하는 한계가 있다. 헌팅턴의 가정은 현재 상황을 항상 부패가 덜한 상황으로 가정하고 미래 상황을 부패가 점점 심해져 가는 정치적 상황을 전제로 하고 있는 오류를 범하고 있다.[32] 오히려 이와는 반대로 현재는 부패가 심하지만 청렴한 리더십으로 미래 상황은 부패가 없는 깨끗하고 투명한 사회로 이행될 수도 있는 것이다.

로스토우(W. W. Rostow)는 1960년 그의 저서 『경제성장의 단계(*The stage of Economic Growth*)』에서 ① 원시적인 통합의 정치(politics of primitive unification), ② 산업화의 정치(politics of industrialization), ③ 국가복지정치(politics of national welfare), ④ 풍요의 정치(politics of abundance)의 4단계론을 주장했다.[33] 그러나 그의 이론은 개발도상국의 내부구조는 외부적인 요인에 의해 압도적으로 결정된다는 사실, 수백 년에 걸친 식민지 착취에 의해 저개발국의 자본이 유출되어 그것을 다시 유럽과 북미의 사회들이 전용하는 한편, 식민지사회는 자본부족에 직면한다는 사실과 서유럽 식민지의 확장으로 인해 현지 산업이 체계적, 폭력적으로 파괴된다는 사실을 간과하고 있다.[34] 그리고 로스토

---

31) 길승흠, 「근대화 이론과 종속이론」, 2001,
   http://csuh.pe.kr/politics/exam/modernization.htm(검색일: 2003. 5. 6), p.1.
32) 위의 글, p.1.
33) 위의 글, p.1.
34) Gerhart Hauck, 이각범 역, 「근대화이론의 빈곤: 근대화론·종속이론의 비판과 한국」 (서울: 한울출판사, 1986), p.26.

우가 제시하는 경제성장의 4단계는 정치리더십이 어떠한 목표에 우선순위를 두는가에 따라 바뀔 수 있다는 사실을 간과해서는 안 된다.

요컨대, 이와 같은 근대화 이론은 연구대상만 非(비) 서구지역으로 놓고 있을 뿐 이념형은 여전히 서구식이며, 오늘날 제3세계의 정치발전에 대한 규범적 공식으로 적용되기에는 많은 무리가 따른다. 블랙의 논지는 근대화의 과정을 변혁을 위한 지도자의 권력투쟁과정으로 파악하려는 권력 중심적 경향이 노정되고 있으며 헌팅턴이나 로스토우의 논지에는 가정자체가 편향되어있어 상황변혁을 위한 리더의 능동적이며 창의적인 리더십의 능력이 경시되어 제3세계국가들의 근대화 과정을 분석하는 데에는 적지 않은 한계가 있다.

다른 한편, 싱가포르 발전과정에 대한 국내연구는 빈약하다. 1980년대에 들어와 한국에서 싱가포르 사례에 대한 연구는 주택문제 그리고 노동문제, 공공정책 분야에서 점증하는 추세에 있다. 부패 없는 싱가포르 정부를 깨끗하고 청렴한 정부의 모범 사례로 삼아 연구하는 제3세계 나라들이 증가하면서 최근 한국에서도 부정부패에 효과적으로 대응하기 위해 싱가포르 사례에 대한 관심을 높이고 있다.

싱가포르의 경제적 성공이 있기까지 리더십과 정책을 포괄적으로 다루는 연구로는 1990년 산두와 휘틀리(Kernial Singh Sandhu and Paul Wheatley)가 편집한 『성공의 관리: 현대 싱가포르 형성(Management of Success: The Moulding of Modern Singapore)』이 있다. 이 책은 인민행동당과 이광요의 리더십 그리고 경제재건을 위한 각종 정책을 소개하고 있다.35) 이 책의 내용 중 특히 틸맨(Robert O. Tilman)의 논문 "정치지도력: 이광요와 인민행동당(The Political Leadership: Lee Kuan Yew and the PAP Team)"은 싱가포르의 국가발전과정에 기

---

35) Institute of Southeast Asian Studies, Management of Success: *The Moulding of Modern Singapore*(Singapore: Chong Moh Printing, 1990).

여했던 리더십을 하나의 "팀리더십(team leadership)"으로 간주하고 그것을 네 개의 궤적으로 설명하였다. 팀리더십의 첫 번째 궤적의 중심은 이광요, 고켕쉬(Goh Keng Swee)[36], 라자라트남(Sinnathamby Rajaratnam)[37], 토친예(Toh Chin Chye)[38]이다. 리더십의 두 번째 궤적은 나이르(Devan Nair)[39], 혼수이센(Hon Sui Sen)[40]이다. 세 번째 궤적은 옹팡분(Ong Pang Boon),[41] 림킴산(Lim Kim San)[42]이다. 네 번째 궤적은 고축동(Goh Chok Tong)[43]이다.(〈그림 1-1〉 참조)

---

36) 고켕쉬(Goh Keng Swee)는 "문제해결사"로 1959년 PAP의 CEC로 선출된 이래 고(Goh)는 다양한 장관직을 역임했는데(재정, 국방, 교육)문제가 상당히 심각했던 당시의 싱가포르 금융국장(Monetary Authority of Singapore)을 역임했다. 그는 문제를 가장 잘 분석하고 대안을 제시했다. 지성, 그리고 기질 스타일에서 그는 팀의 일원이었고 이광요 수상과 비슷했다. 그러나 이광요 수상과는 달리 모든 토픽에 대해 넓은 지식을 가지고 있지는 않았지만 그는 문제에 완전히 골몰하여 특정한 시간에 대안을 제시했으며 팀 안팎에서 "우수한 지성"으로 기술된다. Tilman. 앞의 글, p.55.

37) 시나삼비 라자라트남(Sinnathamby Rajaratnam)은 PAP창당 멤버이며 1965년 독립 전까지 PAP의 목표를 언론과 국민 그리고 싱가포르 문화와 관련에 대해 연구했다. 그는 1965년 외무부장관이 되었고 국내에서 문화적 목표를 강조하면서 싱가포르를 대외에 대변하는 존경받는 대변자로 부상했다.

38) 토친예(Toh Chin Chye)는 "외부대변인이자 내부 비평가"였고 PAP의 공동창시자였다. 싱가포르 대학의 부총장을 역임했다.

39) 데반 나이르(Devan Nair)는 "무역조합의 조직자"이며 1961년 공산당과 결별하는 용기를 보임으로써 당의 존경을 받게 되었다. 데반 나이르는 1981년 공화국의 대통령으로 선출되었고 1985년 사임했다.

40) 혼수이센(Hon Sui Sen)은 "금융공학자"로 불리며 싱가포르 행정부에서 1968년 퇴임하여 1970년에 국회의원이 되었고 싱가포르가 아시아의 두뇌집단의 하나로 만드는 데 공헌 기여했다.

41) 옹팡분(Ong Pang Boon)은 PAP를 통제하고 사업투자를 담당한 것이 업적이다. 초기 PAP리더십에서 K. M. Byrne와 함께 리더십의 세 번째 궤도 역할을 담당했다.

42) 림(Lim)은 1960년에 주택개발원 HDB(Housing Development Board)를 맡아 공공주택판매와 건설에 있어서 세계적 모델케이스가 되게 했다.

43) 고축동(Goh Chok Tong)은 1941년 5월 20일 태어나서 싱가포르 래플즈

〈그림 1-1〉 이광요의 팀리더십 4궤적 개념도

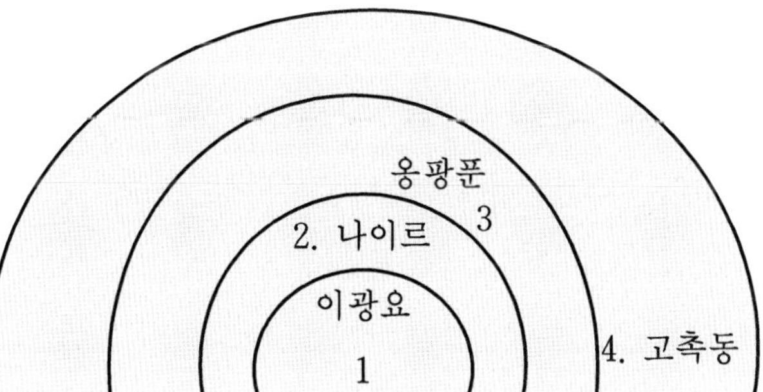

이 논문에서 싱가포르 정부와 PAP에 있어서 이광요는 밴드의 지휘자로 묘사되고 있으며 이광요는 팀 내부에서 강력한 리더십44)을 발휘

────────

(Raffles)대학과 싱가포르대학 그리고 미국의 윌리암스 칼리지(Williams College)에서 개발경제학 석사학위를 받았다. Goh는 Hon Sui Sen에 의해서 등용된 인물이다.

44) 이광요와 그의 팀원은 정책과 프로그램개발에 영향을 미칠 수 있고 만일 이광요 수상에 대해 반대의견이 있을 때는 각자 자신의 의견제시를 위해 전략을 마련했다. 이광요 수상은 보통 그들의 동료들을 규합하여 당과 정부의 주요 문제에 대해 의견일치를 유도하려고 노력했다. 그러나 대부분의 경우 총리의 견해는 팀의 몇몇 사람과 팀을 둘러싸고 있는 외부궤도에 있는 사람들과의 사전교섭 후에 형성된 것이다. 1970년대 중반 이전에 모든 팀은 국회에서 의제거리가 되기 이전에 사전토론을 개최하기 위해 총리실에서 만났다. 이러한 비공식모임을 통해 이광요 수상은 잠정적으로 논란이 되는 문제들에 대해 사전교섭으로 대다수의 지지를 얻었다. 팀의 구성원들은 결과에 대해 불만이 있으면 침묵을 지키고 있다가 나중에 불만을 표시하거나 전화 또는 개인적인 총리방문을 통해 불만을 표시했다. 외각에 있는 지도자들은 쓰여진 문건 또는 전화를 통하여 총리와 직접 접촉하고 있다는 사실을 발견했다. 팀

24

했던 것으로 평가되었다. 그리고 이 연구에서 틸맨은 싱가포르가 지난 30여 년간 한 사람에 의해서만 다스려지지 않았으며 이광요는 다른 많은 개발도상 국가에서 발견되는 강한 리더십스타일과는 차원이 다르다고 주장했다. 이 논문은 이광요의 리더십 스타일을 간명하고 설득력 있게 분석했으나, 경제정책이 구체적으로 어떻게 어떠한 시스템으로 추진되었는지에 대한 설명은 부족한 편이다. 그리고 로우(Linda Low) 등이 펴낸 『싱가포르의 공공정책: Public Policies in Singapore』는 싱가포르의 대표적인 성공사례인 주택정책을 포함한 1980~1990년대 초까지의 정책을 분석하고 싱가포르가 경제성장을 이룩하는 데 도움이 되었던 요소를 11가지 항목으로 요약하였다.[45] 싱가포르정부의 정책목표에 대해서도 4가지로 요약하고 있다.[46]

단위에서 관련된 사람들은 서로를 신뢰했고 각자는 자신들의 동료들과 총리를 대하는 방법을 알아서 선택했다. 이러한 과정들은 의사소통과 공공행정 전문가에게 항상 이상적인 것이 아니었으나 시스템은 전반적으로 잘 돌아갔고 효율적이었다. 두 가지 분명한 사실은 첫째, 의견충돌은 팀 내에 한정되어 있다. 둘째로, 팀은 문제가 만장일치로 토론될 수 있도록 제도적인 포럼으로 접근했다. 팀원들은 궤적의 외곽에서 항상 총리가 총괄하고 있다는 사실을 일반적으로 인정하고 있었다. 몇 가지 예외적인 사실은 총리의 행정스타일이 그의 리더십스타일의 일부로 자연스럽게 받아들여졌다는 사실이다. 대체로 팀원들은 이광요 수상의 리더십을 수용하고 자신의 리더십 궤적에서 맡은바 역할을 잘 감당하였고 개인적인 입장 차이에도 불구하고 시스템의 효율성은 수차례 검증되어 이광요 수상은 강력한 리더십을 형성하게 된다. Robert O Tilman, 앞의 책, pp.53-69 참조.

45) Linda Low, et. al., "*Public Policies in Singapore: Changes in the 1980s and Future Signposts*"(Singapore: Times Academic Press, 1992). 11가지 내용은 1. 정치적 안정 2. 사회적 안정 3. 교육과 훈련에 관한 훌륭한 정책들 4. 조화로운 노사관계 5. 근면하고 상황변화에 잘 대처하는 노동자 6. 우수한 사회 간접자본 서비스 7. 전략적으로 유리한 지리적 위치 8. 기술과 산업시설 9. 자유기업경제 10. 비교 우위 11. 유리한 투자환경이다. 위의 책, p.70.

46) 싱가포르정부의 4가지 정책목표는 첫째, 싱가포르를 국제 교역센터로 유지하는 것 둘째, 산업발전을 촉진시키는 것 셋째, 외자유치 넷째, 싱가포르를

전제국이 1996년에 쓴 논문 "싱가포르 리더십 세대교체와 정치진화"도 이광요의 정치리더십을 분석한다.[47] 이 논문은 인민행동당(People's Action Party)[48]의 제도화(1965~1979), 인민행동당(PAP) 일당독재 연성화 및 개방화(1980~84), 신성지질서의 선향적 모색(1985년 이후)을 시대별로 구분하여 이광요와 인민행동당 리더십을 연구할 수 있는 토대를 제공해 주었다. 인민행동당은 싱가포르 정치를 실질적으로 지배해 왔으며 그 저변에 흐르는 문화는 엘리트주의, 기업주의, 유교주의 그리고 실용주의에 중점을 둔 가부장적 정치에 기반한다.[49] 싱가포르는 언론이 정부에 의해 통제되며 특히 사법기관은 지나친 권력을 행사한다. 예를 들어 혐의자를 영장 없이 구금하고 서구민주사회 기준에서 보면 가혹한 것으로 간주되는 체형과 벌금형이 빈번한 편이다.[50] PAP정부는 정치통제의 강력한 시스템을 개발했고 야당이 성장할 수 있는 기회를 허용하지 않았다.[51] 또 전제국의 이 논문은 싱가포르 PAP의 일당독재가 연성화 되며 점차 민주화되어 갈 것이라고 전망하였다. 특히 '시민들의 정치적 다원성에 대한 욕구'를 만족시키기 위한 체제전환과 도시국가의 취약성, 시민들의 정치문화 또는 국가리더십의 정치성향 자체의 한계점을 지적하

금융센터로 발전시키는 것이다. 위의 책, p.70.

47) 전제국, 『동남아의 정치리더십』, 김성주·윤진표(외)(서울프레스, 1996), p.137-177.

48) 1965년부터 1980년대까지 강력한 일당지배체제를 유지해 왔으며 야당이 1981년 보궐선거에서 총의석 79석 중 2석이 야당으로 넘어간 적이 있다. 그러나 향후에도 PAP 이외의 야당이 집권할 가능성은 거의 희박하다.

49) Ho Khai Leong, "Citizen Participation and Policy Making in Singapore." *Asian Survey* Vol. XL, No.3, (May/June 2000) p.437.

50) Melanie Chew, "Human Rights In Singapore" *Asian Survey* Vol. XXXIV, No.11(November 1994), p.941.

51) 위의 책, pp.437-438.

며 영미형의 양당제나 서구형의 다당제가 나타나 정당 간의 정권교체가 이루어지려면 상당한 기간이 걸릴 것이라고 전망하였다. 같은 맥락에서 호주 마콰이어 대학교 지구과학 교수 폴(Erick C. Paul)은 싱가포르가 가까운 장래에 민주화가 되기 어렵다고 설명하면서 변화를 위한 조건의 성숙이 이루어지지 않았다고 주장했다.[52]

1996년 양승윤은 "동남아의 선진복지국가"라는 논문에서 정치 이데올로기에 대해서 좀 더 구체적 접근 방식을 취하고 있다. 이 논문에서는 이광요의 5가지 통치 원칙[53]을 언급하면서 싱가포르의 정치 이데올로기[54]와 인민행동당의 역할에 대해 체계적으로 설명하고 있다.[55] 그러나 이 논문에서는 싱가포르의 근대화를 리더십적으로 그리고 가치론적으로 설명하고 있으나 경제발전을 위한 구체적 조직문화에 대한 설명은 없다.

장원석은 "아시아적 민주주의의 이상과 고뇌"라는 논문에서 싱가포르의 권위주의 체제가 심각한 위기 없이 오늘날까지 지속되는 이유를 분석한다.[56] 이 논문에서는 싱가포르 정치 모델의 특수성에 대

---

52) Erik C. Paul, "Prospects for Liberalization in Singapore," *Journal of Contemporary Asia* Vol. 23 No.3(1993), p.304.

53) 여기서 말하는 통치원칙이란 1. 청렴결백, 2. 정부시책의 시종일관, 3. 명확한 대 국민 지표, 4. 국민들에게 국가이익을 균등하게 배분, 5. 인기에 영합하지 않고 존경받는 정부실현에 노력하며 국민을 돌보는 데 최선을 다한다는 원칙이다.

54) 싱가포르에서 민주주의는 수단의 하나일 뿐 목적 그 자체가 아니며, 국가이익을 보호하고 '사회의 공동복지(commonwealth)'가 유지되도록 하는 것이 싱가포르 공화국의 국가목표이다. 어느 시점에서 민주주의가 국가와 사회의 공동선에 유해한 경우 이를 과감하게 고쳐나가야 한다는 것이 싱가포르식 사회민주주의의 기본방식이다.

55) 양승윤, 「싱가포르」, 『동남아와 아세안』(서울: 한국외국어대학교, 1996), pp.135-181.

56) 장원석, 「아시아적 민주주의의 이상과 고뇌」, 『지역연구』(서울: 서울대학교 출판부, 1995), pp.279-303.

해 언급하면서 싱가포르에서는 "민주주의가 목적 그 자체가 아니며 목적은 좋은 사회의 실현에 있다"고 주장한다. 장 교수는 여기서 싱가포르의 존속원인을 이데올로기와 도시국가라는 환경적인 요인으로만 설명하고 있고 구체적인 제도운용이나 공유된 가치에 대한 설명은 상대적으로 부족하다. 한태선이 쓴 "데모크라시에 대한 이광요의 이해와 적용"이란 논문에서는 이광요의 민주주의에 대한 새로운 이해와 대응, 통치체제와 사상에 대하여 새로운 고찰을 시도했다.[57] 이 논문에서 한 교수는 이광요가 서양 데모크라시의 보편적 가치를 동양의 순자적 인간관과 융합시킨 정치를 펼쳤다고 분석한다. 그리고 이 논문에서는 이광요가 동양의 공동체주의적인 단위와 서양의 개인주의적 인간관을 종합한 경제운영방식을 펼친 사상가이며 그 역사와 그 사회에 맞는 정치와 경제운영방식을 모색, 융합한 새로운 "문화지도자"라고 묘사했다.[58]

양승윤 등은 『동남아의 선진복지국가 싱가포르』에서 싱가포르 역사, 외교와 정치, 경제, 종교와 문화, 사회복지제도 분야의 발전궤적과 시사점에 대해서 분석하면서 경제 비전에 걸맞은 현실적 정책방안 제시와 이에 부응하는 변화하는 제도 정비가 경제성장을 위한 관건이라고 역설한다.[59] 그러나 이 책에서는 구체적으로 경제성장을 위한 제도운용과 문화패턴에 대해서는 설명하지 못한다. 이상에서 검토한 책과 논문에서의 연구경향은 다음 3가지로 요약할 수 있다. 첫째, 싱가포르 발전을 생존의 이데올로기와 일당지배체제로 설명하

---

57) 한태선, 「데모크라시에 대한 이광요의 이해와 적용」, 『사회과학논총』 (서울: 한양대학교 1998), Vol. 17, pp.355-387.

58) 위의 글, p.357.

59) 조윤수, 「싱가포르 발전의 궤적과 시사점」, 조윤수·양승윤(외), 『동남아의 선진복지국가 싱가포르』(서울: 한국외국어대학교, 1998), p.325.

는 경향이 있다.60) 둘째, 싱가포르 국가발전을 정책적 처방과 이에 부응하는 제도정비만으로 설명하는 경향이 있다.61) 셋째, 싱가포르 발전의 원동력이 자유와 인권을 희생시킨 이광요의 유능한 개발독재 리더십에 연유한다고 보는 경향이다.62) 그러나 앞에서 검토한 책과 논문에서는 발전의 원동력이 되는 경제정책을 이광요가 어떠한 비전과 전략을 가지고 어떻게 실천했는가에 대한 구체적인 설명이 상대적으로 미약한 편이며 그가 창안했던 정부조직이 어떠한 문화적 속성을 가지고 운용되었는지 설명해 주지 못하는 한계가 있다. 그래서 필자는 이광요 수상이 주도했던 싱가포르의 발전과정을 그의 근대화 리더십에 대한 체계적인 분석을 통해 검토함으로써 기존 연구들의 한계를 부분적으로나마 보완하고자 하며, 주로 다음과 같은 몇 가지 분석적 질문을 연구의 출발로 삼고자 한다. 첫째, 공동체주의적 처방을 중심으로 한 이광요 리더십이 근대화에 어떠한 영향을 미쳤는가? 둘째, 근대화지도자로서 이광요는 어떠한 비전과 전략으로 근대화과정을 이끌었는가? 셋째, 싱가포르 독립 이후 근대화 과정에 있어서 이광요의 상황인식은 어떠했고 그의 비전을 실천하기 위해 어떠한 정책적 처방을 제시하고 실천했는가? 넷째, 근대화추진과정에서 어떠한 처방을 실행했는가? 구체적으로 국가시스템을 어떻게 효율적으로 운용했는가와 아시아적 가치63)를 사회통합과 발전을 위해 어떻게

---

60) 田中慶子, 『シンガポールの國家建設』(東京: 明石書店: 1999), 참조.

61) 조윤수, 앞의 글, p.325.

62) Clark Neher, 동남아지역연구회 역, 「싱가포르」, 『현대동남아의 이해』 (서울: 서울프레스, 1993), p.150.

63) 여기서 말하는 아시아적 가치란 공동체의식을 중시하는 유교적 가치를 말하며 유가와 법가사상으로 나눌 수 있다. 이광요는 사회통합을 위해 충·효를 강조하는 유가의 사상을 활용하였으며 질서유지를 위해 '법의 지배'를 강조하는 법가사상을 유용하게 활용했다. 보편적으로 아시아적 가치란 한마디로 정의하기가 어렵지만, 대체로 행인정사상(行仁政思想: 어진 정치

활용했는가에 대해 초점을 맞추어 살펴보려고 한다.

이를 위해 본 연구는 주요 분석 자료로 이광요 수상의 연설문집과 자서전,64) 그리고 그의 정치리더십과 근대화 정책에 대한 기존의 연구물들을 활용할 것이며 연구대상기간은 1965년 싱가포르 독립시기부터 1985년으로 한정했다.65) 본 연구는 이광요 개인에 관한 연구서적을 중심으로 하여 국내자료 및 미국과 일본의 최근 연구 성과를 비교 검토함과 동시에 『싱가포르 편람』, 인터넷 자료 등을 활용할 것이다.

3. 분석방법 및 구성

지금까지 학계에서 출판한 근대화와 발전의 성격과 과정에 대한 연구서는 많다. 비교정치학이 발전을 거듭해 왔음에도 불구하고 한 가지 중요한 요소가 계속 무시되었으며 의도적으로 덜 중요하게 여

를 베푼다는 사상), 가족주의(가부장 권위), 정실주의, 인치주의, 권위주의, 민족의식, 공동체의식, 교육열, 근면성, 근검절약 등 유교사상에서 나온 동양특유의 가치를 말한다.

64) 이광요 자서전은 두 차례 걸쳐서 2권으로 간행되었다. 첫 번째 *The Story of Singapore: Memoirs of Lee Kuan Yew*는 1998년에 간행되었고 두 번째 것은 2000년 가을에 간행된 From Third World To First이다. 이광요 연설문집은 황빈화·오준강(黃彬華·吳俊剛)이 편집한 것으로 1988년 다나카게이꼬(田中恭子)에 의해 일본어로 번역된 것이다. 이 연설문집 상권은 1959~1984년까지 발표된 연설 담화 기자회견 등의 일부를 모은 것인데 원문은 영어로 되어 있다. 하권은 1972~1985년까지의 것이 수록되어 있다.

65) 1985년은 전례 없었던 경기침체기였고 마이너스 1.6%의 성장은 정책결정자들에게 충격을 주었다. 이를 위해 경제위원회가 설립되어 경기침체의 원인을 연구하고 싱가포르 경제발전을 위해 새로운 방향을 제시하였다. Linda Low, et. al., *Public Policies in Singapore*(Singapore: Times Academic Press, 1992), p.16.

겨져 왔다. 그 중요한 요소가 바로 정치리더십이다. 현대 정치학이 지나치게 권력 중심적 분석에 경도되어 정치리더십 문제는 대체로 현대정치학의 학문적 비주류였다.[66] 그러나 어떠한 집단이나 조직에서 리더십은 언제나 관찰되는 현상이며 특히 발전도상국가에서 정치리더십의 역할은 거의 일방적이라고 할 수 있을 정도로 그 비중이 막대하다. 따라서 한 국가의 성공적인 발전의 궁극적 결정요인은 바로 정치리더십이라는 것이 본 연구의 중심적인 가정이다. 예술가들이 창작을 위해 재료들을 조작하듯이, 정치리더십도 정치과정의 요인들과 정치세계의 구성원들을 조작함으로써, 주어진 상황에서 어떤 결과를 만들어 낼 수가 있다.[67] 훌륭한 리더는 양립 불가능한 상황을 유용한 기반으로 전환시킬 수 있는 능력을 가지고 있다. 유약한 리더가 상황에 끌려가는 것과는 반대로, 훌륭한 리더는 그의 능력과 권력으로 상황을 얼마든지 뒤바꿀 수가 있다.[68] 같은 맥락에서 마키아벨리가 그의 『군주론(The Prince)』에서 가장 중요하게 생각했던 개념은 군주의 창조적인 역할이다. 윈스턴 처칠은 "정치는 선택이다"라고 말한 바 있고 정치의 본질인 선택은 반드시 그리고 언제나 수동적으로 운명지어 지는 것이 아니다.[69] 선택은 정치리더십에 의해 새롭게 창조될 수도 있고, 또 그렇게 되어야 한다.

싱가포르는 아주 작은 도시국가이며, 자원도 매우 부족한 나라다. 다민족사회이면서도 중국계가 70% 이상인 국가여서 균형 있는 정책 실

---

66) Yoon Jae Chung, 앞의 글, p.2.

67) Taketsugu Tsurutani, *The Politics of National Development: Political Leadership in Transitional Societies*(London: Chandler Publishing Company, 1973), p.10.

68) Eugene E. Jennings, *An Anatomy of Leadership*(New York: Harper & Row, 1960), p.15.

69) Taketsugu Tsurutani, 앞의 책, p.10.

행이 어려운 국가다. 그러나 현대의 많은 개발도상국들은 싱가포르가 가지고 있지 못했던 국내외의 수많은 긍정적 요인을 가지고 있음에도 불구하고 근대화에 성공하지 못했다. 그러한 격차는 왜 생기는가? 그것은 바로 국가를 이끌어 가는 최고지도자의 비전과 리더십에 있다. 즉 상황을 정확히 진단하여 문제를 해결하거나 해소하기 위해 행위의 과정을 처방하고 마지막으로 지도자의 진단과 처방된 정책들의 실천을 통해 공동체의 지지를 동원하는 능력에 있는 것이다.[70]

국가발전의 어려움의 정도는 각 상황마다 그리고 각 나라마다 매우 다양하다고 상정할 수 있다. 또한 우리는 국가발전이라는 과제가 어느 경우에서든 어렵기 때문에, 모든 경우에 적용할 수 있는 "난관 극복에 필요한 어떤 기본적인 원칙들(fundamental principles for the job of overcoming the difficulty)"이 있다고 가정할 수 있다. 국가건설의 과제와 정치리더십 관계는 건축과 건축가의 관계와 비슷하다. 국가건설의 재료들은 솜씨 있게 잘 다루어져야 한다. 원하는 결과물을 산출하기 위해 주어진 재료들을 어떻게 조작하고 조합해야 할지에 대해서는 기본적인 원칙이나 규칙들이 있다.[71]

국가발전과정의 내용은 그 규모가 방대하고, 결과 또한 광범위하다. 그 모든 내용과 요소들을 여기에서 자세히 살펴볼 수는 없겠지만, 앞에서 언급된 것에 덧붙여서 몇 개의 일반적인 과정들을 간략히 살펴보는 것이 보다 중요한 문제를 이해하는 데 반드시 필요하고 유용할 것이다. 국가발전과정에서 가장 중요한 특징 또는 필요조건들 가운데는 변화, 변화의 통합 그리고 변화를 통제하고 감독하는 세 가지 능력이다. 국가발전이란 다양한 차원에서의 사회변화를 의

---

70) Yoon Jae Chung, 앞의 글, p.16.

71) Taketsugu Tsurutani, p.12.

미한다. 정치, 경제, 사회관계 더 나아가 그러한 것의 제도와 활동 그리고 가치 배분의 유형 등을 포함한다. 그것은 한 국가의 사회적 경제적 그리고 정치적 시스템들이 지속적인 변화와 점증하는 다양한 요구를 흡수할 수 있게 한다.[72] 그러므로 국가발전은 사회·문화적 가치와 인간과 제도의 형태적 변화를 필요로 한다. 사회·문화적 가치는 정치의 성격, 인간의 성격과 능력, 개인의 역할, 사회목적에 대한 이념을 결정지으며, 인간과 집단이 사회에서 취해야 할 관계들에 대한 생각을 결정한다. 국가발전의 한 요소인 근대화는 경우에 따라서 현재 상황을 영구화시키는 수단이라기보다는 인간과 사회의 진보 그리고 복지를 가져다주는 수단으로서의 정치이념이기도 하다. 사회·문화적 가치의 변화는 인간과 제도적 형태에 잘 나타난다. 가장 주목할 만한 것으로 사회 내의 수많은 직업과 역할들이 충원되는 형태, 사회적 동원과 직업상의 동원, 그리고 가치의 권위적 배분과 사적인 배분 등에 잘 나타난다.

발전, 근대화, 산업화라는 개념은 서로 연관성이 있는 개념이다. 발전이란 공동체에 있어서 기능적 역할의 통합과 분화로부터 나온다. 산업화란 근대화의 특수한 부분 즉 제조와 관련된 전략적, 기능적 역할의 시기를 말한다.[73] 필자가 정의하는 근대화란 발전의 특수한 경우를 말한다. 근대화는 사회제도가 붕괴되지 않고 변화를 수용하게 하며 지속적으로 혁신되어 분화되고 유연성이 있으며 기술적으로 진보에 맞추어 국민을 위해 기술과 지식을 제공하는 리더십과정을 말한다. 국가발전과정 즉 근대화의 핵심은 그 사회의 진보와 발전을

---

72) S. N. Eisenstadt, *Modernization: Growth and Diversity*(Bloomington, Indiana: Indiana University, 1963), p.5.

73) David E. Apter, *The Politics of Modernization*(Chicago: The University of Chicago Press, 1965), p.67.

위해 나름대로 정치체제를 제도화하려고 노력하는 정치리더십 과정
이다. 정치를 기능적으로 파악할 때, 그것은 리더십적 통제를 수립하
고 행사하며 유지해나가는 과정이라고 할 수 있다. 그래서 이른바
정치체제란 정치리더십에 의해 통제가 발휘되는 과정을 분석적으로
확인할 수 있는 구조이다. 여기서 말하는 정치리더십의 주요한 특징
가운데 하나는 정치사회적 저항에 대한 궁극적인 제재수단을 보유하
는 것이다.74) 필자가 정의하는 근대화리더십이란 정치리더십이 사회
의 핵심적인 측면과 목표에 대해 조작과 동원 및 감독을 할 수 있는
통제력을 수립하고 발휘하며 유지하여 바람직한 사회건설 즉 사회의
진보와 발전 그리고 복지를 가져다 줄 목적으로 상황을 진단하고 처
방하여 지지를 동원해나가는 능력을 말한다.

필자는 싱가포르 근대화발전전략을 연구함에 있어 정치에 대한 기
존의 입장인 "권력에 굶주린 자들의 권력투쟁과정"으로 보는 시각에
서 벗어나 정치를 공동체 내의 문제를 해결하고 주요 실천목표들을 성
취하기 위해 노력하는 "하나의 의도적인 창조행위(an intentional
human creation)"로 파악하는 것이 더 유익할 수 있다고 전제한다.75)
그러한 맥락에서 "이광요 집권기간을 통하여 싱가포르의 가장 시급한
문제였던 가난과 무질서를 극복하고 성공적인 경제부흥을 성취해 일
류 국가의 반열에 들었다"는 주지의 사실에 주목하여 이광요를 "문제
해결자(problem-solver)"로 간주하고자 한다.

정치에 대한 이러한 리더십적 접근에 대한 전례는 플라톤(Plato)의
리더십개념의 토대 위에 제도론적인 정치학을 형성하려는 아이디어에
서 비롯한다.76) 그 뒤에 베버(Max Weber)는 「직업으로서의 정치학」

---

74) Taketsugu Tsurutani, 앞의 글, p.21.

75) Thomas A. Spragens, Jr., *Understanding Political Theory*(New York: St.
Martin's Press, 1976), pp.1-4.

34

(Politics as a Vocation)이라는 글에서 정치학을 정치공동체에 대한 리더십 또는 리더십에 대한 영향력으로 정의했다.[77] 정치학의 역사에 있어서 리더십 접근방법으로의 의식적인 노력이 기울여진 것은 최근에 와서 진행되었다. 그러한 노력은 정치학이 권력적 접근방법의 망령에 사로잡히면서 부분적으로 시작되었다. 미국의 정치학자 번스(James MacGregor Burns)는 정치적 분석을 리더십의 용어로 재조명하면서 "우리는 너무 권력에 사로잡혀 지나친 정치적 대가와 지력을 소모하고 있다. 정치학을 권력만으로 파악하려는 것은 우리를 정치학에서 권력의 결정적 역할과 리더십의 핵심역할을 못 보게 하는 우를 범하게 한다"고 주장했다.[78] 터커(Robert C. Tucker)는 『리더십으로서의 정치학(Politics as Leadership)』이라는 책에서 현대 정치학에 있어서 낡은 "권력적 접근"을 비판하면서 그 대안으로 그의 새로운 "리더십 접근"을 도입했다. 그의 주요 논제는 정치학은 근본 특성상 정치적 공동체의 리더십이라는 것이다. 그는 주장하기를 정치학의 권력 중심적 분석(power-oriented analysis)은 정치지도자들이 무엇을 할 것이며 무엇을 할 것으로 기대되는가를 설명하지 못한다고 주장한다. 정치리더십에 대한 정의[79]는 시각에 따라 다양하지만 터커는 리더십을

---

76) Robert C. Tucker, *Politics as Leadership*(Columbia, MO.: University of Missouri Press, 1981), p.9.

77) Max Weber, 박봉식 역, 『직업으로서의 정치학』(서울: 박영사, 1977), p.14.

78) James MacGregor Burns, *Leadership*(New York: Harper Torchbooks, 1979), p.11.

79) 1) 번스(Burns)는 인간에 대한 리더십은 추종자들의 동기를 불러일으키는 데 참여하고 그것을 만족시키기 위해서 어떤 동기 그리고 목적들을 가진 인간들이 제도적 정치적 그리고 심리적 그리고 다른 요소들과 경쟁 또는 갈등하면서 행사된다고 정의한다.
  2) 켈러맨(Kellerman)은 정치적 리더십을 한 개인이 끊임없이 그룹행위의 방향과 성질에 대해 다른 사람보다 더욱 많은 영향력을 지속적으로 행사하려는 과정이라고 정의한다.

"몇몇 개인들이 다른 사람에게 영향력을 행사하기 위해 결정하고 노력하는 과정"으로 정의한다.[80] 그는 현대 정치학이 지나치게 "권력 중심적 분석"에 경도되어 왔음을 비판하고, 대신 정치지도자들의 창조적인 문제의식과 문제해결과정을 중심으로 정치현상을 연구하는 "리더십 접근법"을 제시하였다. 그리고 그는 정치지도자는 상황을 진단하고 문제해결의 처방을 제시하며, 각종정책과 전략을 집행하면서 국민들의 지지를 동원하고자 노력한다고 주장했다.[81] 터커는 그의 저서에서 정치리더십의 과정은 세 가지의 임무, 즉 첫째, 상황의 권위적 진단, 둘째, 문제를 해결하기 위한 정책마련, 그리고 셋째, 지도자의 상황진단과 처방된 정책적 대응을 위한 정치적 공동체의 지지를 동원하는 것으로 설명한다.[82] 이러한 과정들은 분석을 위해서 세 가지의 주요 정치리더십의 과정이 분리될 수 있지만 사실 일반적으로 리더들 또는 정치적 실천에 있어서 분리할 수 없다. 첫 번째 과정인 상황을 진단하는 데 있어서 지도자들의 마인드는 그들에게 과거의 주요 상황으로부터 암시된 경험에 의해 영향을 받는다.[83] 두 번째 과정인 문제를 해결하기

---

3) 로스트(Rost)는 리더십이란 변화시키려고 의도하는 리더들과 추종자들의 상호적인 목적을 반영하여 진정한 변화를 이루기 위한 영향력 행사의 과정으로 정의한다.

4) 에딩거(Edinger)는 정치적 리더들이란 그들이 원하는 방향으로 다른 사람들을 움직이기 위해 다른 사람의 행위를 통제해 가는 사람들로 정의했다.

5) 브론델(Blondel)은 정치적 리더십을 한 사람 내지 소수의 사람들이 국가의 구성원들을 원하는 방향으로 움직이도록 하는 힘으로 정의했다. Robert Elgie, *Political Leadership in Liberal Democracies*(London: Macmillan Press, 1995), p.3. 참조.

80) 위의 책, p.11.

81) Robert C. Tucker, *Politics as Leadership*(Columbia, MO.: University of Missouri Press, 1981), pp.3, 7, 11, 18-19.

82) 위의 책, p.31.

83) 위의 책, p.47.

위한 정책을 마련하는 데는 지도자 특유의 창의성과 판단력이 요구되며 특히 이 과정에는 리더 자신의 능력만으로는 완벽한 답안을 마련하지 못하므로 여러 사람들의 의견을 수렴하고 현사(賢士)들의 명쾌한 해결책이 필수적이다.[84] 세 번째 과정인 지지의 동원에서는 물질적인 요소가 설득에 있어서 상당한 역할을 한다. 지지를 동원하기 위해 물질공세를 펼지라도 지지를 동원할 수 없는 것은 정책집행의 명분이 국민들의 마음으로부터 공감을 얻어내지 못하기 때문이다. 그러므로 지지 동원에 있어서 다른 어떤 요인보다 중요한 요인은 마음이다. 지도자들이 상황의 원인을 분석하고 이해하는 것은 정신적인 과정으로 그들이 문제의 상황을 정의할 때, 집단적인 행위를 위해 적절한 처방을 결정할 때, 그리고 여러 문제에 관련한 상황적 의미를 해석할 때도 정신적인 과정을 거친다. 이러한 정신적인 과정은 특히 지도부가 그 정책적 처방에 대한 긍정적인 응답을 호소할 때 추종자들이나 잠정적 추종자들에게 아주 밀접하게 관련된다. 이러한 과정은 다시 말해 설득의 과정이라고 볼 수 있다.

이와 같은 문제의식을 바탕으로 필자는 싱가포르 이광요 수상의 근대화리더십을 분석하기 위한 목적에서 터커가 제시한 상황진단, 처방 그리고 지지의 동원과정이란 세 가지 리더십과정을 상황진단, 비전, 그리고 지지 동원을 위한 공동체주의적 처방으로 재규정하여 이를 사용하고자 한다.(〈그림 1-2〉 참조) 필자가 블랙(C. E. Black)과 같은 권력 중심적 근대화리더십이론을 분석 틀로 사용하지 않고 터커의 리더십적 접근방식을 사용한 이유는 근대화 리더의 문제 해결자로서의 역할 즉 발전단계로 이행해 가는 단계에서 리더의 창의력을 권력투쟁보다 더 중요하게 생각하기 때문이다.

---

84) 黃石公, 『六韜三略』 (서울: 명문당, 2000), p.509.

〈그림 1-2〉 이광요의 근대화리더십 분석을 위한 분석 틀

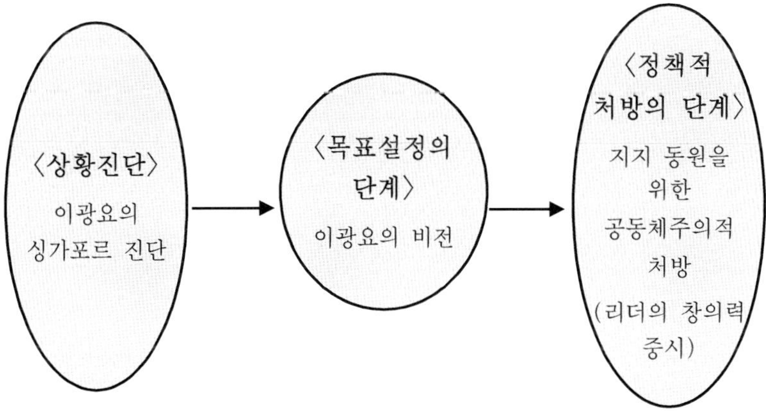

터커의 분석 틀인 상황진단, 처방 그리고 지지 동원의 세 가지 차원의 분석 틀에 필자가 비전이라는 단계를 추가한 이유는 국가의 근대화발전에 있어서 리더의 비전은 국가의 미래를 형성하며 그것의 실현을 위해 다양한 정책적 수단[85]들이 동원되기 때문이다.

---

85) 개발도상 국가들이 비전실현을 위해 동원하는 두 가지 정책은 개발정책 (Curative)과 유화(Palliative)정책으로 나누어 고찰할 수 있다.
〈개발정책〉
1. 새로운 정치·사회·경제 제도 수립(산업계획, 농업과 사업 보조금, 토지 개혁, 노동 및 기업 조직, 정당, 근대적 관료제, 교육제도 등의 조정),
2. 국내외적 변화에 대응하고 효율성을 제고시키기 위한 현행 제도와 조직의 재조정(보통선거 확대, 정치·경제·사회·문화적 전문 직업과 기능의 합리적인 재충원 기준 마련, 재정 혁신, 현행 제도의 조직적 개혁, 체계적이고 과학적인 신기술 도입, 전문 경영적 기술인력의 훈련 등)
3. 다양한 직업적·지역적·사회적·경제적 동원의 증대(주거용 택지와 개발에 필요한 미개발 토지의 공포, 여러 지역과 다양한 계층에 대한 노동력동원, 산업 및 기업 활동을 확대하는 개발사업, 교육기회의 개선과 확대, 통신과 수송 수단의 확대 등) 이러한 개발정책은 실행되기가 매우 어렵기 때문에 그 실행을 가능케 하는 두 번째 유형의 정책이 있어야 한다. 이것을 유화정책이라 한다. 유화정책의 기본적인 목적은, 개발정책에 대해 수요적인 태도나 반대하지 않는 태도를 갖게 하는 것, 전통적인 행동

38

본 연구의 구성은 다음과 같다. 먼저 제2장에서는 싱가포르의 정치·경제 현실에 대한 이광요의 상황진단은 어떠했는가에 대해 살펴볼 것이다. 1절에서는 인구의 증가와 빈곤에 관해서 살펴보고 2절에서는 국가발전의 발판이 되는 경제기반의 미비에 관해서 살펴보고자 한다. 3절에서는 공산주의자들의 파업과 영국군의 철수에 대해서 살펴보고자 한다.

제3장에서는 이광요의 상황진단에 따른 비전의 창조에 대해 살펴보고자 한다. 이광요는 수상취임연설에서 "나는 싱가포르를 1, 2, 3, 4, 5의 나라로 만들려고 한다. 1은 하나의 부인, 2는 두 명의 자식, 3은 세 개의 방이 있는 아파트, 4는 4개의 바퀴가 있는 자동차, 그리고 5는 일인당 국민소득 500달러의 부유한 싱가포르 건설을 위해 최선을 다하겠다"고 약속했다.[86] 필자는 이러한 언급을 바탕으로 이광요의 일류 국가 건설을 위한 5가지 비전에 대해서 설명하려 한다. 제1절에서는 하나의 부인이 의미하는 가족가치가 중시되는 도덕사회건설, 2절에서는 세 개의 침대가 있는 아파트가 제공되는 1가족 1주택실현에 의한 복지사회건설, 3절에서는 일인당 국민소득 500달러의

과 충성심 그리고 개인적인 기호를 버리게 하는 것 등, 대중의 호의적인 감정과 정서를 이끌어내어 극대화시키는 데 있다.

〈유화정책〉
1. 개인 또는 조직차원의 카리스마를 창출하거나 이끌어 냄.
2. 국내외적 위기를 조장하거나 유도함.
3. 희생양, 억압, 차별을 이용함.
4. 메시아적 이념도는 앱터(D. E. Apter)가 말한 '정치적 종교'와 같은 것을 고안, 활용함.
5. 물질적인 또는 상징적인 뇌물을 선별적으로 제공함.
6. 전통적 가치·상징·제도를 동원하고 조작함.
Taketsugu Tsurutani, *The Politics of National Development*(Washington: Chandler Publishing Company, 1973), pp.117-118. 참조.

86) 이의용, 「좋은 리더가 되자」,
http://leeeuiyong.pe.kr/news2/old/sub1/1-2/13.html.(검색일: 1999. 4. 11).

부유한 선진사회건설에 대해 논하려 한다.

제4장에서는 이광요의 싱가포르 상황진단과 비전창조를 기초로 하여 어떠한 처방으로 국가발전을 주도해 갔는가에 대해 살펴보려 한다. 1절에서는 국민들과의 끊임없는 대화로 여론을 수렴하면서 강력한 일당체제를 유지함에도 불구하고 그의 의사결정은 집단지도 체제하에 민주적이었다는 사실에 주목하여 살펴보고자 한다. 2절에서는 정부의 효율을 높이기 위해 이광요가 채택한 상현주의에 대하여 살펴보고자 한다. 3절에서는 생존을 위해 채택한 전략적 실용주의를 EDB를 중심으로 어떻게 전개했는가에 관하여 살펴보고자 한다. 구체적으로 EDB의 설립목적 및 역사적 배경 그리고 EDB 조직운영상의 문화적 특징들에 대해 살펴보고자 한다.

제5장에서는 공동체의 발전을 위해 싱가포르 이광요가 아시아적 가치87)를 어떻게 활용했는가에 대해 설명하고자 한다. 1절에서는 아시아적 가치를 어떻게 사회정책에 반영했는가에 대해 구체적으로 교육, 복지, 노동 주택정책으로 그 범주를 나누어 설명하려 한다. 2절에서는 아시아적 가치를 사회통합을 목적으로 문화정책에 어떻게 활용했는가를 살펴보려 한다.

제6장은 결론으로서 이광요의 근대화리더십을 요약평가하고 그것의 한국 및 제3세계에 시사하는 바를 정리하고자 한다.

---

87) 아시아적 가치의 범위는 너무 광범위해서 정의하기가 애매모호하다. 본 연구에서 사용하는 아시아적 가치는 유가와 법가에 한정한다. 또 본 연구에서 사용하는 공동체주의는 유가에 그 뿌리를 두고 있는 개념이며 싱가포르에서 공유되는 가치(shared values)에서는 "나보다는 공동체를 중시하고 공동체보다는 국가를 중시한다"는 원칙에 입각하여 공동체의 공동선과 도덕, 그리고 책임 있는 행위자로서 시민들의 덕목 즉 '정직과 성실'을 강조한다.

Ⅱ. 싱가포르 정치·경제적 현실에 대한
이광요의 상황인식

　본 장에서는 이광요가 싱가포르의 문제해결자로서 싱가포르를 어떻게 진단했는지를 검토하고자 한다. 다시 말해서 독립전후의 싱가포르가 낙후되고 활력이 없는 상태에 처하게 된 원인을 그는 어떻게 설명했는가를 살피고자 한다. 이광요는 42세를 맞던 1965년, 200만 국민의 생명이 달려 있는 싱가포르의 최고 지도자의 자리에 오르게 되리라고는 전혀 예측하지 못했다. 그가 36세였던 1959년부터 싱가포르 자치 정부의 총리직을 맡아 왔으며, 1963년 9월에 싱가포르는 말레이시아 연방에 합류했다. 그러나 싱가포르와 연방정부 사이에는 몇 가지 정책에 대한 근본적인 견해차를 극복하지 못하였고, 그 결과 1965년 8월, 갑작스레 싱가포르는 독립국가로 홀로 서게 되었다. 이광요와 그의 동료들은 내일의 운명에 대한 아무런 갈피도 잡지 못한 채 말레이시아 연방 탈퇴를 강요당하고 독립국가의 길을 걸어가야만 했다. 이 시기 이광요는 싱가포르가 인구의 증가와 빈곤, 경제 기반의 미비, 그리고 공산주의자들의 파업과 영국군의 철수에 의해 극심한 곤경에 빠져 있다고 인식하였다.

1. 인구의 증가와 빈곤

　제2차 세계대전이 끝날 무렵, 싱가포르의 인구는 대부분 이민자들로 구성되어 있었다. 사업 환경이 좋았을 때 싱가포르에는 말레이시아, 인도, 스리랑카(Sri Lanka), 중국, 인도네시아와 다른 여러 국가에서 많은 이주민들이 몰려들었다. 사업이 잘 되지 않았을 때 많은 사람들이 그들의 고향으로 돌아가 버렸다. 그러므로 그 당시에 정부는 건강, 교육, 노령연금과 주택 그리고 국민들을 위한 직업을 보장할 계획이 필요하지 않았다.[1] 싱가포르는 독립당시 실업률이 14%에 달해 있었으며 그것도 점점 늘어가고 있었다. 이광요와 그의 팀은 영국의 통치를 받고 있었을 때와는 다른 방법으로 국정(國政)을 꾸려가야만 했다.[2]

　전후 식민지 지배세력들이 물러감에 따라 각 나라들은 독립하기 시작했다. 미얀마, 인디아, 파키스탄, 스리랑카 그 뒤를 이어서 말레이시아와 싱가포르도 독립하게 되었다. 이민은 더 이상 쉬운 일이 아니었다. 독립한 국가들은 그들의 이민자들을 통제하게 되었다. 싱가포르의 인구는 안정된 형태를 취하였다. 많은 이유들 때문에 이민 제1세대는 그들의 고향으로 돌아갈 수도 없었고 돌아가기를 원하지도 않았다. 이러한 평화로운 상황에서 인구는 급속하게 증가되었다. (싱가포르의 인구추이 〈표 2-1〉 참조)

---

1) Ong Wee Hock, *The Economics of Growth and Survival*(Singapore: Eurasia Press, 1978), p.7.

2) Kuan Yew Lee, 『내가 걸어온 일류 국가』(서울: 문학사상사, 2000), p.74. 이후부터는 『일류 국가』로 인용함.

〈표 2-1〉 싱가포르의 인구추이

년		인구(천명)	증가율(%)	인구밀도(人/km)
1901	Census	227.6	2.3	391
1911	〃	303.3	2.9	522
1921	〃	418.4	3.3	719
1931	〃	557.7	2.9	959
1947	〃	938.2	3.3	1,613
1957	〃	1,445.9	4.4	2,487
1967	Mid-Year	1,977.6	2.0	3,392
1968	〃	2,012.0	1.6	3,443
1970	Census	2,074.0	1.7	3,538
1972	Mid-Year	2,147.4	1.8	3,662
1974	〃	2,219.1	1.4	3,777
1976	〃	2,278.2	1.4	3,784
1978	〃	2,334.4	1.2	3,789
1980	〃	2,390.8	1.2	3,881

자료: 矢延洋泰著, 『小さな國の大きな開發』(東京: 勁草書房, 1983), p.28.

위의 표를 보면 인민행동당이 집권할 무렵인 1957년부터 급격한 인구증가추이를 보이고 있다. 이러한 급격한 인구증가와 실업에 대처하여 이광요는 새로운 경제정책을 모색하고 국민을 최고수준의 생활을 영위할 수 있도록 하기 위해 고민하였다.

이광요가 싱가포르를 진단했을 때 가장 근본적인 문제는 인구의 급속한 증가와 빈곤문제였다. 그는 자서전에서 다음과 같이 언급했다.

1960년대에 내가 싱가포르를 책임지게 되었을 때, 나는 나의 깨달음을 국정에 적극적으로 반영했다. 그때 싱가포르는 영국보다 훨씬 가난했고 부의 재분배 같은 얘기는 꺼내지도 못할 상황이었다. 인구의 급속한 증가와 빈곤문제를 해결하기 위해 아무것도 없는 밑바닥에서부터 부를 창출해 내는 일이 급선무였다.[3]

이 당시는 이민에 의해서보다는 출생에 의해서 인구가 증가하였다. 인구는 1960년부터 1965년까지 평균 48,100명씩 증가했다.(출생과 사망률은 〈표 2-2〉 참조) 실제 출생과 사망자수는 〈표 2-2〉와 같다.

---

3) Kuan Yew Lee, 류지호 역, 『리콴유 자서전』(서울: 문학사상사, 1999), p.148. 이후부터는 『자서전』으로 인용함.

〈표 2-2〉 인구와 주요통계 1947-1975

연 도	인 구	자연적 증가	출 생	사 망
1947	938,144	30,534	43,045	12,511
1948	960,800	32,517	44,450	11,933
1949	978,700	34,548	46,169	11,621
1950	1,022,100	34,059	46,371	12,312
1951	1,066,100	35,735	48,166	12,381
1952	1,127,000	39,136	51,196	12,060
1953	1,191,800	42,992	54,548	11,556
1954	1,248,200	46,239	57,029	10,790
1755	1,350,500	47,239	57,812	10,573
1956	1,371,600	50,654	60,892	10,238
1957	1,445,929	51,110	61,757	10,647
1958	1,518,800	51,919	62,495	10,576
1959	1,587,200	52,289	62,464	10,175
1960	1,646400	51,564	61,775	10,210
1961	1,702,400	49,903	59,930	10,027
1962	1,750,200	48,799	58,977	10,178
1963	1,795,000	49,392	59,530	10,138
1964	1,841,600	47,783	58,217	10,434
1965	1,886,900	45,462	55,725	10,263
1966	1,934,400	44,236	54,680	10,444
1967	1,977,600	40,037	50,560	10,523
1968	2,012,000	36,259	47,241	10,982
1969	2,042,500	34,338	44,562	10,224
1970	2,074,507	35,217	45,934	10,717
1971	2,110,400	35,759	47,088	11,329
1972	2,147,400	38,156	49,678	11,522
1973	2,185,100	36,349	48,269	11,920
1974	2,219,100	31,594	43,268	11,674
1975	2,249,900	28,503	39,948	11,445

자료출처: Ong. Wee Hock, *The Economics and Growth and Survival*(Singapore: Eurasia Press, 1978), p.8.

싱가포르의 이러한 인구의 증가는 싱가포르 내부에서 필요한 직업 창출과 거기에 맞는 주택 및 직업훈련소, 병원, 및 학교 등의 증설과 맞물려 있어서 60년대에 많은 문제의식을 불러 일으켰다. 당시 이광요의 최대의 과제는 늘어가는 인구와 함께 그들을 부양할 경제문제 해결이었다. 그는 다음과 같이 언급했다.

나에게 있어서 세 번째로 가장 큰 고민은 바로 경제였다. 어떻게 하면 국민들이 생계를 유지할 수 있을까? 인도네시아는 우리와 '대결정책'을 펴고 있어서, 무역은 정체 상태로 들어가 있었다. 말레이시아는 싱가포르를 철저하게 무시하고 자국 항구를 통해 수출입업자나 무역 파트너들과 직접 거래하려 들었다. 예전에 영국이 하나로 묶어 통치했던 광범위한 지역의 중심점이라는 역할을 싱가포르가 더 이상 할 수 없게 된 시점에서, 어떻게 해야만 우리가 독립국가로서 생존해 나갈 수 있을 것인가? 실업률은 14퍼센트에 달해 있었으며, 더욱더 늘어나고 있었다. 우리는 영국의 통치를 받고 있을 때와는 다른 방법으로 생계를 꾸려가야만 했다.[4]

이광요는 싱가포르가 동남아시아의 한 도시 국가로 살아남기 위해서는 보통 이상의 노력을 기울이지 않으면 안 된다고 생각했다. 왜냐하면 싱가포르의 이웃들은 틈만 나면 싱가포르를 무시하려 들었고, 이 지역 무역의 중계자이자 중계 무역항이라는 싱가포르의 역할을 쓸모없는 것으로 만들어 버리려고 하기 때문이었다. 이광요는 1981년 11월 25일 일본경제신문과 회견에서 다음과 같이 언급했다.

1960년대 초에는 싱가포르는 낮은 생활수준과 높은 실업률 때문에 고통 받고 있었습니다. 우리들의 주요 산업이었던 중계무역에서는 이

---

4) 『일류 국가』, p.74.

러한 문제를 해결할 수 없었기 때문입니다. 우리들은 노동집약적인 산업을 일으켜서 취업기회를 증가시키고 실업률을 없애려 했습니다.[5]

인민행동당이 집권한 지 6개월이 지난 다음 싱가포르의 형식상 임시 국가수반의 자리에 있었던 윌리엄 굿(William Good) 총독은 본국의 식민지성장관에게 보낸 세 편의 보고서에서 인민행동당 집권 여섯 달을 다음과 같이 요약했다.

신임내각의 각료는 모두 총명한 인물이다. 그들이 제시한 정책들에는 숙고의 흔적이 보이며 또한 그들은 이러한 정책을 효과적으로 추진해 나가고 있다. 근본적인 정치성향으로 볼 때, 신임 정부의 각료들은 모두 극단적인 사회주의자들이다. 그러나 그들은 국제무역 중개항이라는 싱가포르의 특이한 상황이 만들어 낸 현실적인 한계를 인식하고 있다. 그들은 또한 인구증가율이 급속도로 높아지면서 생기는 경제문제를 해결하고, 더 높은 생활수준을 요구하는 국민들의 기대에 부응하기 위해 고심하고 있다.[6]

윌리암 굿은 그의 보고서에서 식민지 싱가포르 총통으로서 싱가포르에 대한 현실적 진단을 잘 반영하고 있는데 그것은 바로 높은 인구증가로 인한 빈곤한 경제문제 해결이었다. 이광요는 급속한 인구의 증가와 빈곤문제라는 현실적 진단을 바탕으로 하여 국민들이 원하는 최고수준의 생활을 할 수 있도록 하기 위해 고심하였다.

---

5) Kuan Yew Lee, 田中恭子 역, 『シンガポールの政治哲學』 (東京: 井村文化事業社, 1988), p.246.
6) 『자서전』, p.376.

2. 경제기반의 미비

싱가포르의 경제기반 미비는 크게 경제운용방식의 미비, 숙련기술자 미비 그리고 자본 및 경제 하부구조 미비 세 가지로 나누어서 생각할 수 있다. 첫째, 경제운용방식의 미비에 대해 살펴보기로 한다. 19세기 초까지만 해도 황폐한 무인도로 방치되었던 싱가포르는 1919년 영국의 스탠포드 래플즈 경이 상륙하여 식민지의 터전을 닦은 이후 서서히 인구가 늘기 시작했으나, 독립했던 1959년 당시만 해도 158만 인구의 작은 도시국가에 불과했다.7) 경제 발전에 필요한 부존자원이나 기술, 자본 그 어느 하나 제대로 갖추어진 게 없고, 국민 대부분이 먹고사는 문제에 허덕이던 독립 당시 실업률은 실로 13%를 넘어, 거리마다 굶주린 실업자가 넘쳐났다. 설상가상으로 학생과 노동자 파업사태가 끊이지 않았고, 연거푸 폭동이 발생하여 사회불안과 무질서는 절정에 이르고 있었다.8) 1960년대에 싱가포르 인구는 약 230만 정도로 세계에서 가장 작은 국가들 가운데 하나였다. 공장이든 서비스업이든 많은 기업들이 심한 한계에 부딪쳤다. 경쟁력을 갖추기 위해서는 많은 양을 생산하고 더욱 효율적인 기계와 공정과정을 사용할 필요성이 제기되었다. 만일 이러한 생산과정의 산물이 충분히 팔리지 않는다면 생산비가 높기 때문에 이러한 과정을 사용할 필요가 없게 된다. 싱가포르에서 사업하는 많은 기업들에게 있어서 한 공장에서 매일 생산하는 것은 싱가포르 인구가 일년 안에 살 수 있는 양보다 많이 생산하기 때문이다.

천연자원이 풍부한 나라들은 천혜의 천연 광물과 다른 자연 자원을

---

7) Clark Neher, 동남아지역연구회 역, 『현대 동남아의 이해』 (서울: 서울프레스, 1993), p.140.

8) 『자서전』, p.724.

팔아 공장을 짓고, 학교, 병원들을 건립하고, 도로를 내어, 집들과 일거리를 제공할 수 있다. 가장 대표적인 국가들은 석유가 풍부한 중동의 산유국들이며 호주, 캐나다 그리고 미국처럼 석탄, 철, 광석, 자연가스, 니켈과 같은 천연 자원들이 풍부한 나라들이다. 이러한 나라들은 역시 광대한 지역의 땅에 목재와 목재제품들을 가지고 있고 환금작물인 밀, 쌀, 채소, 과일 그리고 젖소와 양떼를 키운다. 싱가포르는 원자재가 없어 그것들을 수입해야 한다. 따라서 싱가포르는 생산비에 이러한 원자재의 높은 비용을 더하여 치러야 했다. 싱가포르는 또한 그들 원자재를 수입할 때 그리고 완제품을 재수출할 때 수송비를 감내해야 했다. 당시를 회고하며 이광요는 다음과 같이 언급했다.

> 예전에 우리의 창고는 고무와 후추, 코프라와 등나무로 가득 채워져 있었고, 그것들을 수출하기 위해서 일꾼들이 부지런히 손질하고, 등급을 매기는 것은 흔히 볼 수 있는 풍경이었다. 하지만 이제는 가공해서 등급을 매길 수 있는 원자재를 말레이시아와 인도네시아로부터 더 이상 수입할 수 없게 되었다. 그래서 우리는 새로운 종류의 경제방식을 창출해내어, 이제껏 세계 다른 어느 곳에서도 유래가 없는 새로운 계획과 방법을 찾아 시도하지 않으면 안 되었다.[9]

이광요는 독립 후 산업화에 대한 강열한 열망을 가지고 있었지만 경제를 어떤 식으로 운용하여 생산성을 높일 것인가에 대해서 구체적인 대안이 없었다. 초창기 산업운용방식은 수입대체산업의 활성화로 실업자를 구제하는 방식이었다.

둘째, 싱가포르는 더 훌륭한 기능과 자원들을 가진 나라들과 경쟁해야 하기 때문에 기술과 기능의 부족은 심각한 결함이었다. 전후

---

9) 『일류 국가』, p.74.

50

대부분 사람들은 요리사, 택시기사, 삼륜 자전거 타는 사람, 하급노동
자, 서기들, 상점주인들, 상점점원 등이었다. 사업가들은 상인들과 상
점주인들, 수입업자들 그리고 수출업자들이었다. 그래서 싱가포르사
람들이 1960년대 급속하게 성장할 필요가 있을 때 훈련받은 기능공
들이 없었다. 이광요는 다음과 같이 언급했다.

> 우리가 집권을 시작한 1959년 이래로 수년간 지속된 실업 문제와
> 씨름한 후에야, 내각 모두는 싱가포르가 생존할 수 있는 유일한 방
> 법은 바로 산업화라는 것을 알게 되었다. 지역 무역의 집산지인 싱
> 가포르 역할은 한계에 달했다. 처음은 관광산업을 진흥시켜 실업문
> 제를 줄였지만 완전히 해결해 준 것은 아니었다. 그래서 우리는 공
> 장을 가동시키는 일에 집중했다. 우리는 식물성 기름, 화장품, 모기
> 향, 헤어크림, 부적, 심지어 나프탈렌을 만드는 조그만 공장이라도
> 공장을 세우는 모든 사업가들을 격려했다. 조선과 요업(窯業)산업
> 을 끌어 들였지만 숙련된 기술자의 부족으로 모두 실패했다.[10]

이광요는 산업화를 촉진하여 실업자를 구제하기 위해 조선사업과
요업산업을 시작했지만 초창기 숙련공의 부족으로 인해 성공하지 못
했다. 셋째, 어떤 공장이나 산업이 시작되기 전에는 자본과 경제하부
구조가 구비되어 있어야 한다. 이 자본은 땅과 건물을 임대하거나
매입하고 그리고 기계를 구입하기 위해 필요하다. 사업을 개시한 첫
번째 달이나 첫째 해는 회사가 이윤을 창출하지 못할지도 모른다.
왜냐하면 수입의 대부분이 전기세, 임금 등과 같은 운용자금으로 쓰
이기 때문이다. 초창기 조선사업도 노동자의 임금이 많이 들어가 사
업수지가 맞지 않았기 때문에 실패했다.
관광, 금융 그리고 상업적인 부분을 제외한 산업에서 싱가포르가

---

10) 『일류 국가』, pp.121-123.

해야 할 자본투자는 일년에 3억에서 4억 달러가 필요했으며 부가적으로 기간산업투자 설비비가 필요했다. 공장과 산업이 생산 활동을 할 수 있고 사람들에게 직업을 제공할 수 있기 위해서는 도로와 항만, 전기, 전화와 다른 설비들이 필요했다. 싱가포르의 새로운 세대들의 직업과 더 좋은 삶을 위해서 정부는 학교와 병원들 공공주택과 건강서비스에 투자해야 했고 그러한 투자는 수억 달러가 소요된다.

1960년대 초에 싱가포르는 그러한 규모의 투자에 필요한 충분한 자본을 가지지 못했다.11) 돈을 보존하기 위하여 초기 PAP정부는 공무원들의 봉급을 삭감하는 몇 가지 조치를 취해야 했다. 그가 싱가포르 총리가 된 후 산업화를 본격적으로 진전시키기 위해서 외자를 유치해야 할 필요성을 깨닫고 경제개발청(EDB)를 설립하여 구체적으로 외자를 끌어올 전략수립과 경제발전전략의 실천을 위해 전략적 실용주의를 실천해 나갔다.

독립 후 이광요에게 세 가지 당면 과제가 있었다. 첫 번째는 싱가포르의 독립을 국제사회로부터 인정받고, 국제연합(UN)에 가입하는 일이었다. 두 번째는 바로 싱가포르의 국방문제였다. 싱가포르는 군대가 없었다. 세 번째는 바로 경제였다. 실업률은 14%에 달해 있었으며 인구는 더욱더 늘어나고 있었다. 독립 후 싱가포르는 영국의 통치를 받고 있었을 때와는 달리 생존방법을 모색해야만 했다.12) 이광요는 근대화의 과정에 있어서 홍콩을 발전의 모델로 삼았다. 특히 홍콩의 자유무역항의 개념은 맹자의 상업발전을 위한 세금 면제 경제사상으로 그 연원을 거슬러 올라갈 수 있다.

---

11) Ong Wee Hock, 앞의 책, p.12.

12) 『일류 국가』, p.74.

　시장에 자릿세만 받고 세금을 징수하지 않으며, 법대로 처리하
기만 하고 자릿세도 받지 않으면 천하의 장사꾼들이 모두 기뻐하
여 그 시장에 화물을 보관하기를 원할 것이다.[13]

　이광요는 싱가포르를 세금이 없는 국제 중계무역항으로 만들면 많
은 외국 무역상들의 싱가포르 기항을 유도할 수 있고 그로 인해 많
은 부를 창출할 수 있을 것으로 판단하고 중계무역항으로 발전시키
기 위해 항만인프라 보강에 노력을 기울였다.

　맹자의 경제사상에 따르면 국가가 수입관세를 부과해서도 안 된다:
"국경에서 여행자들은 세금부과 없이 검사 받아야 한다."[14] 맹자는 또
한 낮은 세금이 경제를 이롭게 할 것이라고 제시한다: "곡물은 아마를
심은 들판을 잘 돌보고 그 생산물에 세금을 적게 부과하라. 그러면 백
성이 풍요로워 질 것이다."[15] 이광요는 이러한 맹자의 민본주의 경제
사상을 이어받아 관세가 없고 세금이 싼 기업하기 좋은 자유무역항을
건설하였고 정치적으로는 맹자의 민본주의를 국민우선정치로 발전시
켜 안정된 나라를 건설하는 국가이데올로기로 활용하였다.

　영국군의 철수 이후 그들이 사용하던 구르카 대대의 숙소로 사용
하던 싱가포르 항구의 정박지인 블라캉 마티 섬은 휴양지인 "센토사
(고요라는 뜻)" 섬이 되어 관광 명소로 외국인 관광객을 유치해 외
화벌이에 유용하게 이용하였다. 일본이 싱가포르를 점령하기 전에
영국군 사령부로 사용되었던 수많은 터널과 벙커들이 있는 캐닝 요

---

13) 市에 廛而不征하고 法而不廛이면 則天下之商이 皆悅而 願藏於基市矣리라.
　　關에 譏而不征이면 則天下之旅 皆悅而願出於基路矣리라.(孟子·公孫丑上).
　　成百曉, 『論語集註』(서울: 전통문화연구회 1990), p.100.

14) Daniel A. Bell, "Confucian Values for the Next Millenium," 1980,
　　http://www.unesco.or.kr/kor/science_n/.../bell_kr.ht(검색일: 2003. 5. 22), p.5.

15) 위의 글.

새 역시 보전했고, 그곳 건물들은 레저와 레크리에이션을 위한 클럽 회관으로 바꾸었다. 그리고 셀레타르 군비행장은 소형 수송기와 소형 상업용 비행기들이 이용할 수 있도록 민간 용도로 전환하였다. 영국 비행사들이 활주로 주변에 조성했던 9홀의 골프코스는 18홀 골프클럽으로 발전했다. 텐가 공군기지는 싱가포르 공군의 주력기지로 변했고 창이 공군기지는 매립을 통해 확장되어 두 개의 활주로를 가진 국제 항공물류수송의 기항지가 되었다. 파시르 판장 군사단지는 현재 2만 6000여 명의 학생들을 수용한 싱가포르 국립대학의 켄트리지 캠퍼스로 변모했다.16) 이광요는 경제기반의 미비로 인해 실업과 가난으로 어려움을 겪는 싱가포르를 번창하게 하기 위해서는 산업화를 통해서만 가능하다고 판단하고 수입대체산업인 제조산업을 활성화시켜 실업을 줄여 어려운 경제문제를 해결하려 시도했다. 그리고 돈이 들어가지 않는 관광산업을 활성화시켜 산업기반을 부흥하기 위한 재원으로 활용하는 전략을 실천에 옮겼다.

3. 공산주의자들의 파업과 영국군의 철수

싱가포르가 말레이시아 연방으로부터 독립 후 경제 활성화를 통해 국민에게 최고의 생활환경을 제공하고자 하였던 이광요에게 커다란 걸림돌이 된 것은 세력 확장을 기도하는 좌파들의 강경한 노동파업이었다. 1960년대에 싱가포르는 일거리를 제공하는 데 필요한 급속한 경제발전과 산업화에 대비하고 있었는데 반국가적인 좌파 노동조합에 의한 파업이 계속되었다.17) 1960년대의 파업은 혼란과 실업을

---

16) 『자서전』, p.127.

유발시키려는 공산주의자들의 전략적 차원에서 의도되었다. 이광요
는 당시 상황을 다음과 같이 기술했다.

> 1950년대 중반까지 대부분의 조합은 공산주의자들이 장악하고
> 있었으며, 공산계조합과 비공산계 조합들을 불문하고 모두 전투적
> 인 조직으로 변했습니다. 공산주의 세력들이 노동조합을 장악하고
> 있었기 때문에, 우리는 1940년대 후반부터 1960년대에 이르기까지
> 끊임없는 파업과 태업, 폭동을 겪지 않을 수 없었습니다. 1961년 7
> 월부터 1962년 9월 사이에 153건의 파업이 일어났는데 이는 싱가
> 포르 최대의 기록이었습니다.[18]

이와 유사한 맥락에서 1963년 1월 8일 고켕쉬 재무부 장관은 그
당시 상황을 다음과 같이 기술했다.

> 여러분은 작년 친 바리산(Barisan) 사회주의 노동조합이 유망한
> 산업인 말레이인들의 방직공장(Malayan Textile Mills)을 죽인 통탄
> 할 만한 이야기를 들었을 것입니다. 그 섬유 공장은 사업을 시작하
> 고 2년 연속 적자를 냈습니다만 그들이 그들의 사업문제들을 해결
> 했을 때 그 노동조합은 그들의 삶을 어렵게 만들었습니다. 그들은
> 경영진이 작업방식을 개선하고자 하는 어떤 시도에도 저항했습니
> 다. 작업의 질이 저하됨에 따라 한해에 수백만에 달하는 해외의 큰
> 시장을 잃어버렸습니다. 정부는 그 공장이 인도네시아정부와 목화
> 실 방적에 대해 협상하는 것을 도왔습니다. 그리고 이 소식을 듣고
> 그 노동자조합은 즉시 높은 임금과 쉬운 노동조건을 내걸고 파업
> 했습니다. 마침내 그 회사를 정리한다고 결정했을 때 문제들은 어
> 떤 해결 국면에 이르렀습니다. 이러한 무책임한 노동조합지도자의
> 꾐에 빠져 400명의 노동자들이 일자리를 잃었습니다.[19]

---

17) 田村慶子, 『シンガポールの國家建設』(東京: 明石書店, 2000), p.229.
18) 『일류 국가』, p.159.

고켕쉬는 공산주의자들이 이끄는 노동자조합이 노동자들에게 태업과 파업을 선동하여 문제를 일으킨 한 국제회사소유의 또 다른 조립공장에 대해 언급하면서 파업이 실업자의 양산과 생산성감소를 초래한다고 주장했다. 파업이 진행되는 공장의 생산성은 원시인의 마을 사람들에 의해서 고용된 중앙아프리카에 있는 같은 공장에 의해서 시작된 새로운 조립공장보다도 낮아지게 되었다고 했다. 같은 연설에서 고켕쉬는 1962년 친공산주의 노동조합의 범죄적인 행위 때문에 650여 명의 노동자들이 일자리를 잃었다고 말했다.[20] 그는 "이러한 행위들은 안정과 성장을 교란시키기 위한 싱가포르의 적들에 의해서 선동된 것이며 자녀를 학교로 가는 것을 방해하고 노동자들을 꼬여 많은 사람들이 그들의 일자리를 잃게 만들고 기업이 활동할 수 없도록 하며 싱가포르에 새로운 기업이 설립되는 것을 좌절시켜 기업에 손실을 입혔다"고 말했다.[21]

1963년 총선을 기점으로 하여 인민행동당이 승리하자 공산주의를 찬양하는 세력은 점점 그 세력을 잃어갔다. 총선 다음날 이광요는 다음과 같은 대국민 선언을 하였다.

> PAP 정부는 신분 고하를 막론하고 누구든지 무책임하게 공산세력의 앞잡이 노릇을 해서 싱가포르의 번영과 평화를 위태롭게 하거나 말레이시아의 다양한 민족들의 화합과 단결을 저해하는 것을 방관하지 않을 것이다.[22]

---

19) Ong Wee Hock, *The Economics of Growth and Survival*, Singapore: Eurasia press, 1978, pp.12-13.

20) 위의 책, p.13

21) 위의 책.

22) 『자서전』, p.557.

1960년대 초에 직업창출문제는 싱가포르가 독립하고 난 후 더욱 강조되었다. 설상가상으로 영국정부는 싱가포르로부터 군대를 철수하기로 했다는 결정을 공표했다. 그 당시 영국 군대의 기지에 대한 지출은 싱가포르의 경제에 상당한 공헌을 했다. 이광요 수상은 당시를 회고하며 다음과 같이 기술했다.

> 만약 우리가 스스로 방어할 능력을 갖추기 전에 영국 군대가 갑자기 떠난다면, 우리는 생존할 수 없을 것이라고 생각했다. 영국군의 존재는 국민들을 안심시켰다. 영국군 없이 우리는 투자를 유치할 수도, 상품과 용역을 수출할 수도 없을 것이다. 영국 군대야말로 학교 졸업자들을 흡수할 수 있는 충분한 일자리를 **창출하고 대규모 실업을 방지할 수 있는 유일한 길이었다.**[23]
>
> 싱가포르 주둔 영국군은 생필품 조달 등을 통해 지역경제를 지탱해 주고 있었을 뿐만 아니라, 현지 군무원 3만여 명과 잡역부 1만여 명을 고용하고 있었다. 이는 싱가포르 전체 노동인구의 10%에 달했다. 당시 싱가포르 정부는 매년 2.5%씩 늘어나고 있는 인구 증가율에 맞춰 더 많은 일자리를 창출해 내고 부족한 의료시설과 주거공간을 확보하는 문제로 골머리를 앓고 있었다.[24]

60년대 후반 영국군이 철수하자, 약 4만의 영국 기지에 근무하는 민간인 노동자들이 직업을 잃어버렸고 그것을 대체할 수 있는 일거리가 창출되어야 했다.

1965년 싱가포르 공화국이 형성되었을 때 실업 파업 등 여러 심각한 문제들에 직면함에 따라 현지 또는 외국에 살고 있는 많은 사람들이 싱가포르는 독립된 국가로서 생존하지 못할 것으로 생각했다. 공산주의자들의 파업에 대해 파업에 가담하거나 공산주의를 찬양하

---

23) 『일류 국가』, p.101.
24) 『자서전』, p.36.

는 분자들을 감옥으로 보내는 단호함을 보임으로써 이를 극복하였다. 영국의 철수문제는 당시 싱가포르 안보에 대해 상당한 우려를 불러일으켰지만 이광요는 자신감을 가지고 대처하여 전화위복상황으로 전환시켰다. 영국군에서 일하던 3만 명의 군무원들을 재훈련시켜 싱가포르가 외국으로부터 끌어들인 산업에 흡수하여 실업은 없었으며, 영국군이 남긴 시설과 토지를 유용하게 활용하여 경제 활성화를 위한 하부구조로 전용하였다.

4. 소결(小結)

　이광요가 1965년 최고지도자의 자리에 오른 후 싱가포르의 정치·경제 상황을 진단해 보았을 때 인구의 증가와 빈곤문제, 경제기반의 미비 그리고 공산주의자들의 파업과 영국군의 철수라는 혼란한 상황이었다. 제2차 세계대전 이후 싱가포르는 대부분 이민자로 구성되어 있었고 당시 정부는 국민들을 체계적으로 교육하고 관리하며 직업을 보장할 계획이 없었다. 실업률은 14%에 달해 있었으며 점점 늘어가는 추세였다. 싱가포르의 이러한 인구의 급격한 증가는 국내에 필요한 직업창출과 거기에 맞는 주택 및 직업훈련소 병원 및 학교 등의 증설과 함께 이광요에게는 경제적으로 큰 고민거리였다. 이러한 급증하는 인구를 부양할 경제문제에 직면해서 산업화만이 유일한 해결책이라는 것을 깨닫고 산업화정책을 시행했을 때 가장 큰 걸림돌은 경제기반의 미비였다. 자원이 부족한 싱가포르가 국민들에게 일거리를 주기 위해서 취한 산업정책은 수입대체산업인 제조업의 활성화였다. 싱가포르는 원자재가 없고 그것들을 수입해야만 했다. 때문에 싱가포르는 생산비에 이러한 원자재의 높은 비용을 더하여 치러야 했다. 싱가포르는 생존을 위해 더 훌륭한 기능과 자원들을 가진 나라들과 경쟁해야 하기 때문에 기술과 기능공의 부족은 심각한 결함이었다. 싱가포르 사람들이 1960년대 급속하게 성장할 필요가 있을 때 훈련받은 기능공은 거의 없었다.

관광, 금융 그리고 상업적인 부분을 제외한 제조업에 싱가포르가 해야 할 자본투자는 3억 달러에서 4억 달러가 필요했으며 부가적으로 기간산업투자 설비비가 필요했다. 1960년대 초에 싱가포르는 그러한 규모의 투자를 감당할 충분한 자본을 가지지 못했으며 경제하부구조도 열악한 상황이었다. 이광요와 그의 동료들은 국민들에게 일자리를 제공하는 데 필요한 급속한 경제발전과 산업화에 대비하고 있었는데 반국가적 좌파 노동조합에 의한 파업이 지속되었다. 그 당시 파업은 공산주의자들이 세력권확대를 꾀하기 위해 전략적 차원에서 시도되었다. 1960년대 초에 직업창출문제는 싱가포르 독립 후 더욱 강조되고 있는 상황이었다. 설상가상으로 영국정부는 싱가포르로부터 군대를 철수하기로 했다는 결정을 공표했다. 영국군이 철수하자 약 4만의 영국 기지에 근무하는 민간인 노동자들이 60년대 후반 실직하게 되었고, 사라진 직업인 영국 군무원 역을 대체할 수 있는 일자리가 창출되어야 했다. 요컨대, 이광요 수상은 당시의 싱가포르가 당면했던 주요 문제점들을 첫째, 인구의 증가와 빈곤, 둘째, 경제기반 미비, 셋째, 공산주의자들의 파업과 영국군의 철수로 인한 정치·경제적 불안정으로 인식하고 이러한 상황진단을 바탕으로 이광요는 일류 국가를 향한 그의 비전과 구체적인 정책적 처방들을 제시하고 실천해 나갔던 것이다. 다음 Ⅲ장에서는 이광요의 비전에 대해 살펴보고자 한다.

Ⅲ. 비전의 창조: 일류 국가 건설

1. 비전창조의 개인적 배경

이광요가 싱가포르의 문제해결자로서 싱가포르 상황을 어떻게 진단했는가는 앞 장에서 살펴보았다. 이 장에서는 이광요가 일류 국가를 건설하기 위해 어떠한 비전을 창출했는가에 대해 보다 구체적으로 살펴보려고 한다.

한 지도자의 비전은 그의 출신배경 및 교육배경과 무관할 수 없으므로 먼저 이광요 개인의 배경에 대해서 살펴볼 필요가 있다. 이광요의 증조할아버지 이목문(李沐文)은 객가족(客家族)이었는데, 객가족이란 중국북부와 중부의 평원 지대에서 약 700∼1000년 전쯤 복건성(福建省)과 광동성(廣東省) 등의 중국 동남부로 남하해 정착한 한인(漢人)들을 말한다.[1] 할아버지 이운웅(李雲雄)은 1871년 싱가포르에서 태어났다. 할아버지는 싱가포르와 네덜란드령 동인도 제도를 오가는 증기선의 사무장이었다. 이광요의 아버지는 1903년 네덜란드령 동인도 제도의 세마랑에서 태어났다. 그러나 할아버지가 싱가포르 출생이었기

---

1) '객가(客家)'는 한족의 한 부류로 4세기 초 서진(西晉) 말기와 12세기 초 북송 말엽 등 크게 두 차례에 걸쳐 중원의 전란을 피해 대규모로 화남(華南)의 산간지대로 이주한 한족을 일컫는다. 현재 중국뿐만 아니라 대만 홍콩 마카오 등 세계전역에 약 1억 명이 흩어져 영향력을 행사하고 있다. 대만의 국부 손문(孫文), 중국을 개혁과 개방으로 이끈 등소평(鄧小平), 전 대만 총통 이등휘(李登輝)도 '객가'출신이다. 중앙일보. 2000. 「'중국의 유대인' 중국 – 대만 가교될까」, 2000,
http://.../way-board.cgi?db=total2&j=v&no=10&pg=80-03-15(검색일: 2003. 5. 6)

때문에 아버지 역시 대영제국의 국민이었다. 이광요가 태어났을 때 집안 어른들은 그에게 상서로운 이름을 지어주기 위해 작명에 조예가 있는 집안 친구분에게 부탁했다. 그때 지은 이름이 "광요(光耀)"[2]였으며 만다린어 발음으로 "광야오", 즉 "빛과 영리함"을 뜻했다. 여기다 영국인에게 동경심을 품은 할아버지가 "해리"라는 이름을 붙여, "해리 이광요"가 되었다.[3] 래플스 중고등학교 시절 그는 수학과 과학에 뛰어났고 영어실력도 탄탄하였다. 캄포스란 이름의 인도인이던 당시 그의 담임선생은 이광요의 수업태도가 그다지 좋지 않았음에도 불구하고 생활기록부에 다음과 같이 적어 놓았다. "해리 이광요는 각별한 의지를 가진 학생으로, 앞으로 높은 지위에 서게 될 것이 분명하다."[4]

이광요는 래플즈 대학(Raffles Institution)에 다닐 때 그의 동료가 그를 건방지다고 생각할 정도로 자신이 최고라고 생각하며 자랐다. 같은 반이었던 테오 카 룽(Teo Kah Leong)은, "이광요는 처음부터 아주 야심적이고 강압적인 성격이었다는 사실에 아주 놀랐다. 그리고 그는 약간 오만했으나 미울 정도는 아니었다. 그는 목에 힘을 주고 다녔고 머리는 항상 꼿꼿했다."[5]라고 회고한 바 있다.

1960년대 이광요가 싱가포르를 책임지게 되었을 때, 그는 그의 깨달음을 국정에 적극적으로 반영했다. 그때 싱가포르는 영국보다 훨씬 가난했고 부의 재분배 같은 얘기는 꺼내지도 못할 상황이었다. 아무것도

---

2) 고대 중국 대전차 위에 꽂는 길이 여섯 자, 너비 여섯 치의 붉은 색 비단 깃발을 光耀(광요)라고 불렀다. 태공망(太公望), 신상옥 역, 『六韜』(서울: 명문당, 2000), p.329.

3) Kuan Yew Lee, 류지호 역, 『리콴유 자서전』(서울: 문학사상사, 1998), p.40. 이후는 『자서전』으로 인용함.

4) 『자서전』, p.49.

5) Michael D Barr, *Lee Kuan Yew: The Beliefs Behind the Man*(Washington, D.C: Georgetown University Press, 2000), p.99.

없는 밑바닥에서부터 부를 창출해 내는 일이 급선무였다.[6] 그는 스스로를 좌익 민족주의자라고 생각했고 "이광요"라는 중국식 이름이 이에 걸맞았다.[7] 이광요는 영국의 철수를 주장하는 공산당과 손을 잡아 영국의 철수를 주장하면서 말레이시아연방에 편입하여 독립을 쟁취한 후 바로 공산당과 결별을 선언했다. 이광요는 취임 전인 1956년 6월 3일 연설에서 정부의 입장을 다음과 같이 요약해서 말했다.

> 우리는 이제 역사의 새 장을 열게 되었습니다. 여러분이 뽑은 정부의 힘은 내정에 국한됩니다. 그것은 우리가 진정 원한 바는 아니지만 연방에 합병되어 독립하기 위한 일보 전진입니다. 여러분이 바라는 것들은 하늘에서 저절로 떨어지지 않습니다. 오랜 시간에 걸쳐 피와 땀을 흘려야만 이룩되는 것입니다. 국민이 정부의 노력에 동참하지 않으면 결코 좋은 결과를 얻을 수 없습니다. 사회 전체의 이익을 위해서는 사회 일부에서 환영받지 못하는 조치를 부득이 취해야 할 경우도 있을 수 있습니다. 그럴 경우 우리 정부의 행동원칙은 항상 사회 전체의 이익을 최우선시 한다는 것임을 부디 기억해 주기 바랍니다.[8]

무질서와 부패가 만연하는 가난한 열대의 섬을 처음 통치하기 시작했을 때 그는 먼저 공산당을 제어하지 않으면 안 되었다. 공산당은 개인적으로 부패가 상대적으로 적어서 이광요에게 만만한 상대가 아니었다. 그는 공산당에게 이기기 위해서는 먼저 자신의 문제점이 없어야 한다고 판단하고 친척들을 불러 모아 법에 저촉되는 부패에 절대 가담하지 말라고 당부한 다음 새로운 국가건설의 비전을 제시

---

6) 『자서전』, p.148.

7) 『자서전』, p.162.

8) 『자서전』, p.344.

하고 그에 따른 구체적인 정책들을 꾸준히 실천해 나갔다.

이광요의 비전은 그가 영국에서 받았던 교육에 의해서 형성되었다. 그는 미래지향적인 시각을 가지고 있었으며 평소 말레이 전통문화에 대해서는 원시적이며 경박하다고 비판하였다.9) 젊은 시절 이광요 성격의 조급함은 그의 기질의 자연스런 일부로 보인다. 젊은 이광요는 영국을 자비로운 제국으로 간주하였다. 영문학은 래플스 대학에서 가장 성적이 높은 과목이었고 이를 통해 영국의 높은 문화를 알게 되었다. 역사 과목은 대영제국의 역사를 공부하는 코스였으며 이를 통해 대영제국 중심의 세계관을 학습하게 되었다.10) 그러나 1942년 싱가포르가 일본에 함락되면서 영국에 대한 환상이 깨어짐과 동시에 자신과 동일한 동양인인 일본인이 엥글로 색슨족을 제압하는 광경을 목격하면서 동양인의 가능성에 대한 재평가가 이루어졌다.

이광요는 23세의 나이로 1947년 캠브리지 대학에서 수학하기 시작했고 영국에서의 공부는 그의 사회, 문화 그리고 정치에 대한 시각을 형성하는 데 중요한 역할을 했다. 특히 말레이시아와 싱가포르에 대한 영국의 식민통치는 종식되어야 한다는 생각을 갖게 되었다.11) 영국과 일본의 식민 지배를 경험한 이광요는 싱가포르가 독립된 국가의 위상으로 외부 강대국의 속박을 받지 않고 번영하기 위해서는 영국의 싱가포르에 대한 식민 지배가 종식되어야 한다고 판단했다. 그는 자서전에서 다음과 같이 언급했다.

유학시절 내내 나는 말라야(싱가포르를 포함)의 조기 독립을 이 끌어 내는 데 도움이 될 만한 노동당 정치인들과 교분을 쌓는 일

---

9) Michael D. Barr, *op.cit.*, p.29.
10) 위의 책, p.54.
11) 『자서전』, p.129.

에 열심이었다. 아직도 폐하와 대영제국의 영광을 들먹이며 과거의
환상에 빠져 있는 보수당 정치인과는 달리, 노동당 정치인은 식민
시의 복립을 긍정적인 자원에서 바라보았다. 나는 또 재학시절 후
일 정치에 입문할 뜻을 가지고 있는 영국인 친구들을 많이 사귀어
두었다. 나중에 싱가포르로 돌아가서 독립운동을 하다가 말라야나
싱가포르의 식민정부와 문제가 생기면 이들의 도움이 큰 힘을 발
휘할 게 분명했다.[12]

그는 1950년에 영국의 페이비안 사회주의(Fabian Socialism)에 영
향을 받고 영국에서 돌아왔으며 그것은 래플스 대학에서 배운 진보
주의보다 더 체계적인 것이었다.[13] 그의 친구 마이클 레버(Michael
Lever)는 말하기를 "그는 골수사회주의자가 아니며 반식민주의자였
고 철저한 실용주의자였다"라고 했다.[14] 이광요의 또 다른 캠브리지
동문인 레슬리 웨이퍼(Leslie Wayper)는 다음과 같이 언급했다.

이광요가 캠브리지로 오기 전에 나의 이광요에 대한 인상은 그
가 사회주의자처럼 보였다는 것이다. 그 뒤 이광요는 공산주의자로
간주되었다. 그는 종종 말하기를 만일 식민주의자와 공산주의자 사
이에 하나의 선택을 강요받는다면 그는 공산주의를 선택할 것이다
라고 말했다. 그는 영국식민통치 동조자에 대해 신랄하게 비판했으
나 공산주의에 대한 어떤 환상도 없다고 했다. 그는 강력한 사회주
의자였던 것이며 식민주의와 공산주의는 그가 피하려 했던 나쁜
것들이었다.[15]

반식민주의자이며 반공주의자였고 변혁을 갈망했던 이광요가 택한

---

12) 『자서전』, p.146.
13) Michael D. Barr, 앞의 책, p.56.
14) 위의 책, p.65.
15) 위의 책.

64

이념은 바로 민주적 사회주의(Democratic Socialism)였다. 이광요는 영국의 식민지에서 벗어나 독립국가를 건설하는 것을 정치의 제일 목표로 삼고 제도개선을 통한 부와 기회의 균등을 이룩하려 하였다. 그리고 경제질서를 바로 세움으로써 근로에 대한 정확한 대가가 돌아가는 사회 그리고 사회적 약자를 위한 최고 수준의 삶과 사회적 보장이 주어지는 사회를 실현하려 하였다.16)

이광요는 "나는 사회주의자는 국가의 기획과 통제가 공동체 최대의 이익을 가져온다고 믿는 사람들이라고 생각했다"라고 언급하면서 1955년 국가의 기획과 통제를 사회주의의 중심개념으로 간주한다고 지적했다. 1957년 그는 그의 사회주의에 대한 비전은 경제발전을 이룩하기 위한 것이라는 의도를 분명하게 밝혔다. 그는 강력한 가부장적 국가를 급속한 경제발전을 성취하고 자본을 축적하는 유용한 도구로 간주했다.17) 이광요에게 사회주의는 사회를 산업화하기 위해 조직하며 그리고 그렇게 함으로써 최단시간에 번영을 가져오는 수단이었다. 이와 같은 맥락에서 이광요는 1965년 9월 사회주의 인터내셔널(Socialist International Congress)에서 이렇게 언급했다.

민주 사회주의자는 독립 후에 국민들이 더 많은 노력을 기울이도록 하기 위해 조직화해야만 합니다. 생활수준의 향상은 국민들의 노력을 고무하고 열성을 불러일으켜 자본축적과 더 높은 기술습득을 가속화하여 더 나은 삶을 누리게 합니다.18)

이러한 민주사회주의의 정치 이데올로기 하에 이광요는 1959년 6

---

16) Raj Vasil, *Governing Singapore*(Singapore: Chong Moh Offset Printing, 1992), p.41.
17) Michael D. Barr, 앞의 책, p.73.
18) 위의 책.

월 5일 총리취임사에서 "나는 싱가포르를 1, 2, 3, 4, 5의 나라로 만들려고 한다. 한 명의 부인, 두 명의 자식, 세 개의 침대가 있는 아파트, 4개의 바퀴가 있는 자동차, 그리고 국민소득 500달러의 부유한 싱가포르 건설을 위해 나에게 표를 달라"고 하면서 그의 비전을 분명히 언급했다.[19] 한 명의 부인이라는 그의 비전은 구체적으로 당시 성적으로 문란했던 싱가포르를 도덕적인 가족중심사회를 건설하기 위한 실천으로 옮겨졌다. 그리고 세 개의 침대가 있는 아파트는 1가구 1주택건설이라는 목표로 이어지면서 세계에서 유례없는 주택정책 성공으로 이어진다. 세계에서 가장 번잡하기로 이름난 해로 중심인 전략적 위치에 자리한 세계수준의 천연 항구라는 자산을 극대화하면서 싱가포르를 금융 중심의 부유한 중계무역 국가로 성장시키기 위해 이광요는 능력 있는 관료와 깨끗하고 규율이 잡힌 강력한 중앙집권체제가 필요했다. 여기에 나타난 바와 같은 이광요의 일류 국가를 향한 비전을 필자는 첫째, 가족가치가 중시되는 도덕사회 둘째, 주택이 저렴하게 제공되는 복지사회 셋째, 높은 국민소득을 가진 금융중개업 중심의 선진사회건설로 나누어 정리하고자 한다.

---

19) 이의용, 「좋은 리더가 되자.」,
http://leeeuiyong.pe.kr/news2/old/sub1/1-2/13.html.(검색일: 1999. 4. 11).
이 외에도 이광요는 국가형성 초기과정에서 영국식민지 상황에서 벗어나 독립 국가를 형성하고, 도덕정치를 실행하여 많은 국민들이 더 많은 복지와 혜택을 누리는 나라를 건설하려고 시도하였다. 당시 주변 국가들의 간섭을 배제하기 위해 철저한 비동맹 중립외교를 실행에 옮겼으며 영국에서 배운 푸른 정원도시(garden city)형성과 부패가 없는 깨끗한 정부건설에 대한 비전을 가지고 있었다.

2. 가족가치가 중시되는 도덕사회

싱가포르가 말레이시아로부터 독립한 직후인 1965년 당시 싱가포르 사회는 무질서와 부패가 만연하는 혼란한 사회였다. 그 당시 회교도들은 세 명의 아내까지 합법적으로 거느릴 수 있었으며 회교도가 아닌 사람들도 난혼으로 부도덕이 극치에 이르렀고 도박과 사기가 판을 치는 혼란한 사회였다. 이광요는 총리가 되고 나서 가정을 사회를 구성하는 가장 기본적인 구성단위로 보고 건강한 가족이 건전한 사회를 만든다는 판단 하에 1부1처의 가족가치가 중시되는 도덕사회를 건설하려 시도했다. 이광요가 총리취임사에서 밝힌 그의 첫째 비전은 1의 나라를 건설하자는 것이다. 1은 바로 하나의 부인을 가진 도덕적 가치가 중시되는 건강한 가족건설이다. 수상이 되어 이광요가 처음 한 일 중 하나는 자기 부모 형제들을 초청하여, 그때부터 그들이 자신에게서 어떤 특별한 대우를 기대하지 말 것이며, 국가의 일반 시민의 한 사람으로 스스로 살아가라고 말한 점 또한 친인척 부패를 사전에 봉쇄하기 위한 그의 의지로 볼 수 있다.[20] 아시아적 가치의 개념은 직업윤리와 가족의 중시 그리고 정부의 권위에 복종하는 것을 조화롭게 결합한다. 즉 다시 말하면 청교도적 윤리인데 서구의 개인주의의 중시가 없는 개념이다. 아시아적 가치는 많은 지역에서 서구지역에서의 높은 범죄율이나 가정파괴와 사생아 출산 등을 피하면서 높은 경제성장을 이루어 신빙성 있는 문화적 설명을 가능하게 한다. 심지어 아시아 가치에 회의적인 사람들조차도 이 개념에서 약간의 장점을 발견한다. 여전히 아시아의 경제적 번영은 개인의 자유, 독립된 사법권, 그리고 언론의 자

---

20) T. S. George, 민요기 역, 『동남아의 최장기집권자 이광요』(서울: 남도문화사, 1988), p.83.

유 없이 이루어지고 있다. 이 지역에서 권위주의적인 색채는 1세기 이상이나 명백한 해결과제로 남아있다. 이광요 수상은 아시아와 서유럽 간의 문화적 차이로 인해 서구개념의 민주주의와 인권이 아시아에 적용될 수 없다고 주장한다.[21] 예를 들어 동아시아는 가속이 스스로를 위해 할 수 있는 것을 통치자나 정부가 제공해 주지 않는다고 주장하고 있다. 따라서 가족의 일에 개입하려 드는 정부형태를 가진 서구식 정치제도는 가족 중심적인 동아시아에는 적합하지 않다는 것이다. 그는 서구 물질문명이 아시아에 미친 영향에 대해 서구의 과학과 기술이 없었다면 아시아는 후진성을 면치 못했을 것이지만 서구의 모든 것이 받아들일 수 있는 이상적인 것은 아니라고 했다. 이광요는 아시안 모델이 변화에 너무 경직되어 국가가 쇠퇴하기 쉽다는 데 대해 다음과 같이 반론했다. "중국의 번영과 쇠퇴 속에서 가족 혈족이 생존의 실마리를 제공하며, 궁극적인 위기 상황에서는 인간관계, 즉 가족이 그 구성원의 생존을 가능하게 하기 때문에 가족은 사회를 구성하는 "기본적인 요체(building brick of society)"로서 위기상황에서는 오히려 생존의 가능성을 높인다"고 주장했다. 이광요는 그 자신의 중심철학 또는 세계관을 묻는 한 언론과의 인터뷰에서 이렇게 대답한 적이 있다.

나는 자본주의자도, 시장경제 선봉자도, 밀톤 프리드먼도 아니라 실천(Practice) 그 자체를 가장 중시하는 사람입니다. 내 관심사는 늘 내가 추진하는 정책, 제도, 기구가 제대로 작동하는가 여부입니다. 가치 있는 일이라고 판단하면 시도를 합니다. 만일 현실에 부합되지 않거나 작동되지 않는다면 원인을 규명하고 방법을 연구하며 필요하다면 내 소신도, 제도도 바꿉니다. 국민들의 반대도 무릅쓰고 다시 시도합니다. 그래서 결국 실행에 옮기는 것, 그것이 가

---

21) 김석근 외, 「IMF, 아시아적 가치 그리고 지식인: '세기 말' 한국과 '철학의 빈곤'」, 『아시아적 가치』 (서울: 전통과 현대, 1999), p.267.

장 중요하다고 봅니다.[22]

캠브리지 동문이었던 그의 친구 마이클 레버(Michael Lever)는 말하기를 "이광요는 행동하는 사람이었고 아주 지성적인 사람이다"라고 말한다.[23] 이광요는 1966년 그 자신의 아이디어와 이론들에 대해서 스스로 다음과 같이 언급했다.

> 나는 아이디어 그것 자체에 관심이 없고, 지성적인 자극에 의해서 당신에게 줄 수 있는 심원한 감동에 관심이 있습니다. 나는 아이디어가 우리 사회의 변혁을 촉진시킬 수 있을 때 그 아이디어에 대해 관심을 갖습니다.[24]

이광요는 근본적으로 실천(practice)에 관심이 있었으며 그는 싱가포르 역사의 중요한 시기에 있어서 리더십의 임무에 대한 토인비(Toynbee)의 이론과 본능적이고 뿌리 깊은 진보주의와 연관을 맺고 있었다. 토인비의 세계에서 이상적인 응전(response)은 새로운 도전(challenge)을 촉발한다. 예를 들어 새로운 도전은 독립된 국가건설이며 그것은 생존을 위한 투쟁이었고 더 나아가 문화에 대한 지속적인 변화였다. 이광요는 다른 것과 마찬가지로 이러한 도전을 공동체 사회의 화합과 지지를 위해 이용할 수 있는 능력이 있었다. 도전적 과제가 초래하는 위기들은 이광요의 리더십 테크닉에 있어서 필수요소였다. 왜냐하면 위기요인들은 국민들이 평온한 정치적 환경에서는 받아들일 수 없었던 변화를 받아들이도록 자극하는 데 필요했다.[25]

---

22) 한태선, 「데모크라시에 대한 이광요의 이해와 적용」, 『한양대 사회과학 논총』 17집(1998), p.360
23) Michael D. Barr, 앞의 책, p.86.
24) 위의 책, p.86.

정치가로서 그에게 가장 가치 있는 일은 이념이나 명분이 아니라 "더욱 많은 국민이 더욱 많은 행복과 혜택을 누릴 수 있는 나라 건설"이었으며 이를 위해 가장 중요한 것은 실천과 성취 그 자체였던 것이다. 그래서 그는 아시아 사회에서 일반화된 예절이나 규범보다도 업적을 더 중요한 것으로 평가했다.[26]

이광요는 공자의 효사상을 싱가포르 사회의 결속을 위해 사회정책에 적절히 활용하였다. 자녀들을 돌보는 것의 가치는 다른 문화권들에서도 널리 찾아볼 수 있는 것이지만, 유교는 연로한 부모를 돌보는 효에 대해 특별히 강조한다. 논어(論語)의 위정(爲政)편에서 공자는 다음과 같이 말했다.

> 맹의자(孟懿子)가 효에 대해 물으니, 선생님께서 "불순종하지 않는 것이다"라고 대답하셨다. 번지(樊遲)가 자신의 수레에 선생님을 모시고 갈 때, 선생님께서는 그에게 말씀하셨다. "맹의자가 효에 대해 물어 내가 '불순종하지 않는 것'이라고 대답했다." 번지가 여쭈었다. "무슨 뜻입니까?" 선생님께서 말씀하셨다. "부모님이 살아계실 때에는 (禮)를 따라 섬겨라. 부모님이 돌아가셨을 때에는, 예에 따라 장사하고 예에 따라 제사를 지내라."[27]

효는 단지 나이든 부모에게 물질적 편안함을 제공하는 문제에 그치는 것이 아니다. 공자가 주장하는 참된 효는 오직 자신의 유익을 희생해야만 할 때에도 나이든 부모를 섬기려는 의지가 있느냐에 의해서만 검증될 수 있다는 주장이다. 공자는 극단적인 상황 하에서의 예외를 인정하고 있기는 하지만 대부분의 경우 나이든 부모를 봉양

---

25) 위의 책, p.83.

26) 김석근, 앞의 글, p.260.

27) 류기정, 『四書三經』, p.52.

하기 위해서는 자신의 욕망을 억제해야만 한다. 또한 효는 다른 여러 도덕적 의무들에 우선한다. 맹자는 '이기적으로 아내와 자녀들에만 몰두하는' 사람들을 비난하면서 이보다 더 큰 의무인 자신의 부모에 대한 의무에 특별히 집중해야만 한다고 주장했다.[28] 그리고 공자와 맹자는 모두 나이든 부모를 돌보는 것이 다른 공적 의무에 우선한다고 주장한다.[29]

대체로 유교주의는 실용적 반상업주의, 가족중심주의, 교육중시 가치체계를 가지고 있으며 부패에 반하는 강한 도덕성, 신용과 성실을 강조한다. 부패한 지도자는 통치할 자격이 없고 지도자의 책무는 백성을 부양하는 데 있다. 아시아적 가치의 신용과 성실은 프로테스탄트의 직업윤리와 매우 흡사하다. 이광요는 부모를 돌보지 않는 자녀들에게 벌을 내리는 법률안을 제정했다. 자녀로서 부모를 모시지 않으면 공공주택임대에서 직접적인 불이익을 당하게 된다. 젊은 세대들이 부모를 모시지 않으려는 경향이 급속히 확산되자 부모의 부양을 자식에게 강제할 수 있도록 싱가포르 정부가 '부모 부양법'제정을 추진하여 이를 통제하기 시작하였다.[30] 노인홀대풍조에 대한 한 대책으로서 정부는 주택개발청(Housing Development Board, 이하 HDB)이 건설한 공공주택단지 안에 퇴직한 노인들이 그들의 자식들과 가깝게 살면서도 독립해서 살 수 있는 '퇴직인촌'을 건립하는 것을 추진하였다.[31] 이런 맥락에서 도전 받고 있는 '가족의 중요성'과 관련하여, 유엔이 정한 '세계가족의 해'인 1994년 초에 싱가포르 정부당국은 (1) 사랑, 돌봄과 관심, (2) 상호

---

28) Daniel A. Bell, "Confucian Values for the Next Millenium," 1980, http: www.unesco.or.kr/kor/science_n/.../bell_kr.ht(검색일: 2003. 5. 22), pp.6-7.
29) 위의 글. p.7.
30) 『한겨레신문』, 1994년 5월 30일.
31) *The Straits Times*, February 21, 1994.

존중, (3) 효도, (4) 헌신, (5) 책임이라는 이른바 '다섯 가지 핵심적 가족가치'를 각급 학교, 씨족 집단, 복지 종교 및 일반대중조직에 파급되도록 조치하기에 이르렀고, 이를 싱가포르의 The Strait Times지는 제1면에 톱기사로 대서특필하고 여기에 상세한 해설기사까지 곁들여 집중적으로 홍보하고 나선 바 있다.[32] 이러한 '다섯 가지 핵심적 가족가치'를 포함하여 '국민가치'의 내용 중 일부분은 기본적으로 동아시아의 유교전통과 밀접하게 관련되어 있다는 점을 분명히 지적할 수 있다. 이러한 이광요의 도덕적인 가족 중심적 사회건설은 강력한 싱가포르 공동체를 형성하는 데 기반이 되었다.

3. 국민의 노동이 장려되는 복지사회 건설

이광요는 모든 사람에게 공평한 자기 몫을 갖게 하는 사회주의를 신봉했다. 그러나 개인적인 동기와 보상이야말로 생산 경제의 근본임을 나중에 배우게 되었다. 사람들의 능력이 똑같지 않기 때문에, 만일 일과 보상이 시장에 의해 결정된다면, 큰 승자는 아주 적고, 대부분의 사람들은 그저 그런 승리를 얻는 데 지나지 않을 것이며, 적잖은 패배자들이 생겨날 것이며 그렇게 되면 사회의 공평성이 손상되어 사회적 긴장을 초래하게 될 것이다. 1960년대의 식민지 홍콩처럼 승자가 모든 것을 차지하는 경쟁적인 사회는 싱가포르에서 용납될 수 없었다. 이광요는 모든 문제를 실용적인 방법으로 결정하려 했다. 만약 높은 세금으로 과도하게 재분배하려 했다면 고수익자들은 더 이상 열심히 일하려 하지 않았을 것이기 때문이다. 이광요의 어려움은 올바른 균형을

---

32) *The Strait Times*, February 16, 1994.

이루어 내는 데 있었다. 이광요는 영국의 유학시절 실패한 영국 의료 서비스[33]를 거울삼아 싱가포르 나름의 해결책을 모색했다. 그는 싱가포르의 사회복지 방향에 대해 이렇게 언급했다.

> 우리 인구의 5퍼센트 정도는 항상 책임감 없고 무능력한 사람들로 채워져 있게 마련이다. 그런 사람들은 집이든 주식이든 재산이란 재산은 다 써버린다. 그들은 자기 훈련이 안 되어 있고, 내일을 위한 계획이나 예산을 세우지 못한다. 그들은 미성년자처럼 돌보아주어야 한다. 우리는 그런 사람들을 가능한 한 독립적으로 만들어 복지시설에서 생을 마감하게 하지 않도록 노력해야 한다. 그보다 더 중요한 것은 그런 사람들의 아이들이 부모와 같은 무책임한 삶을 반복하지 않도록 구제하는 것이다. 우리는 다른 기회가 전혀 없는 사람들만이 도움을 받을 수 있도록 했다. 이는 서양의 태도와 완전히 정반대의 것이다. 서양에선 자유주의자들이 부끄러움도 모르고 자신의 권리를 요구하라고 사람들을 부추겨서, 복지비용이 엄청나게 치솟았다. 우리의 정책은 사람들이 계속해서 최선을 다하도록 만들었다. 재정적인 안정과 균형 잡힌 예산, 낮은 세금은 많은 투자와 고생산성을 촉진했다.[34]

이광요가 구상하는 사회복지제도 방향은 국가가 모든 것을 책임져주는 형태가 아니라 한마디로 국민개개인의 노동을 장려하는 복지정책이었다. 독립 이래 경제발전에 매진해서 사회복지예산을 줄여온 싱가포르에서는 안이한 약자구제는 하지 않는다는 방침 하에 예를 들어 양로원에 입주조건은 ① 가난하거나 가족이 없는 고령자, ② 가족에게 보호를 받지 못할 정도로 병들어 있고 항상 치료가 필요한

33) 1947년 영국 노동당 정권은 "의료 서비스를 거절당해서는 안 된다"는 그들의 믿음은, 이상적이긴 했지만 비실용적인 것이라 엄청난 비용인상을 가져와 결국 실패로 끝났다.

34) 『일류 국가』, p.184.

고령자에 한하고 있다. 따라서 1990년대에 들어와서는 고령자의 2% 밖에 양로원 거주하지 않고 있다.[35] 정부는 수입이 없는 고령자를 부양하고 있는 세대에게는 소득세의 감면조치를 하기도 하고 고령자 그룹의 보호시설을 설립하고 있어서 가족의 노부모 부양유도 정책은 사회복지예산의 삭감을 이끌어왔다. 이광요가 꿈꾼 싱가포르 복지제도의 방향은 개개인의 노동이 장려되고 국가가 모든 것을 책임지며 보장하는 복지보다는 공정한 재분배에 기초한다.

싱가포르의 복지사회에 대한 비전은 구체적으로 1가구 1주택소유, 전 국민의 의료보험혜택, 저소득자·가구에 대한 지원, 고령자에 대한 지원, 불구장애자에 대한 지원, 유아원(Day Care Center)운영 등으로 발전하면서 그 원칙은 자립의 기반을 제공해 주는 데 있으며 증상보다는 근원을 해결한다는 원칙에 초점이 맞추어져 있다.[36]

본 절에서는 싱가포르 사회복지에 대한 비전을 주택, 의료보험, 약자에 대한 지원으로 나누어 살펴보려 한다. 첫째, 주택정책은 그가 공산당과 싸우기 위한 전략의 하나로서 국민들의 지지를 동원하기 위한 방편의 하나로 시작되었다. 이광요는 다음과 같이 언급했다.

> 내 주된 관심은 모든 시민에게 이 나라 안에 자리 잡을 터전을 마련해주는 것이었다. 나는 모든 사람이 자기 집을 가지고 있는 사회가 되길 원했다. 나는 심각하게 오염된 채 가난하게 살아가는 값싼 임대지역과 자기 집을 소유하고 아름답게 꾸며 놓은 사람들이 사는 지역 간의 현저한 차이를 보고, 모든 가정이 자기 집을 갖게

---

35) Carl E., Benetelspacber, "A Case Analysis of Families with an Elderly Member in an Institution," Benetelspacber & K. Miani ed., *Ageing in Japan and Singapore*, Department of Japanese Studies, National University of Singapore, 1994, p.84.

36) 장영철, 「싱가포르의 사회복지제도」, 장영철·양승윤(외) 『동남아의 선진복지국가: 싱가포르』 (서울: 한국외국어대학교 출판부, 1998), p.285.

된다면 나라가 더 안정될 것이라고 확신했다.[37] 나는 일찍이 전국 노동조합 평의회(National Trade Union Committee) 지도자들과 내 계획에 대해 논했다. 그들은 나를 믿고 있었기 때문에 나는 어떤 어려움이라도 극복하고 모든 근로자들에게 자기 집을 소유할 기회를 갖게 하겠다는 내 약속을 지켜야 한다고 생각했다.[38]

이광요는 갓 결혼한 젊은 신혼부부들에게 저렴한 공공주택을 제공함으로써 가계의 부담을 줄여 그들로부터 지지를 얻었다. 둘째, 의료보험은 그가 영국에서의 의료정책이 일방적인 국가부담으로 인해 실패로 돌아가는 것을 보고 그와는 반대로 국민들 자신이 월수입에서 1%씩 적립하여 자기 자신과 가족을 위해 의료비용을 충당하는 독특한 제도를 만들었다. 싱가포르의 의료보건 시스템은 대부분 개인적으로 재정을 충당하게 하는 시스템으로 환자는 전체비용의 3분의 2를 감당한다. 싱가포르 전체보건 지출은 1960년대 39퍼센트에서 1985년 37.4퍼센트로 떨어 졌고 1989년에는 27.4%로 급격히 삭감되었다.[39] 이처럼 싱가포르의 의료보건비 감소추세는 다른 나라 정부의 의료보건비 지출의 증가와는 대조적이다. 셋째, 약자에 대한 지원은 중앙후생기금(Central Provident Fund, CPF)의 적립액을 통해 고령자를 위한 주요 수입유지프로그램을 운용하였다. 이 제도는 강제저축프로그램으로 고용주나 고용자가 임금의 일정부분을 은퇴적금에 적립하는 것이다. 중앙후생기금의 적립률은 1950년대와 1960년대에는 고용주나 고용인임금의 5퍼센트였으며 1980년대에는 25퍼센트였다. 엄밀히 말하자면 중앙후생기금은 사회복지프로그램이 아니다. 왜

---

37) 『일류 국가』, p.172.

38) 『일류 국가』, pp.173~174.

39) M. Ramesh, "Social Security in Singapore: Rewarding the Public-Private Boundary," *Asian Survey*, vol. XXXII, No.12(December 1992), p.1098.

냐하면 수입이 적거나 없는 사람을 보호할 수 없기 때문이다. 다시 말해 싱가포르는 직업이 없이 놀아도 복지혜택을 받을 수 있는 서구와는 달리 안일한 약자는 구제하지 않는다는 분명한 원칙이 적용된다는 사실을 보여주고 있다. 불구자를 위한 사회복지 프로그램은 한 명의 불구자 형제자매와 사는 납세자에게 1982년부터 2,500(S＄)달러의 세금감면을 해주는 제도를 시행했다.40) 그러나 가족 없이 불구인 사람과 개인수입이 없는 불구자들은 아무 혜택이 없다. 부양자가 갑자기 재해로 인해 영구불구가 되거나 수입자가 55세 이전에 사망할 경우 유족에게 30,000달러를 제공하는 프로그램이 1989년 5월부터 발효가 되었다. 1933년에 제정된 근로자보상법안은 1975년에 개정되어 직장에서 발생하는 질병이나 상해에 대해 보상해주는 제도로서 영구불구일 경우, 최소 35,000달러, 최대 105,000달러를 보상받는데 최대 105,000달러는 드물게 주어지며 노동자가 젊은 나이에 근로능력을 상실했을 경우 보상하기에는 불충분한 액수이다. 이외에도 공공지원 프로그램이 있는데 이것은 다른 소득 유지프로그램에 의해 보호받지 못하는 가난한 사람을 위해 만들어진 것이다. 그러나 이것은 노인, 불구자, 만성질환에 시달리는 사람 또는 유랑자들에게만 적용된다. 싱가포르 정부도 이 제도가 가난한 가족에게 혜택을 주는 것이 아니라는 것을 인정했으며 1989년에는 단지 53퍼센트의 지원자만 혜택을 보았다.

싱가포르의 사회복지제도는 이광요가 영국에서 경험한 국가책임 방식의 사회복지방식은 반드시 실패한다는 교훈을 되살려 정부의 재정지원에 있어서 현금지원은 최소한으로 유지하는 방식을 채택했다. 비록 정부가 양로원, 보호소 등을 운영하고 있지만 가급적 정부의 직접

---

40) 여기서부터 별도로 명시하지 않을 경우 모든 현금은 싱가포르 달러로 인용함.

76

적인 개입을 줄이고 민지역간단체를 통한 사회적 지원을 확대하는 방식으로 운용되고 있다. 이러한 싱가포르의 사회보장제도가 시사하는 것은 사회보장 서비스에도 정부의 역할을 줄이는 대신, 개인 및 가족의 책임 하에 취업·고용을 통해 노후의 보장을 위한 적립을 유도함으로써, 근로의욕도 높이고, 저축의식도 증대시키며, 비교적 안전한 투자를 통해 적립금을 증식시켜 각자의 사회복지·보장을 도모하도록 하는 것을 기본방향으로 한다는 것이다.41) 싱가포르가 성장전략으로 채택한 것은 한정된 인적자원의 효과적이고도 효율적인 개발과 활용이었다. 이를 위해서 싱가포르의 사회 및 근로복지 체계는 인적자원의 손실과 낭비를 최소화하도록 설계되고, 실시되어 왔으며, 지역사회와 노동시장을 통하여 급변하는 사회, 경제, 기술환경에 적응력을 배양하는 방향으로 이루어졌다. 싱가포르는 현대복지사회가 지향하는 조항을 명시한 고용법, 근로자보상법 등을 통하여, 고용조건, 근무여건, 기능향상, 산재보상·보험 등 법정 근로복지·혜택들을 명시하고 있으나, 실업보험과 같은 사회보장은 채택을 하고 있지 않다. 그 이유는 노동을 권장하는 사회복지제도의 구조 하에 무노동·무임금의 원칙이 철저히 지켜지고 있기 때문이다. 실업보험이 없는 대신 싱가포르는 '정부가 관리하고 개인이 적립'하는 중앙공적금(CPF)을 통하여, 근로자의 노후대책과 복지를 준비해 나가는 제도를 40여 년간 시행해 오고 있다. 고용자와 근로자가 각각 월수입의 일정액을 적립해 나가고, 정부가 허용하는 범위 내에서 잔고를 개인이 활용할 수 있게 함으로써, CPF는 각 개인이 자산증식, 주택소유, 교육, 의료혜택 등을 받을 수 있는 싱가포르식 사회복지·보장제도로 정착되었다.42)

---

41) Ramesh, 앞의 글, p.1107.
42) 장영철, 위의 책, p.170.

　이러한 싱가포르의 사회 복지제도는 근본적으로 사회개발 및 경제개발과 맞물려 자조자립과 가족관계의 강화를 중시하는 이광요의 통치철학에 기초를 두고 있다. 이광요는 국민각자가 그들의 능력을 최대한 발휘하도록 하여 자신과 가족의 복지를 증진시키도독 유도하는 방향으로 사회복지제도를 기획하였다. 이광요와 그의 동료들은 국민들이 능력을 최대한 발휘할 수 있도록 교육과 훈련의 기회를 마련해주고 저렴한 공공주택을 제공하며 효율적이고 종합적인 보건·의료서비스를 제공하는 것을 기본 임무로 인식하였다.
싱가포르의 복지제도는 개인 또는 가족의 책임이며, 전적으로 국가의 재정적 부담이 따르는 사회보험·수당제도는 배제하고 있다.

　1959년 자치 정부 수립과 동시에 싱가포르 정부가 산업화정책을 펼치면서, 노동인력에게 첫 직업에서 필요로 하는 기본적인 기능들을 제공하고, 또 교육과 훈련을 통해 경제적, 기술적 변화에 대응할 수 있는 신축성을 갖추도록 해주는 방향으로 인적자원개발을 추진하였다.

　싱가포르의 사회복지제도는 다음과 같은 이념 및 가치관을 바탕으로 발전해 왔다. ① 인종 간·종교 간의 관용과 조화, ② 정직한 정부, ③ 개인의 이해와 지역사회 이해의 조화, ④ 극빈·결손 가정에 대한 동정, ⑤ 합의에 의한 문제해결 등을 들 수 있다. 이러한 이념의 기초 하에 싱가포르의 사회복지제도의 원칙을 두 가지로 요약할 수 있다.[43] 첫째, 모든 사회복지지원이나 보조는 일시적이야 하며, 수혜자로 하여금 자조자립을 할 수 있는 길을 모색하는 데 도움이 되는 방향으로 제공되어야 한다. 기본적으로 의존심의 지속은 삶의 의지를 약하게 함으로, 독립심과 자립자족 정신의 함양이 도움을 받는 이에게 궁극적으로 더 도움이 된다는 점을 강조하고 있다. 둘째,

---

43) 위의 책, pp.205-206.

사회복지제도는 여러 사람·기관의 협력으로 이루어지는 것이 더 효과적이다. 정부의 지나친 개입은 정부에 대한 책임전가를 유발하고, 자발성을 위축시키는 부작용을 초래할 수 있다.

이광요는 사회복지 구호·지원자체가 생계위협 또는 빈곤에 대한 해결책이 될 수는 없고, 경제의 지속적인 활성화를 통하여 고용기회가 확대될 때, 위에서 언급한 원칙들이 건전한 복지사회로 이끌고 갈 수 있음을 강조했다. 싱가포르의 사회개발과 복지체계에서 가족은 핵심단위이며, 물리적 감정적 지원 및 보장을 위한 일차적 기구로서 강조되고 있다. PAP정부와 지역사회는 각 가족단위가 그 구성원들의 보호와 양육능력을 제고할 환경을 마련해 주는 것이다. 이런 점에서 볼 때, 싱가포르의 사회복지 정책은 건강하며, 교양 있고, 주거가 확보된, 안전한 가족을 유지하는 데 초점이 맞추어져 있다.[44]

4. 금융중개업 중심의 선진사회 건설

지난 수십 년간 싱가포르는 아시아의 금융 중심지가 됨으로써 세계금융시장에 중요한 역할을 하게 되었다. 그러나 1965년 싱가포르가 독립한 후 장차 싱가포르가 금융의 중심지가 될 것이라고 예견한 사람은 정신 나간 사람으로 생각되었다. 당시 이광요는 빈세미어스 박사를 통해 전달된 밴 오넨[45]의 다음과 같은 취지의 논문을 보고 세계적인 금융센터의 꿈을 키우게 되었다.

---

44) 위의 책, p.282.
45) Bank of America 싱가포르 지사 부사장.

금융계는 취리히에서 시작한다. 취리히 은행이 아침 9시 정각에 문을 열고, 다음엔 프랑크 프루트, 다음엔 런던으로 이어진다. 오후에 취리히 은행이 문을 닫고, 다음으로 프랑크 프루트와 런던이 문을 닫는다. 그러는 사이에 뉴욕 은행이 문을 연다. 따라서 런던은 금융거래 중심을 뉴욕으로 넘긴다. 오후에 뉴욕이 문을 닫을 땐 이미 샌프란시스코로 넘긴 이후이다. 샌프란시스코 은행이 오후에 문을 닫으면, 세계는 베일에 덮인다. 다음날 스위스 시간으로 오전 9시가 될 때까지 아무 일도 일어나지 않다가 그제야 스위스 은행이 문을 연다. 만일 우리가 싱가포르에 금융센터를 둔다면, 샌프란시스코 은행이 문을 닫기 전에, 싱가포르가 인계 받게 될 것이다. 그리고 싱가포르 은행이 문을 닫을 때는 이미 취리히로 넘겨진 다음일 것이다. 그렇게 된다면 인류역사상 처음으로 우리는 화폐와 은행 업무에서 24시간 전(全) 세계 순환 서비스 체제를 갖추게 될 것이다.[46]

19세기와 20세기 초 싱가포르는 영국이 아시아에서 가지고 있는 상업과 무역의 중심지였다. 싱가포르에 유입되는 교역품의 상당수는 은행업과 무역금융업을 활성화했다. 식민시기에 싱가포르는 주변지역의 금융센터로서 제한적인 역할을 했다. 싱가포르에서 행해진 금융적인 역할은 상업적인 동기에서 일어났다. 영국정부는 금융발전을 장려하기 위해 발전정책을 채택하지 않았다. 홍콩과 달리 싱가포르는 런던처럼 오랜 역사에 걸쳐 국제 금융업을 발전시켜 온 탄탄한 금융 중심지의 후광을 입지도 못했고, 잉글랜드 은행같이 확실하고 믿을 만한 금융기술의 지원을 받을 수도 없었다.[47]

1960년대 중반까지 34개의 은행이 싱가포르에서 132개의 지점망을 운영하고 있었다. 이들 은행 중 10개는 싱가포르에서 통제했다. 그중 9개는 유럽과 북아메리카에 있는 본부에 의해서 통제되었다. 나머지

---

46) 『일류 국가』, p.144.
47) 『일류 국가』, p.145.

80

15개는 다른 아시아 나라들에 본부를 둔 은행의 지사였다. 1960년대 중반에 다른 종류의 금융기관이 존재했다. 금융회사들과 보험회사들이 적정규모로 영업했다. 1960년대 중반의 싱가포르 금융시스템은 대부분의 개발도상국보다 더 발전되고 국제화되어 있었다. 가장 중요한 금융 중개기관은 은행이었고 외국은행들이 주류였다. 특히 무역에 대한 금융지원과 외환거래는 은행의 손을 거쳤다. 싱가포르가 말레이시아 연방으로부터 1965년 8월 분리된 후 싱가포르의 정치지도자들은 나라의 경제미래에 대해 상당히 우려했다. 특히 경제발전을 위해 공격적인 정책들이 많이 채택되었는데 그것은 금융시스템의 발전을 장려하기 위한 정책들이었다. 그 의도는 외국금융기관을 국내보다는 국제적 서비스역할을 하도록 방향을 정하는 것이었다. 따라서 국민적인 지지 속에 금융활동을 활성화시키는 환경조성정책이 시행되었다.

첫 번째 조치로 취해진 것은 은행이 국제적 자산과 부채를 다루기 위해 독립된 분과를 설립하도록 허가하는 것이다. 독립 이후 취해진 다른 조치는 새로운 외국은행과 금융기관의 진입을 허가하지 않는 것이었다. 1970년대에 이러한 부차적인 조치들이 채택되었다. 여기에는 금융활동의 성장과 새로운 금융기관의 발전을 위한 세금감면 및 금융시스템에 있어서 더 많은 경쟁과 성장을 이끌어내기 위한 제한조치의 해제 및 완화 그리고 외환통제의 점진적인 완화정책이 포함되었다. 1960년대 후반부에 싱가포르의 금융구조는 점진적으로 다양화되었고 매우 빠른 성장을 경험하기 시작했다.[48) 유리한 제한조치와 세금감면으로 무역거래를 하는 아시아 통화기구(Asian Currency Unit)가 1968년 12월에 설립되었다. 1970년대에 싱가포르에 머물기를

---

48) Ralph C. Bryant, "The Evolution of Singapore as a Financial Center," *Management of Success*, Edited by Sandu & Wheatley(Singapore: Chung Moh Offset Printing Pte Ltd., 1990), p.339.

원하는 외국은행을 위한 대표사무실 설립의 일반 절차가 최초로 마련되었다. 수년 후 그 사무실들은 상업은행지사 또는 해외인가 지사로 전환되었다. 금융회사들은 1970년대에 계속 번성하기 시작했다. 보험회사들은 1960년대 이후 증가하지 않았다. 왜냐하면 대다수가 식민시대에 세워졌기 때문이다. 그러나 싱가포르 정부는 보험회사를 활성화하고 강화하기 위해 몇 가지 조치들을 취하였다. 그 조치는 재보험사업과 국제보험사업에 세금특혜를 주는 것이었다. 1971년에 처음 국제금융 중개업자들 회사가 설립되고 1970년대 중반에 5개가 더 설립된 것은 싱가포르 금융시스템에 있어서 중요한 조치였다. 중개업자들의 주된 역할은 외환의 구매와 판매를 할 수 있도록 하는 것이다. 싱가포르 통화기구(Monetary Authority of Singapore)의 규정에 따르면 그 중개업자들은 비은행고객과 직접 거래하지 못하며 그들 자신의 계정도 거래하지 못한다. 그들은 단지 은행들 사이에 중계역할만을 행한다. 1983년 말 122개의 상업은행들이 싱가포르에서 활동하고 있었는데 그중에 37개 은행들이 면허를 가지고 영업을 하였고 13개가 싱가포르에 통합되거나 국내에서 통제를 받았다. 그들 중 4개가 국내은행 자산전체의 약 75%를 차지하여 독점적 위치를 확보했다. 1983년 말 71개의 허가받은 은행들 가운데 25개는 아메리카에서 온 것으로 17개가 미국은행이며, 5개가 캐나다 그리고 세 개가 라틴아메리카에서 온 것이다. 일본은행은 11개의 해외지사를 가지고 있었다. 51개의 상업은행들이 1983년 말까지 설립되었는데 7개가 합작이거나 제휴은행들이었다. 이러한 것들 중에 두 개가 싱가포르 은행에 의해 통제되었다. 나머지 44개의 상업은행들이 외국은행에 의해 지분의 대다수가 소유되었거나 완전히 통제되었다. 다른 14개는 북아메리카와 연계하고 있었다. 1984년까지 대다수 다국적 거대 은행 조직들이 싱가포르에 지사 또는 상업은행자회사로 설립되었다.

싱가포르에 있는 금융기관들은 싱가포르정부에 의해 복잡한 가이드라인과 규칙에 기초하여 통제를 받고 세금을 납입한다. 싱가포르정부가 금융부문을 활성화시키기 위한 정책을 든다면 세 가지로 나누어 언급할 수 있다. 첫째, 싱가포르 정부는 싱가포르에서 금융중개활동을 적극적으로 장려한다.49) 그렇기 때문에 싱가포르를 금융센터로 발전시킬 수 있었다. 싱가포르정부는 자국 내에서 영업활동을 하는 금융기관에게 다른 나라에 비해 통제를 완화하고 세금을 감면해주는 인센티브를 제공한다. 둘째, 국제 그리고 국내 금융중개 사이에 차별적인 인센티브와 통제를 유지한다.50) 셋째, 싱가포르 금융중개업의 건전성과 탄력성을 보전하려는 정책이다.51) 전반적인 금융시스템을 안정화시키려는 거시적인 동기와 정도는 덜하지만 개인 투자자들과 저축자들을 보호하려는 미시적인 동기는 싱가포르 은행통제와 감독의 특징이다.

이광요와 그의 팀은 인근의 아시아 달러시장을 시작으로 소박한 첫 출발을 했다. 처음에는 주로 싱가포르에 있는 국제 금융시장으로서, 해외 금융기관으로부터 외화를 들여와 아시아지역 은행들과 주로 거래했다. 그 후 싱가포르 금융시장은 외국환 매매와 외국환에서 파생된 유가증권을 매매하고, 대출조합과 채권발행, 기금관리를 책임졌다. 초창기인 1968년부터 1985년까지 싱가포르는 아시아 달러시장을 독점하다시피 했다. 이광요와 그의 팀은 비거주(非居住) 해외 예금자들이 얻는 이자 수입에 대한 세금 원천징수를 폐지함으로써, 국제금융기관을 끌어 들였다. 1980년대 중반 이래 싱가포르가 거둔 성

---

49) 위의 글, p.347.

50) 위의 글, p.347.

51) 『일류 국가』, p.347.

공으로 인해 인근의 다른 나라들은 앞 다퉈 국제금융센터를 개발하였고, 어떤 나라에선 싱가포르보다 더 관대한 세금혜택을 제공하였다.52) 싱가포르 금융센터의 성공요인은 법에 의한 지배와 독립적인 사법부, 그리고 안정되며 유능하고 깨끗한 정부에 있다.

5. 소결(小結)

이광요의 비전은 그가 영국에서 받았던 교육에 의해서 형성되었다. 그는 1950년 영국의 페이비안(Fabian Socialism) 사회주의에 영향을 받고 영국에서 돌아왔을 때 그의 성향은 반식민지주의자이며 반공산주의자 그리고 철저한 실용주의자가 되어 있었다. 변혁을 갈망했던 이광요가 택한 이념은 바로 민주사회주의(democratic socialism)였다. 이광요는 영국의 식민지 상태에서 벗어나 독립국가를 건설하는 것을 정치의 제일 목표로 삼고 제도개선을 통한 부와 기회의 균등을 이룩하려 하였다. 이러한 민주사회주의 정치 이데올로기 하에 이광요는 1959년 6월 5일 총리취임사에서 밝힌 비전대로 1명의 부인을 가진 도덕성이 중시되는 사회, 아파트가 주어지는 복지사회 그리고 국민소득 500달러의 선진금융사회건설을 위해 국민의 지지 동원을 위한 정책적 처방을 실천에 옮겼다.

1960년대 그가 집권할 무렵 싱가포르는 무슬림의 일부다처제와 부도덕한 혼인으로 인해 가정이 파괴되어 사회적 결속력이 현저히 저하되어 있었다. 이광요는 튼튼한 가정의 형성은 공동체의 응집력을 강화시킨다는 판단 하에 가족을 사회의 기본구성단위로 중시하는 정

---

52) 『일류 국가』, p.147.

책을 실행에 옮겼다. 그가 실행에 옮긴 정책적 처방은 법으로 1부1처제를 시행하되 일부 과격 이슬람교도들은 예외로 두었다. 그것은 과격 이슬람교도들을 자극하여 사회를 더욱 혼란에 빠뜨리지 않기 위한 자구지책이었다. 튼튼한 가정을 이끌어 가는 가정의 가장이 도덕적으로 결함이 없어야 하듯이 효율이 높고 깨끗한 정부를 이끄는 국가지도자는 먼저 자신이 모범을 보이는 정치를 해야 한다고 주장했다. 이광요는 부패를 제거하기 위해서 총리 산하 부패감시기구를 두고 부패를 저지른 사람들과 저지를 의사가 있다고 판단되는 자에게는 국가차원의 엄격한 법률집행으로 이를 사전에 차단했다. 이광요는 그의 통치철학에서 유교의 가치를 중시하는바 유교주의는 대체로 실용적 반(反)상업주의, 가족중심주의, 교육중시 가치체계를 가지고 있으며 부패에 반하는 강한 도덕성, 신용과 성실을 강조한다. 부패한 지도자는 통치할 자격이 없고 지도자의 책무는 백성을 부양하는 데 있다. 이광요는 부모를 돌보지 않는 자녀들에게 벌을 내리는 법률안을 제정했다. 자녀로서 부모를 모시지 않으면 공공주택 임대에서 직접적인 불이익을 당하게 된다. 이러한 이광요의 효사상에 대한 강조와 도덕적 가치가 중시되는 가족중심사회 건설은 응집력이 강한 싱가포르 공동체를 형성하는 데 기반이 되었다.

이광요는 모든 사람에게 공평한 자기 몫을 갖게 하는 사회주의를 신봉했다. 그러나 개인적인 동기와 보상이야말로 생산 경제의 근본임을 나중에 배우게 되었다. 그는 영국의 유학시절 실패한 영국의료 서비스를 거울삼아 싱가포르 나름의 해결책을 모색했다. 이광요 방식의 복지제도방향은 국가가 모든 것을 책임져주는 형태가 아니라 한마디로 국민개개인의 노동을 장려하는 복지정책이었다. 독립 이래 경제적 발전에 매진해서 사회복지예산을 줄여온 싱가포르에서는 안이한 약자는 구제하지 않는다는 원칙은 여전히 고수되고 있다. 이광요가 꿈꾼 싱가포르 복지제도 방향은 개개인의 노동이 장려되고 국가가 모든 것을 책임지며 보장하는 복지보다는 공정한 재분배에 기초한다.53)

싱가포르는 지난 수십 년간 아시아의 금융시장의 중심지로써 세계 금융시장의 중요한 역할을 해왔다. 국민들의 생활수준을 최고로 끌어올리려는 이광요의 열망은 국민개개인의 국민소득을 높임으로써 가능하다고 믿고 싱가포르를 세계적 금융센터로 성장시키려는 그의 꿈을 키웠다. 이광요와 그의 동료들은 인근 아시아 달러시장을 시작으로 소박한 첫 출발을 했다. 싱가포르 정부는 의도적으로 금융활동을 장려하였다. 싱가포르가 금융국가로 성장한 비결은 국제 그리고 국내 금융중개 사이에 차별적인 인센티브와 통제를 유지함으로써 국제 금융중개를 장려하는 한편 싱가포르 국내 금융중개업은 외국의 자본이 잠식하지 못할 정도의 건전성과 탄력성을 보전하려는 정책을 성공적으로 실행했다는 데 있다. 싱가포르 금융센터의 성공요인은 이외에도 법에 의한 지배와 독립적인 사법부, 안정되고 유능하며 깨끗한 정부에 있었다. 이런 요인들이 건전한 거시 경제정책을 추구할 수 있게 만들었을 뿐만 아니라 인플레이션을 낮추어 안정된 환율과 함께 강력하고 안정된 싱가포르 달러를 만들어 주었다. 이광요는 그가 총리취임식에서 밝힌 "5의 나라" 즉 1일당 국민소득이 500달러에 달하는 부유한 국가건설의 비전을 품고 그 꿈을 실현하기 위해 창의적인 리더십을 발휘하였다. 다음 Ⅳ장과 Ⅴ장에서는 위에서 언급한 이광요의 도덕사회, 복지사회, 그리고 선진사회에 대한 비전을 국민의 지지 동원을 통해 실현하기 위해 어떠한 공동체적 처방을 채택했는가에 대해 살펴보고자 한다.

---

53) 『일류 국가』, p.182.

Ⅳ. 공동체주의적 처방1: 효율적 국가시스템

　Ⅱ장에서 살펴본 상황진단과 Ⅲ장에서 다룬 일류 국가건설을 위한 비전의 창출을 기반으로 이 장과 Ⅴ장에서는 본격적으로 공동체주의1)에 입각한 일류 국가건설을 위해 국가시스템의 효율성을 어떻게 제고해갔는가에 초점을 맞추어 논의를 전개하려고 한다.

　이광요는 경제의 발전을 위해서는 정치의 안정이 선결조건이라고 믿고 PAP를 중심으로 한 강력한 일당지배체제를 확립하고 경제기획청(EDB)을 중심으로 "전략적 실용주의"2)를 실천에 옮겼다. 이러한 과정에서 싱가포르는 확실히 세계에서 유례없는 고속 성장을 이룰 수 있었다. 이 과정에서 서구의 자유주의 사상이 유입되었는데 사회적 공동체의 느슨해짐을 보강하기 위해 아시아적 가치의 소중함을 강조하

---

1) 여기서 말하는 공동체주의적 처방이라고 하는 것은 서구의 자유민주주의에 입각한 개인주의와는 달리 유가에서 중시하는 공동체적 입장에서 사회의 발전을 위한 정책적 처방을 내리는 것을 의미한다. 싱가포르에서 중시되는 공유가치(shared values)에서는 "나보다는 공동체를 중시하고 공동체보다는 국가를 중시한다"는 원칙에 입각하여 시민들에게 공동체의 공동선과 도덕, 그리고 책임 있는 행위자로서의 '정직과 성실'을 강조한다. 설한, 「자유주의, 공동체주의, 그리고 문화: 키믈리카(Kymlicka)의 자유주의적 문화주의이론을 중심으로」, 『1998 연례학술회의 논문집』(서울: 한국정치학회, 1998), p.2-9. 참조.

2) 여기서 전략적 실용주의란 이광요와 그의 팀이 싱가포르의 미래에 발생할 수 있는 위기요인들을 싱크탱크를 동원하여 시나리오별로 분석하고 어떤 문제가 발생하더라도 장기적인 견지에서 즉각 대응할 수 있는 체제를 갖추게 하는 것을 말한다. Edgar H. Schein, *Strategic Pragmatism: The Culture of Singapore's Economic Development Board*(London: MIT Press, 1997), p.178 참조.

고 충과 효의 가치를 일선 교사들이 교육하게 했다. 이광요는 아시아가 급속한 성장을 할 수 있었던 것은 "아시아적 가치(Asian values)" 덕분이라고 판단하고 있다.3) 이광요는 "아시아적 문화는 서구의 문화와 근본적으로 다르다. 왜냐하면 아시아인들은 공동체의 이익을 개인의 이익보다 중시하며 이것이 아시아 경제성공의 초석이다"라고 주장했다.4) 그는 1997년 말 아시아를 휩쓴 환란은 아시아 사회에서 "법에 의한 지배(the rule of law)"가 부족했기 때문이라고 주장하였다. 타임지(Times)와의 회견에서 뇌물과 부정부패가 아시아적 가치가 아니냐라는 기자의 질문에 이광요는 "진정한 유교주의는 공(公)과 사(私)를 분명히 하는 것이며 가족이나 친구를 위해 공적인 자원을 유용하는 일이 발생하지 않도록 조심해야 한다"고 말했다.5)

싱가포르는 제조업이 활성화되지 않으면 자원이 없는 상황에서 국가경제의 침체가 올 수밖에 없다고 판단하고 노사관계의 안정을 위해 노조를 국가통제 하에 두었다. 본 장에서는 이광요가 그의 비전을 실현하기 위해 구상하고 실천했던 공동체주의적 정책 처방을 첫

---

3) 이러한 긍정적 측면의 '아시아적 가치(Asian Values)'에 대해 경제주간지 비즈니스 위크의 모티머 주커만 편집장은 MIT대의 폴 크루그만 교수, 존 나이스비트, 앨빈토플러 등으로 대표되는 미래학자들의 경제발전에 미친 '아시아적 가치'의 부정적 측면을 취합해 '아시아적 가치는 재앙'이라는 주장을 펴기도 했다. 가족 간의 유대와 인간관계를 중시하는 풍토는 망국적인 족벌 자본주의(crony capitalism)를 키우는 토양을 만들었으며 권위에 대한 존중은 관료주의를 심화시켰다. 그리고 합의를 중시하는 문화는 뇌물과 부패의 온상으로 변질됐으며 암기위주의 편향된 교육방식은 정보통신 혁명의 시대에 걸맞은 창의적 인재양성을 가로막는 병폐가 됐다는 것이다. 이런 부정적 측면이 아시아의 외환위기를 초래했다는 주장이다. 이학영, 「아시아적 가치 재평가」, 2000, http://ks.ac.kr/econo/cyber/read/asian.htm(검색일: 2001. 8. 4).

4) Michael D. Barr, *Lee Kuan Yew: The Beliefs Behind the Man* (Washington, D.C.: Georgetown University Press, 2000), p.34.

5) Terry Mccarthy, "In Defense Of Asian Value," *Time*, 16 March, 1998.

째, ‘민주적’ 권위주의 체제의 도입과 운용, 둘째, 상현주의(尙賢主義)적 인재등용, 셋째, 경제개발청(Economic Development Board)의 설치와 운용으로 나누어 구체적으로 논의하고자 한다.

1. ‘민주적’ 권위주의 체제

(1) 강력한 일당체제 운영

1965년 독립과 함께 이광요에게 가장 시급한 것은, 새로운 국내외적 도전에 대비하여 효과적으로 대응하기 위해 PAP를 중심으로 한 강력한 일당체제형성이 필요했다. 말레이시아 연방에서 탈퇴함으로써 다민족으로 구성되어 있는 싱가포르는 새로운 국가의식과 정체를 만들어 가는 한편 독자적인 생존방법과 번영의 길을 모색하는 국가형성과정에 접어들게 되었다. 싱가포르는 의원내각제를 채택하고 있다. 그러나 이 나라의 헌법은 대통령을 수반으로 규정하고 있다. 대통령은 의회에서 선출하는 간선제를 채택하고 있으며 그 임기는 4년이다. 대통령은 수상과 내각을 임명하는데, 수상은 당선된 국회의원 중에서 다수당 대표를 지명하며 각료는 수상의 건의를 받아 대통령이 임명한다. 수상과 각 부처 장관들로 구성되는 내각은 의회에 연대책임을 지며 국정을 총괄하고 행정을 통제한다. 의회는 이 나라 최고의 입법기관으로서 단원제를 채택하고 있다. 싱가포르의회는 1984년 이래 총 79개의 소선거구에서 선출된 의원으로 구성되어 있다. 의원의 임기는 의회가 해산되지 않는 한 최장 5년까지 보장된다. 만 21세가 넘는 주민은 누구나 투표권을 가지며 투표는 1959년 이래

이 나라 국민이면 누구나 행사해야 하는 의무조항으로 되어 있다. 총선거는 의회가 해산되기 3개월 이내에 실시하도록 되어 있다.

① 집단대표구제(Group Representation Constituencies, GRC)의 도입

1988년 싱가포르 의회는 집단대표구제(GRC) 법안을 통과시켰다.6) 이 제도는 소선거구제를 수정한 것인데 3인의 대표가 한 팀이 되어서 입후보할 수 있도록 하였으며 3인 중 1인은 소수민족의 대표를 넣도록 하였다. 그러나 GRC제에 의하여 선출되는 의원의 총수는 전체 의원수의 반을 넘지 못하도록 규정하고 있다. 싱가포르에 등록된 정당 수는 많지만 1959년 이래 줄곧 이 나라의 국회는 이광요 수상이 이끄는 PAP가 장악하고 있다. 싱가포르 정당제도는 집권 여당만 우세하며 야당들의 존재가 법적으로 보장되고 제도적으로 허용된다는 점에서 사르토리 교수가 말하는 "패권정당체제(hegemonic party system)"7)에 가깝다. 다른 정당이 있기는 하나 모두 약체들이어서 집권당과는 경쟁상대가 되지 못하고 의석도 거의 갖지 못한다. 일찍부터 공산당계열의 반대파가 발붙이지 못하게 된 가운데 급속한 근대화와 경제발전을 추진해오는 과정에서, PAP는 싱가포르 사회에 지배권을 깊이 뿌리내리는 데 성공하였기 때문이다.

독립된 싱가포르는 공산주의자들과 반공주의자들의 권력쟁취를 둘러싼 싸움이 한동안 계속되었다. 1963~1965년 사이에는 말레이와 합병문제를 둘러싼 소요가 있었고, 이어서 인도네시아와의 대결국면이 있었다. 게다가 이념문제, 언어 및 종교적 차이 등이 얽혀 1950~60년대 초반까지의 싱가포르는 데모, 스트라이크, 폭동이 그치지 않

---

6) John S. T. Quah, et. al., *Singapore Meritocratic City-State*(New York: St. Martin Press, 2001), p.291.

7) 김호진, 『한국정치체제론』 (서울: 박영사, 1997), p.461.

는 혼란을 경험하였다. 이러한 역경을 벗어나기 위해서 PAP정부와 그 지도자들이 경제발전을 위해서는 안정된 정권이 필수요건이라는 사실을 절감하고 합심 노력한 결과 오늘날처럼 부강하고 안정된 국가를 수립하였다.

② 풀뿌리 '민주주의'

독립 후 이광요 수상이 이끄는 인민행동당 정부는 싱가포르를 "다민족 민주주의"와 혼합경제체제로 이끌어 나아가고자 하였다. 그리고 이광요는 싱가포르에 영미식 양당체제와는 판이한 "일당민주정치체제(one-party democratic political system)"를 수립하고자 했다. 이를 위해 그는 집권초기에 정규적인 선거제도를 도입하고 정부와 국민 사이에 의사소통과 참여의 문호를 과감하게 개방하는 정책을 모색하였다. 이미 1959년부터 PAP정부는 국민과 정부 사이의 의사소통을 위해서 시민협의회(People's Associations)와 지역사회센터(Community Centers) 등 시민참여기구를 조직하였다. 이광요 수상은 이 조직의 결성목적은 국민과의 접촉을 통한 정책집행의 효율을 기하기 위함이라고 밝혔다.8)

이광요는 이러한 시민참여활동과 조직을 더욱 확대하기 위하여 1960년대에 다시 시민자문위원회(Citizen Consultation Committees)를 설치하였다. 이러한 조직은 PAP중앙조직과 국민들을 하나로 묶는 망(network)과 같은 역할을 하였다. 그 결과 이미 1959년 총선에서 PAP는 의원총수 51석 중에서 43석을 차지하였다. 1963년 총선에서는 51석 중 37석을 차지하였다. 1966년에는 반대당인 바리산 사회주의연맹 소속 의원들의 보이콧으로 말미암아 PAP는 의회 내의 유

---

8) Iain Buchanan B. A., *Singapore In Southeast Asia: An Economic and Political Appraisal*(London: G. Bell and Sons LTD, 1972), p.284.

92

일 정당이 되었다. 바리산 사회주의자들이 계속 총선을 보이콧하자, 1968년 총선에서는 PAP정부가 58개의 전 의석을 획득하여 일당우위체제 정치의 기초가 마련되었다. 야당의 진출이 극히 부진한 가운데 집권당은 1972년 총선에서도 65개로 늘어난 의석을 전부 차지하고, 1976년 총선과 1979년 중간 선거에서도 전 의석을 차지하였다. PAP는 1972년 선거에서 총 유효투표 중 69%의 지지를 획득하였다. 1976년에는 72%, 1980년에는 76%로 그 지지율이 증가되었다. 1981년에 실시된 중간선거에서 15년 만에 처음으로 야당이 1석을 차지했다. 이어 1984년의 총선에서는 PAP에 대한 지지율이 62.9%로 1980년보다 12.6%나 줄었다. 1981년 선거 이후 PAP의 독점적 아성이 무너지고 있다는 설도 있으나 아직까지 이 나라의 야당은 집권당을 위협할 정도로 성장하기에는 요원하다. 오늘날 PAP는 일개 정당이라기보다는 그 자체가 하나의 "국가적 기관(National Institution)"으로서 성장하였으며, PAP 없는 싱가포르를 상정하기란 실로 불가능할 정도로 절대적인 조직이 되었다.9)

이광요는 야당의 축출은 결코 독재정치의 과정이 아니라 국민의 이익을 위한 필요 수단이라고 생각했다. 이광요는 1962년 런던 차담하우스(Chatham House)에서 연설하면서, 아시아에서는 서구식 민주주의가 적당하지 않다고 주장하였다.10) 1965년 독립과 함께 싱가포르의 국가관료기구는 비능률적이고 변동역행적(變動逆行的)인 행태를 반복하고 있었다. 사실상 PAP정부가 영국 식민정부로부터 물려받은 관료기구는 식민지 근성(colonial mentality)과 부정부패에 물들

---

9) Raj Vasil, *Governing Singapore*(Singapore: Chong Moh Offset Printing Pte Ltd, 1992), p.36.

10) T. S. George, 민요기 역, 『동남아의 최장기 집권자 이광요』(서울: 남도문화사, 1988), p.153.

어 있었으며, 심지어 PAP를 공산주의 정당으로 인식하고 PAP정부에 대해 적대적이었다. 이광요의 리더십은 독립 전후의 위기 상황에 편승하여 "생존의 이데올로기(the ideology of survival)"를 국정지도이념으로 채택하고 모든 것을 국가생존에 귀결시키면서 "생존의 정치(the politics of survival)"를 전개하였다.11) 이 같은 맥락에서 이광요는 이스라엘 방식을 선택했다고 언급했다.12)

지속적인 사회안정과 경제발전을 위해서 강력한 정치체제가 필요하다고 판단한 이광요는 PAP를 고켕쉬(Goh Keng Swee), 토진예(Toh Chin Chye), 라자라트남 (Rajaratnam) 등 최고 지도자들 간의 상호 보완적 권력분담에 입각한 집단지도체제로 운영하였다. 그리고 그 내부의 결정은 당내민주주의 방식에 따라 이루어졌다는 데서 민주적 합의 방식의 면모를 찾아 볼 수 있다. 이광요를 중심으로 한 PAP지도부는 도시국가의 생존보장 차원에서 변동역행적이고 부패한 관료기구를 사회변동의 역군 및 국가발전의 기수로 재창출하기 위하여 전면적이고 포괄적인 행정개혁을 단행하였다.13) 그 일환으로 첫째, 부정부패방지법(Prevention of Corruption Act)과 부패조사국(Corrupt Practices Investigation Bureau)을 재정비하고 '부정부패에 대한 전면전쟁'을 전개하였다. 둘째, 엄격한 실적주의(meritocracy)의 도입과 공무원 정신교육 및 봉급삭감 등 각종 심리적 충격요법을 통하여 관료의 식민지 근성을 뿌리 뽑고 행태적 변화를 유도하였다. 셋째, 정부조직을 전면 개편하고 특히 발전전담기구들을 대거 창설하였다. 그 결과 싱가포르 관

---

11) 전제국, 「싱가포르의 리더십 세대교체와 정치진화」, 전제국 · 김성주 외, 『동남아의 정치리더십』 (서울: 서울프레스, 1996), p.142.

12) Iain Buchanan B. A., *Singapore In Southeast Asia: An Economic and Political Appraisal*(London: G. Bell and Sons LTD, 1972), p.267.

13) 전제국 · 김성주(외), 앞의 책, p.142.

료기구는 PAP정부의 '생존의 정치' 구도 하에서 경제발전과 사회변동
을 짊어지고 나가는 발전의 기본 축으로 기능하게 되었다. 그 결과 싱
가포르 정치는 경쟁적 정당정치에서 벗어나 기술관료 출신의 정치가들
에 의해 지배되는 '비경쟁적이고 비정치적인 행정국가'로 변형되었고
싱가포르 노동자들은 PAP리더십의 '생존의 정치' 구도 하에서 저임금
과 희생을 감수하는 '산업충격의 흡수자' 및 '산업평화유지자'로 기능하
게 되었다. 한편 제3세계 지도자들과는 달리 PAP의 지도자들은 국내
자본가와 소원한 관계를 유지하면서 그들의 정치적 영향력을 차단하였
으며 기업활동이 '생존의 정치' 밖에서 이루어지도록 방치하지도 않았
다.14) PAP 지도자들은 정부－기업 간의 정책조정기구로서 피라밋 클
럽(pyramid club)을 설치하고 기업활동을 국가 생존전략에 일치시키도
록 유도하였다. 아울러 PAP 지도자들은 일당체제의 신경조직으로 시
민자문위원회(citizen's consultative committees), 지역공동체센터
(community centers), 주민위원회(residents' committees) 등 각종의 의
사(擬似)정치 풀뿌리시민조직(para-political grass-roots organization)을
설립하고, 선거 시 주민동원과 좌익세력의 감시 및 정부시책의 대민홍
보 등을 위한 정치도구로 적극 활용하였다.15) 따라서 PAP는 일당체제
를 유지하면서도 동구권의 공산당이나 대만의 국민당과 같이 당세포를
무한정 팽창시키지 않고도 효과적으로 사회를 통제할 수 있게 되었다.
그러나 PAP조직이 맡아야 할 정치적 역할이 관제 시민조직에 의해 대
체되었다는 데 문제가 있었다. 한편 PAP리더십은 '싱가포르와 같은 다
수종족 사회에 있어서 진정한 국민통합과 정치·사회적 안정을 이룩하
려면, 무엇보다도 인종 간 화합(racial harmony)이 먼저 이루어져야 한

---

14) 위의 책, p.142.

15) 위의 책, p.146.

다'는 전제 하에, 일련의 강온 양면전략을 전개하였다. 우선 PAP 정부는 "모든 종족·언어의 평등원칙"을 천명하고, 인종주의적 극단주의자들을 「국가보안법」에 의거 엄벌하였다. 아울러, PAP 리더십은 정치적 대표성의 차별로 인한 인종 간 갈등·대립 현상을 타파하기 위하여 인종별 인구분포에 따라 PAP 당중앙 집행위원회와 내각을 구성하였으며, 역대대통령도 소수민족 출신이 선출되도록 배려하였다.[16]

③ 강력한 PAP일당 중심체제 형성

PAP가 정치적으로 성공할 수 있었던 또 다른 이유는 현 체제의 붕괴를 두려워하는 싱가포르인의 심리에서 연유하는데, 이것은 곧 PAP 이외의 리더십의 출현을 어렵게 하는 요인으로 작용하고 있다. 사실 많은 싱가포르인들은 경제발전과 사회적 안정을 계속 유지하기 위해서는 PAP를 없어서는 안 될 존재로 인식하고 있다.[17] 인민행동당(PAP) 일당지배라고 하는 정치적 안정은 싱가포르에 단기간에 경제성장을 이룩하였다.

싱가포르의 경제발전의 전략은 두 가지로 설명할 수 있다.[18] 첫째, 싱가포르 국내경제환경들을 국내외의 투자자본에 유리하도록 만드는 것이다. 말하자면 필요한 사회 간접자본을 확장 개선하고 다국적 기업들이 싱가포르에서 활동하기 좋도록 세금혜택을 주는 것이다. 둘째, 과격하게 파업하는 노동자들을 제어함으로써 질서와 규율이 잡힌 사회적 환경을 만드는 것이다. 이광요는 싱가포르의 경제성장은 PAP와 노조와의 긴밀한 협조관계가 유지되었기에 가능하다고 했다.

---

16) 위의 책, p.146.

17) Clark Neher, 동남아지역연구회 역, 『현대 동남아의 이해』 (서울: 서울프레스, 1993), p.143.

18) Beng-Huat Chua, *Communitarian ideology and democracy in Singapore* (London and New York: Routledge, 1995), p.60

그리고 그는 노조가 강하더라도 정치지도자들은 노조의 도전을 원천봉쇄 할 수 있는 입법과 행정적인 권력을 가진 환경을 마련해야 한다고 주장한다.[19]

싱가포르의 놀랄만한 경제발전의 이유는 다른 곳에서도 찾을 수 있다. 싱가포르는 동남아시아의 교통의 요지로서의 유리한 지리적 위치에 입지하고 있으며, 영국의 식민지로부터 본격적으로 발달한 무역항이어서 비교적 좋은 사회 간접자본을 구비하고 있다는 점, 그리고 1960년대부터 1970년대의 유리한 국제적 투자환경으로부터 덕을 본 점을 들 수 있다. 그러나 다른 한편 PAP정부가 그러한 점을 최대한 이용하여 싱가포르 개발과 경제의 성공을 이끌어 온 것도 사실이다. 정치적 안정에다가 사회의 안정이 있었고 그 위에 국제자본의 유치가 가능해서 경제발전을 이룩할 수 있었다는 PAP의 사고방식은 오늘에 이르기까지 변함이 없다.(〈그림 4-1〉 참조)

〈그림 4-1〉 싱가포르 경제발전과정 개념도

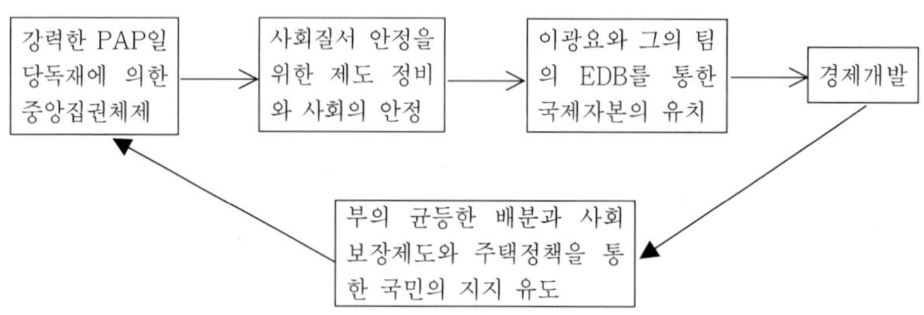

1990년에 이광요에 대신해서 제2대 수상이 된 고촉동(Goh Chok Tong)은 1897년 1월에 다음과 같이 언급했다.

---

19) 위의 책, p.61.

> 만일 싱가포르가 다당제이고 지속적으로 집권당이 교체되었다면
> PAP집권 30년간에 달성된 것의 반도 얻지 못하였을 것입니다. 또
> 한 이 30년간에 PAP가 야당으로부터 항상 견제되어 왔다면 현재와
> 같은 경제달성은 없었을 것입니다.[20]

　　PAP의 장기에 걸친 안정된 일당지배와 야당과 협력단체의 부재, 정부와 국가의 일체화에 의한 행정·경제운영은 권위주의체제 내지는 개발체제의 전형이라고 불린다. 이러한 PAP지배는 싱가포르사람으로부터 '정치'를 빼앗아버리고 급기야 정치가 없는 싱가포르를 만들게 되었고 어떤 정치가는 싱가포르를 '정치 없는 행정국가'라고 부른다. 이 표현은 다만 관료들이 직업적으로 정치적 중립성을 확보한 것을 의미한다. 주택, 교육, 문화 언어 경제활동 등 국민의 일상생활에 온갖 차원에서 정부가 관리하고 반대세력의 성장을 억제하는 제도적 장치가 싱가포르사회의 도처에 존재한다. 최단기간에 부유한 사회를 실현한 PAP에 대해서 많은 국민은 높은 평가를 한 것이 사실이다. 투표가 의무제이고 투표용지의 번호에 의해서 국민의 투표행동이 체크가 가능하다는 것을 고려해도 1976년과 1980년대 총선거에서 야당의 높은 지지율은 PAP에 대한 평가에 논란을 불러일으킨다.(〈표 4-1〉 참조)

---

20) 田村慶子, 『シンガポールの國家建設』 (東京: 明石書店, 2000), p.216.

<표 4-1> 싱가포르총선거 1959-1997

총선거 실시년도	국회정수	PAP당선자수	야당당선자수	PAP득표율(%)
1959	51	43	8	53.4
1963	51	37	14	46.6
1968	58	58	0	84.4
1972	65	65	0	69.0
1976	69	69	0	72.4
1980	75	75	0	75.6
1984	79	77	2	62.9
1988	81	80	1	61.8
1991	81	77	4	61.0
1997	83	81	2	65.0

* 1959년과 1963년은 싱가포르의회총선거이다.
Source: Singapore: The Year in Review, The Institute of Policy Studies, 各年版.

시대가 변해도 PAP는 국민의 지지를 얻으려는 방법을 변화시키지 않았다. 모든 것이 PAP의 안정된 지배를 전제로 하기 때문에 그것에 도전하면 인정을 받지 못했다. 이광요가 총리가 되고 나서 가장 먼저 한 일은 부족한 정부예산을 만회하기 위해 고위직 공무원의 봉급을 삭감한 것이었다.21) 삭감된 공무원 임금은 결코 적지 않은 액수였으나 그렇다고 그 당시 공무원들의 생활수준을 위협하는 정도는 아니었다. 이러한 조치를 취한 동기는 첫째, 허리띠를 졸라매겠다는 각오를 국민들에게 보여주고 검약의 분위기를 정착시키기 위함이었다. 둘째, 봉급인상만 주장하며 파업을 일삼는 노동계에 각성을 주기 위함이었다. 이광요와 그의 팀은 정부가 국민 전체의 이익을 위

---

21) Kuan Yew Lee, 『내가 걸어온 일류 국가의 길』(서울: 문학사상사, 2000), p.253. 이후부터는 『일류 국가』로 인용함.

해 일하고 있음을 분명히 보여주려고 했다.[22] 다음으로 이광요는 여전히 존재하는 공산주의의 위협과 당시 싱가포르 사회가 안고 있는 여러 문제들에 대해 고위 관료를 교육할 정치연수원을 설립하고, 연수원 개원식에서 그는 다음과 같이 언급했다.

이 연수원은 혼란한 정치 상황에서 민중이 선출한 신임 정부가 현재 당면하고 있는 문제들에 대한 여러분들의 이해를 증진시키기 위해 설립되었습니다. 이곳에서 연수를 받고 나면 여러분들은 국민의 생각과 요구에 보다 적절하고 세심하게 부응하는 정부를 만드는 데 일조할 수 있을 것입니다.[23]

정치연수원은 그 후로 4, 5년 동안 공산주의 개론, 공산주의를 배양하는 사회적, 경제적 병폐와 이에 대한 민주적인 해결 방안, 그리고 공산주의 무장투쟁의 역사 등에 대한 교육을 실시했다. 지속적인 교육을 통해 공무원들은 국제적 정세가 어떠하며 동남아시아 국가에서 잇따르고 있는 공산주의 혁명의 근본원인이 무엇인가 하는 것을 이해할 수 있게 되었고, 앞으로의 도전을 견뎌 내기 위해서는 시각과 사고방식이 많이 달라져야 한다는 점을 배우게 되었다.[24]

이광요는 지도자가 먼저 모범을 보이는 사회를 만들기 위해 그와 그의 각료들은 도심지 구석구석을 청소하고 해변에 있는 쓰레기를 줍고 너저분한 공터의 잡초를 뽑는 일과 같은 시민 캠페인을 시작했고, 또 이를 대대적으로 홍보했다. 그 외에도 100개가 넘는 시민자문위원회를 설립하여 다양한 주제의 강좌와 레크리에이션을 제공했다. 목적

---

22) Kuan Yew Lee, 류지호 역, 『리콴유 자서전』 (서울: 문학사상사, 1998), p.354. 이후부터는 『자서전』으로 인용함.

23) 『자서전』, p.358.

24) 『자서전』, p.358.

100

은 국민들이 건설적으로 여가를 선용하는 데 기여하고 법질서 유지에 이바지하는 효과를 노렸다. 그리고 상주책임자를 통하여 정부정책에 대한 홍보와 피드백을 받는 주요통로로 유용하게 활용하였다. 또한 공공 근로대를 조직하여 실업자들이 길거리에서 빈둥거리다 범죄에 빠져들지 않도록 방편을 마련하여 흐트러진 생활에 규율을 잡았다. 그리고 공산세력의 통제 하에 있는 노조가 정치적인 이유로 파업에 돌입하는 것을 확실히 봉쇄하기 위해 노동중재재판소를 신설하였다. 중재재판소의 설립으로 주요파업, 즉 대중교통이나 공공시설 등의 기초적인 서비스에 관련된 업종의 파업은 의무적으로 중재재판소의 조정절차를 거치게 되었다. 일단 쟁의가 중재재판소에 상정되면 판결이 나올 때까지 조업을 계속해야 했고 이를 거부하는 것은 불법이 되었다. 중재재판소의 결정에 따르지 않는 노조는 등록취소도 감수해야 했다.[25] 그리고 여성의 권익을 신장시키기 위해 '여성헌장'을 기안했고 그것을 1년 이내에 통과시켜 법으로 만들었다. 싱가포르는 일부일처제를 유일하고 합법적인 결혼으로 받아들이고, 지금까지 용인된 일부다처제를 불법화하게 되었다. 단 이슬람교도는 여기에서 제외시켰다. 별다른 노력 없이 국민들의 호응을 끌어낸 것은 바로 '황색문화추방운동'이었다. '황색문화'란 중국어(만다린어)를 그대로 번역한 것인데, 19세기 중국을 무릎 꿇게 만든 퇴폐적이고 타락한 행위들을 일컫는 말이다.[26] 즉 도박과 아편중독, 도색문화, 다처제와 애첩제, 딸을 윤락가에 매매하는 행위, 족벌체제와 부패 등을 말한다.

1965년 이후 새롭게 전개된 싱가포르공화국시대를 지배한 대표적 이념은 경제제일주의와 실용주의라고 볼 수 있다.[27] 동년 총선에서

---

25) 『자서전』, p.261.
26) 『자서전』, p.363.
27) 김성건, 「싱가포르의 종교와 문화」, 『지역연구』 제4권 4호(1995년 겨울), p.10.

대승한 이후 인민행동당은 국가수립과정에서 엄격한 검열제도 등을 통하여 언론을 통제하는 데 성공하였다. 그 결과 지도자로부터 대중으로 일방적 의사전달만이 이루어지는 매스컴과 그리고 업적주의(meritocracy)이념과 결합된 경쟁이 치열한 교육제도 같은 사회화 기구를 통해 일반 국민들에게 실용주의 이념을 교묘하게 내면화시키는 데 성공하였다.28) 현재 실용주의는 싱가포르의 지배이데올로기로서 그리고 동시에 일반국민들에겐 주요한 사회적 가치의 한 부분으로서 뚜렷이 자리를 잡게 되었다고 볼 수 있다. 싱가포르 국가 건설을 주도한 이광요와 그의 팀의 정치적 실용주의의 핵심개념은 모든 다른 가능한 합리적 주장을 배제시키는 "도구적 합리성(instrumental rationality)"이다.29) 이는 다른 말로 이광요와 그의 팀의 이데올로기 체제는 '생존'으로 집약되는 하나의 중심적 관점이 일관되게 펼쳐진 것이다. 따라서 경제성장에만 모든 노력을 경주했던 이광요와 그의 팀은 싱가포르에서 유일하게 개발 가능한 자원은 이른바 인적자원이며 이것은 반드시 지속적으로 개발되고 향상되어야 한다고 보면서 그로부터 교육을 언제나 "인간 자본에 대한 투자"로 보았다. 싱가포르 공화국(Republic of Singapore)은 장기적인 국가목표로 복합민족주의·복합문화주의·복합언어주의·실적주의·고도의 산업화 사회로의 추구 등 다섯 가지를 내세워 효율적인 국가 경영체제를 확립하는 데 국력을 집중해 왔다.30) 싱가포르의 이데올로기 정책은 이중적인 성격을 띠고 있는데 그것은 바로 제한적 민주화 조치에 병행하여 참여민주주의의 한계를 분명히 하는 공동체적 이념정책에 기반한다.31) 전통적으로 싱가포르는 이데올로기가 부재한 사회이다. 단기간

---

28) 위의 글, p.11.

29) 위의 글, p.13.

30) 양승윤, 『동남아와 아세안』(서울: 한국외국어대학교, 1996), p.147.

에 국가를 건설하였으며 독립을 쟁취하기 위해 별다른 희생을 치르지 않았다. 건국신화도 없으며 영웅도 없다. 구성원 상호간에 싱가포르의 사회적 정체성(identity)에 대한 확신이 부재 한다. 이광요의 최대의 목표는 경제발전과 복지사회건설의 현실적 목표만이 싱가포르가 추구하는 지상의 가치이며 사회적 통합의 원동력이다.32) 싱가포르에서는 모든 것을 정부가 결정하며 국민들은 이를 믿고 따를 것이 요구된다. 정부가 주도하는 각종 캠페인의 물결은 청결을 강조하고 교통규칙준수를 강조한다. 싱가포르 정치문화 속에는 진정한 토론과 비판이 존재하지 않으며 PAP지도부의 결정에 따른 강요된 합의만이 존재하며 모든 정책결정은 이광요와 그의 팀의 합의에 의해서 이루어진다. 이광요는 "민주주의는 반드시 발전을 가져오지 않으며 한 나라에서 필요한 것은 규율과 절제라고 역설했다. 넘치는 민주주의는 방종과 무질서를 불러 결국 성장에 장애가 된다"33)고 언급했다.

싱가포르와 같은 강력한 일당체제를 가진 나라도 민주적일 수 있을 것인가에 대해 많은 사람들은 의문을 제기한다. 서구의 관점에서 보면, 싱가포르의 정부체제는 시민의 완전한 자유보장과 정치 엘리트의 자유경쟁이라는 민주주의 기준에는 미치지 못할 것이다. 그러나 중국의 관점에서 보면, 가부장적인 정부체제도 정치적 탄압 없이 경제발전을 이룩하고 법과 질서를 유지하는 한, 정통성이 있다고 할 것이다. 이광요는 인도네시아 수카르노의 교도민주주의 이념에 동조하면서, 서구식 다수결(多數決)의 원칙은 오히려 혼란과 불안정, 정

---

31) 장원석, 「 아시아적 민주주의의 이상과 고뇌: 싱가포르의 경우」, 『지역연구』(1995년 봄), p.286.

32) 위의 글, p.286.

33) 한태선, 「데모크라시에 대한 이광요의 이해와 적용」, 『한양대 사회과학논총 17집』 (1998), p.366.

치적 반목과 갈등, 그리고 비효율성만 가져오는 것이라고 주장했다. 이광요 수상은 중국의 전통에는 "충성스런 야당(royal opposition)"[34]의 개념이 없다고 하면서, 여당과 야당을 동시에 지지할 수 없다고 주장한다.[35] 이러한 전통은 중앙집권주의를 강조하는 유교문화에서 파생되었는데, 권위에 대한 복종이야말로 유교질서의 핵심이다. 통치자가 국민의 요구를 충족시켜 주고 도덕정치의 원리에 따라 지배하는 한, 정부는 천부(天賦)의 권력을 행사할 수 있으며, 따라서 국민들로부터의 정통성도 얻게 된다고 PAP지도부는 믿고 있다. 싱가포르인들은 PAP에 대한 지지와 반대 사이에서 방황하지 않고, 계속 PAP를 지지해 왔다. 이와 같은 싱가포르의 정치문화적 특성을 고려할 경우, 강성 일당체제(强性一黨體制)야말로 효과적인 통치구도를 창출하는 첩경이라고 할 수 있다.[36]

결국 이광요는 경제발전을 우위로 하는 정당강령을 앞세워 종족과 파벌, 그리고 종교와 언어의 다양성에 뿌리를 박고 있는 자연공동체를 붕괴시키고, 그들 모두를 한 곳에 집중시킴으로써 국가와 사회를 용이하게 조정하고 통제할 수 있었던 것이다.[37] 환언하면 지역 공동체주의와 지역감정 그리고 인종적 대립주의를 붕괴시킬 수 있었다는 것이며 그 모든 것들을 경제운영 중심으로 통제할 수 있었던 것이다.[38] 싱가포르 정부의 탈정치화 정책은 싱가포르의 길지 않은 문화전통과 지속적인 경제 발전을 배경으로 상당한 성공을 거두었다.[39]

---

34) 기존의 체제는 지지·옹호하면서 정부정책이나 실정(失政)에 반대·비판하는 야당.

35) Neher, 앞의 책, p.145.

36) 위의 책, p.146.

37) 한태선, 앞의 글, p.373.

38) 위의 글, p.373.

39) 장원석, 「아시아적 민주주의의 이상과 고뇌: 싱가포르의 경우」, 『지역연구』

점증하는 참여의 요구에 효과적으로 대응하기 위해서 싱가포르 정부는 정치적 무관심을 강요하는 대신 건설적이며 체제 내적인 참여를 유도하기로 결정하였던 것이다. 이광요와 그의 팀은 국민들에게 정치이념의 논의를 허용하지 않았지만 자체적으로 이념적 좌표를 끊임없이 수정하며 진로를 모색해 왔다. 독립 이전의 시기 싱가포르는 제3세계주의 체제를 취하였고, 1960년대에 들어와서는 제3세계와 결별하고 영국과 스웨덴의 사회민주주의 체제를 지향하였다. 급격한 경제성장이 사회민주주의 이념과 충돌하게 되었을 때, 싱가포르는 사회민주주의를 포기하였으며, 1976년 사회주의 인터내셔널에서 탈퇴하였다. 이후 싱가포르는 독일과 일본, 스위스 등 서구 체제의 발전모델에 관심을 보여 왔다. 1984년에 공포된 'Vision 1999'는 특히 스위스의 선진 정치와 경제모델을 추구하고 있다. 그러나 1970년대 후반에 이르러 체제의 균열이 노정 되었을 때 싱가포르 정부는 최종적으로 아시아의 유교주의 이념을 도입하고 이를 공식적 이데올로기로 선언하기에 이르렀다.[40] 1988년 이광요는 영어 사용이 아시아적 유산을 상실한 의사(擬似) 서구주의를 출현시키는 왜곡된 결과를 초래하고 있음을 개탄하였다.

싱가포르의 독특한 국가 경영체제는 대략 여덟 가지로 정리할 수 있다. 첫째는 정치면에서 의원내각제의 민주주의 체제하에서의 일당 장기집권이며, 둘째는 경제면에서 토지와 기간산업의 국유화 등 사회주의적 요소를 가미한 자본주의식 경제운용방식을 채택하고 있다. 셋째, 사회면에서 사회 안정정책을 최우선으로 하여 다 종족 간의 융화에 행정력을 집중하고 소수민족 권익자문위원회 활용 등 제도적으로 이를

(1995년 봄), p.287.
40) 위의 글, p.288.

뒷받침하고 있다. 넷째로 싱가포르식 각종 복지제도를 부단하게 개발하고 있으며, 다섯째, 문화면에서 각 종족 고유문화 보존을 통한 복합문화창달과 유교문화를 계승 발전시키고 있으며, 여섯 번째로 정부와 노동자, 사용자 등 삼위일체의 공생체제를 확립하여 효과적으로 이를 운용하고 있으며, 일곱 번째로는 국민의식을 동양적인 정신관과 서양적인 물질관의 적절한 조화로 유도하고 있다.[41] 싱가포르는 비록 작은 항구도시이지만 강력한 중앙집권적 정치시스템을 가지고 있다. 싱가포르의 정치이데올로기는 매우 복잡하다. 이 나라는 사회주의 국가체제를 가지고 있으면서도 사유재산을 인정하고 개인과 다국적 기업활동을 장려하는 한편 파업을 법규로서 금지하고 업적주의(meritocracy)를 철저하게 시행하고 있다.[42] 사회주의 국가이면서도 싱가포르는 공산당 방식에 따라 중앙위원회와 기관요원으로 조직된 인민행동당(PAP)을 중심으로 독립 후 거의 매 4년마다 자유·공정(보통)·평등선거를 실시하여 국민의 재신임을 물으면서 장기집권 체제를 확고하게 구축해 왔다. 그러한 반면 싱가포르공화국은 민주주의 국가라고 하기에는 많은 부분에서 국민의 기본권에 제약을 가하고 있다. 공산주의 파괴활동과 테러행위를 방지하고 국가안전과 공공질서 유지의 명목으로 1950년대 만들어진 국내안전법(ISA)을 근거로 혐의자는 영장 없이 체포 구금할 수 있도록 되어 있다. 뿐만 아니라 행정과 당 조직을 81개 선거구마다 지역공동체센터(CC: Community Center)를 운영하고 시민자문협의회(CCC: Citizen's Consultative Committee), 공공아파트주민위원회(RC: Resident Committee)와 마을과 직장단위 마다 조직되어 있는 시민협회(PA: People's Association)등을 통해서 일반국민을

---

41) Neher, 앞의 책, p.148.

42) 위의 책, p.148.

완벽하게 그리고 유기적으로 연결시켜 놓았다.[43] 1961년에 설립된 전국노동조합연합회(NTUC: National Trade Union Congress)의 주요 임원들도 인민행동당원 겸 국회의원으로 정치과정에 참여함으로써 당(정부)이 노조운동을 사실상 완벽하게 장악하고 있다. PAP의 고위직 인사들이 25명으로 구성된 NTUC 중앙위원회의 위원직을 겸직하고 있기 때문이다. 언론은 공산주의에 이용되거나 이민족 간의 융화저해 목적으로 쓰여서는 안 된다는 이유로 철저하게 통제되고 있으며, 이러한 통제방식은 때때로 체제비판이나 반정부선전을 효과적으로 봉쇄하는 데에도 이용되고 있다. 민주주의는 수단의 하나일 뿐 목적 그 자체가 아니며, 국가이익을 보호하고 '사회공동선(Commonwealth)'이 유지되도록 하는 것이 싱가포르공화국의 국가목표이다. 어느 시점에서 민주주의가 국가와 사회의 공동선에 유해한 경우 이를 과감하게 고쳐나가야 한다는 것이 이 나라가 내세우고 있는 싱가포르식 사회민주주의의 기본방식이다.[44] 지난 1992년 필리핀 방문당시 이광요는 한 연설을 통해 이를 역설한 바 있다.[45]

> 민주주의가 반드시 발전을 가져온다고는 믿지 않습니다. 나는 한 나라가 개발해야 할 것이 민주주의보다는 규율과 절제라고 생각합니다. 넘치는 민주주의는 방종과 무질서를 부르고 결국 성장에 장애가 됩니다.

이처럼 이광요의 통치이념에는 질서와 안정을 유지하고 도덕적 타락과 가치관 해이에서 오는 문제를 순자가 제시한 바대로 강력한 리

---

43) 위의 책, p.149.

44) 위의 책, p.149.

45) 한태선, 「데모크라시에 대한 이광요의 이해와 적용」, 『한양대 사회과학논총』 17집(1998), p.366.

더십과 권위주의적 규율을 통해 바로 세우고자 하는 흔적이 나타나
고 있다.46) 뿐만 아니라 순자(筍子)의 차등적 분배47)라는 개념에서
처럼 실제로 이광요가 강조한 실천과 그에 따른 업적주의는 전 국가
관료들을 능력에 따라 차별화 시키는 정책을 따랐으며, 그 결과 오
늘날 싱가포르 사회의 엘리트적 경향을 가져올 수 있었다.48) 따라서
이광요의 민주주의에 대한 해석은 민주주의가 모든 것에 선행하는
이상적 이념이 아니라 방종과 무질서의 나락에서부터 규율과 절제가
확고하게 정의된 사회로 전환을 의미하는 것이다. 순자가 살았던 당
시 중국의 혼란한 상황처럼 이광요의 싱가포르도 생존의 전략을 위
해서는 과도한 민주주의 이상보다는 합리적이고 현실적인 지배체제
를 통해 발전된 민주주의를 실현하고자 했던 것이다.49)

　싱가포르 정부는 사회적 민족적 통합을 조속히 달성하기 위한 수
단으로 독특한 언어정책과 교육정책을 채택하였다.50) 다양한 언어와
문화적 전통을 유지해 가면서 이들 요소들 간의 공통점과 유사점을
개발하여 이를 통합시킨다는 목표 아래 "다양한 문화를 바탕으로 한

---

46) 위의 글, p.366.

47) 순자가 말하는 차등적 분배라는 것은 등급과 귀천을 구분하는 것을 말한
　　다. 순자는 이렇게 언급했다. "똑같이 귀한 사람은 서로를 모실 수 없고
　　똑같이 천한 사람은 서로를 부릴 수 없는데, 이것은 자연적 이치이다. 세
　　력이나 지위가 같고 좋아하고 싫어하는 것이 같은 상황에서는 한정된 재
　　물은 인간들을 만족시킬 수 없으며 그렇게 되면 싸움이 일어나고, 싸움이
　　일어나면 혼란에 빠지게 되고, 혼란에 빠지면 빈궁해진다. 선왕(先王)은
　　이러한 혼란을 염려하여 예(禮)를 제정하여 서로를 구분하고 빈부귀천의
　　등급을 있게 하여 점차 통치질서를 잡아가니 이것이 바로 천하를 다스리
　　는 근본이다." 朱日耀, 정귀화 역, 『전통중국정치사상사』(서울: 신지서원,
　　1999), p.123.

48) 한태선, 앞의 글, p.366.

49) 위의 글, p.367.

50) Michael D. Barr, *Lee Kuan Yew: The Beliefs Behind the Man*(Washington,
　　D.C.: Georgetown University Press, 2000), p.188.

108

하나의 공통된 의견(one voice from many culture)"이라는 정책목표
를 설정하였다. 이에 따라 싱가포르 국민들은 동남아의 여러 복합민
족 국가에서 성공하지 못한 '다민족을 위한 다언어주의'를 실현시켰
다. 인종집단 고유의 언어를 육성 발전시킴으로써 종족 특유의 사
회·문화적 결합을 유지시켰으며, 영어를 의무적으로 채택하여 싱가
포르인(Singaporean)으로서의 국민감정적 결집력을 강화하였다.51)
이를 위해서 각급 종족들이 운영하는 학교에서도 해당 종족어 이외
에도 필수적으로 영어를 배우도록 하고 있다. 이러한 다언어 정책은
싱가포르 국민 중 중국계가 압도적인 우세 속에서도 '제3의 중국'이
라는 주변 국가의 우려를 다소 완화하는 데도 기여하였다.52)

　④ 가부장적 권위주의체제의 형성

　싱가포르의 모든 정치력은 이광요에게 집중되어 있었다. 가부장적
권위주의 개념은 공자의 정치사상으로 거슬러 올라간다. 하늘에 두
개의 태양이 없듯이 땅에서도 두 명의 왕이 있을 수 없다는 것이다.
공자는 생각하기를 통일된 나라에서 천자(天子)는 모든 국사를 결정
할 수 있는 절대적인 권력을 가지고 있다고 생각했다.53) 또한 그와
인민행동당 정부는 기본적으로 국가가 사회세력보다 우월해야 한다
는 믿음을 갖고 있다.

　동시에, 공자는 국가가 통치의 안정을 위해 엄격한 위계질서를 세
워야 하며 사회계층 간에는 조화가 이루어져야 한다고 주장했다. 정
명(正名)사상의 기본적인 개념은 "통치자는 그의 의무를 다하고, 신

---

51) Ho Khai Leong, *The Politics of Policy-making in Singapore*, (Singapore:
　　 Oxford University press, 2000), p.46.
52) 한태선, 앞의 글, p.159.
53) 朱日耀, 정귀화 역, 『전통중국정치사상사』 (부산: 신지서원, 1999), p.66.

하는 신하로서 그 의무를 다하며, 부모는 부모로서 그 의무를 다하며, 자녀들은 그들의 의무를 다해야 한다"는 것이다.54) 그러한 동양적인 통치 이데올로기는 이광요의 정치이데올로기와 통치시스템에 잘 반영되었다. 이광요는 가난한 소수가 반사회적으로 되는 것을 막기 위해 경제적 부의 공정한 분배를 강조했다. 그러한 부의 균등분배사상은 공자의 사상에서 찾아 볼 수 있다.

> 나(丘)는 들으니, 나라를 소유하고 집을 소유한 자는 백성이 적음을 근심하지 않고 고르지 못함을 근심하며, 가난함을 근심하지 않고 편안하지 못함을 근심한다고 한다. 고르면 가난함이 없고, 화(和)하면 적음이 없고, 편안하면 기울어짐이 없는 것이다.55)

이광요와 그의 팀이 1989년 초에 고안한 네 가지 핵심가치는 첫째, 자아보다 공동체 우위, 둘째, 사회의 기본단위로서 가족을 중시하는 것, 셋째, 논쟁 대신 합의를 통해 주요한 쟁점들을 해결하는 것, 넷째, 인종 간에 그리고 종교 간에 상호 수용과 조화를 강조하는 것이다.56) 이광요는 좋은 정부를 만들기 위한 6가지 원칙을 세웠다.57)

---

54) 위의 책, p.77.

55) 丘也聞 有國有家者는 不患寡而患不勻하며 不患寡而患不安이라 하니 蓋均이면 無貧이요 和면 無寡요 安이면 無傾이니라. 成百曉, 『論語集註』(서울: 전통문화연구회 1990), p.328.

56) John S.T. Quah, *Searching for Singapore's National Values*(Singapore: Times Academic Press, 1990), p.91.

57) ① 국민에 대한 명백하고 분명한 룰(rule) 제시.
　　② 일관성 있는 정책 수립.
　　③ 깨끗한 정부 유지.
　　④ 국민에게 인기가 아닌 존경을 받는 정부.
　　⑤ 경제적 이익을 국민에게 균등분배.
　　⑥ 성공을 위한 분투.
　　①, ③, ④, ⑤는 유교주의 논리이며 유교철학에서 좋은 정부는 반드시 인

110

중국의 당나라시대 이세민은 국민에게 분명한 판단의 척도를 제시하기 위해 모든 국가법을 단순화시켰다. 당태종 이세민(李世民)은 좋은 왕이 되려면 그의 백성을 인의(仁義)로 보살펴주어야 한다고 했다.58) 이광요도 경제적 이익을 국민에게 균등하게 분배하여 국민이 반사회적으로 되는 것을 사전에 차단하려 하였다. 1990년 존 쿼(John Quah)는 앞에서 정부 측으로부터 제안된 네 가지 핵심적 가치를 각기 면밀히 검토한 뒤, 다음의 여섯 가지를 앞으로 정부가 채택해야만 하는 '국민가치'로 추천하였다.59)

① 인종 간 종교 간 이해, 인정 및 조화를 제고하는 것
② 정직한 행정부의 전통을 보전하고 유지하는 것
③ 개인의 이익을 전체공동체의 이익과 조화하는 것
④ 사회의 기본제도로서 가족을 강조하는 것
⑤ 사회에서 불우한 사람들을 위해서 동정을 보이는 것
⑥ 가능한 합의를 통해서 주요한 쟁점을 해결하는 것

여기서 존 쿼는 ①과 ②의 가치가 특별히 중요한 이유는 인종 간 종교 간 이해, 인정 및 조화 그리고 정직한 정부가 없이는 싱가포르의 생존은 보장될 수 없기 때문이라고 강조하면서, 그러나 일단 이 두 가치가 제도화되면 이 두 가치는 다른 나머지 네 개의 가치에 의해서 보완되어야만 한다고 결론을 내렸다. 존 쿼가 제안한 국민가치안(案)에서 정부와 가족을 사회의 기본적 두 제도로 격상시킨 것은 세계의 주요 종교전통 중 무엇보다 유교의 중요 특징을 반영한 것임을 지적할 수 있다.60) 사회의 기본제도로서 가족을 중시한 이광요는

기가 있는 정부가 아니고 존경을 받는 정부이다.

58) 朱日耀, 앞의 책, pp.338-339.
59) John, 앞의 책, p.103.
60) Lucian W. Pye, Asian *Power and Politics: The Cultural Dimensions of*

1994년 Time지 기자와의 회견에서 다음과 같이 언급한 바 있다.

> 변화는 피할 수 없지만, 이 변화가 우리의 삶의 방법을 해체시
> 킬 필요는 없습니다. 우리가 우리의 기본적 가치를 유지할 수 있느
> 냐 없느냐 하는 것은 바로 우리가 우리의 기본적 가족망(家族網)
> 을 유지할 수 있는가의 여부에 달려있습니다. 만일 우리가 가족망
> (家族網)을 유지할 수 없다면, 우리는 문제에 직면하게 됩니다.[61]

정치의 안정화를 위해 1980년대 후반으로부터 PAP일당지배를 안정적으로 유지하기 위한 법제도 정비라 할 수 있는 법률이 만들어졌다. PAP는 삼권분립이론에 관심이 없었고 행정부가 국민의 필요와 요구에 더욱 민감하게 대응하는 데 관심이 있었다.[62] 왜냐하면 PAP의 통치스타일이 국민에 받아들여지지 않았을 뿐 아니라 구미의 문화를 흡수해서 교육한 1965년 독립 이후 세대가 자기중심적 개인주의로 무책임하게 정부를 비판했기 때문이다. 이러한 법제도 정비는 국민을 PAP체제로 끌어들이고 야당 및 비판세력을 봉쇄하려는 두 가지 의미가 있었다.

유교주의와 아시아적 가치 캠페인은 PAP의 비자유 공동체 민주주의에 대한 이론적 합리화를 제공했고 그것에 의해 민주적 선거의 형태는 신중히 유지되었다.[63] 그러나 야당과 그 지도자들은 행정적으로 그 행동이 제약되었다.

동남아 공산주의국가를 제외한 어떤 국가도 싱가포르만큼 국민들

Authority(Cambridge, Massachusetts: The Belknap Press of Harvard University press, 1985), p.61.

61) 김성건, 「싱가포르의 종교와 문화」, 『지역연구』, 제4권 4호(1995년 겨울), p.18.

62) Michael D. Barr, 앞의 책, p.110.

63) 위의 책, p.161.

의 행동을 철저하게 통제하고 있는 나라는 없다. 예를 들면, 싱가포르에서는 교통질서, 청소, 상점, 시장, 주택, 정원조경 등에 관한 법규가 엄격하게 집행되고 있으며, 동남아 어떤 나라에서보다도 부정부패가 적으며, 인맥에 의한 정치적 충원이나 정경유착관계에 입각한 정책결정의 사례도 다른 나라에 비해 적은 편이다. 싱가포르는 질서를 유지하기 위하여 세계에서 가장 효과적이고 능률적인 정부를 제도화시켰다. 싱가포르 정부는 1965년 독립 이후 오늘날에 이르기까지 일당체제(一黨體制)인 인민행동당에 의해 계속 지배되어 왔으며, 싱가포르 정치체제는 권위주의적 정치질서 내에서 운영되는 반(半)민주주의 체제(semi-democracy)라는 데 그 특징이 있다.[64] 1965년 독립 이후 싱가포르는 이광요의 PAP(People's Action Party)에 의해 지배되어 왔다. 이광요는 세계 최장수 지도자의 한 명으로서 세계 어느 지도자보다도 국민의 지지를 많이 받고 있으며 매우 훌륭한 실용주의 정치가이다.

이광요는 발전계획의 능률성과 경제정책의 효과성을 제고하기 위하여 정치적 부정부패를 일소하고 유능한 관료들을 대거 임용하였다. 동시에, 서구식 민주제도의 장점과 아시아식 패권정당 제도를 상호 결합함으로써 정치권력을 계속 독점할 수 있었으며 현재 권좌에서 물러나 선임장관으로 있으면서도 국민들의 대폭적인 지지와 정치적 정통성을 유지하고 있다. 동남아 정치지도자들 중에서 지난 30년간 싱가포르 이광요 수상만큼 한나라의 정치를 주도하고 사회적 영향력을 행사했던 인물은 거의 없다고 보아도 과언이 아닐 것이다. 호치민(Ho Chi Minh), 수까르노(SuKarno), 수하르토(Suharto), 네 윈(Ne Win) 그리고 시아누크(Sihanouk)도 상당한 영향력을 행사했으

---

64) Neher, 앞의 책, p.140.

나, 이광요만큼 철저하고 효과적으로 지배하지는 못했다.65) 1978년 이광요는 싱가포르 공동체 공용 언어인 영어에 관심을 지속시키면서 중국어를 강조하였다. 그 이유는 밀려오는 서구의 퇴폐적 문화에 대한 하나의 방어적 조치였다. 이광요는 싱가포르를 아시아적 문화로 형성하기 위해 중국어와 유교를 중시하였다. 1970년대 후반부터 1980년대 초반까지 이광요는 중국문화와 언어를 싱가포르 삶의 중심에 두는 데 몰두하여 중국이 아닌 소수공동체를 불안하게 하였다.66)

(2) 국민유화정책과 비판세력의 봉쇄

1) 국민유화정책

① 피드백 단체구성(Feedback Unit)

시민은 민주적 정부이던 권위적인 정부이던 간에 통치의 강력한 자원이며 대중의 의지표현과 정서에 주의를 기울이는 것은 어떤 정부에 있어서도 가장 중요한 원칙이다. PAP의 점증하는 관료화와 가부장적 정치는 시민들의 참여적 욕구를 만족시키는 데 장애가 되어왔다. 게다가 PAP정부는 야당이 성장할 수 있는 기회를 허용하지 않는 강력한 정치통제시스템을 개발했다. 이러한 강한 정치적 통제에도 불구하고 1980년대 초 투표에서 야당의 선전은 PAP지도부로 하여금 자신들의 독재적 방식이 국민의 지지를 받지 못한다는 것을 깨닫게 하고 새로운 대안을 모색하게 만들었다.

그 결과 모든 결정이 PAP 내부에서 일방적으로 하달되는 독재적 방식의 폐해를 막기 위해 국민의견수렴 제도가 실행되었다. 1985년

---

65) 위의 책, p.142.

66) Michael D. Barr, 앞의 책, p.33.

114

사회개발부의 산하에 국가적인 문제에 대해서 국민으로부터 제안과 의견을 접수하여 현행의 정책에 대해서 다양한 의견과 정보를 수집하여 정부당국의 신속한 대응을 촉진시키는 환류단(the feedback unit)이 설치되었다. 환류단은 국민으로부터 전화와 팩스로 받은 의견과 정보에 기초로 해서 풀뿌리 조직의 지도자와 노동조합 사업단체 등의 대화집회(dialogue session)를 매월 한 번 개최하고 있다.[67]

PAP는 일당체제의 세포조직으로 시민자문위원회(Citizen's Consultative Commitees), 지역공동체센터(Community Centers), 공공아파트주민위원회(Residents' Committees), 마을과 직장단위 마다 조직되어 있는 국민협회(PA: People's Association) 등을 통하여 당과 일반국민을 유기적으로 연결시키는 이들 단체를 통하여 정부시책에 대한 반응을 수렴하였다.[68]

싱가포르 헌법은 시민들을 위한 기본적인 자유를 보장하지만 PAP는 시민들의 표현과 참여를 제한하는 조건을 부여했다. 정치토론에 있어서 그들은 이슈가 공공의 평화와 질서를 교란하고 파괴하는 것을 두려워해 공개적으로 토론하는 것을 제한해 왔다.

그러나 환류단의 설치로 인해 시민들에게 자유로이 의견을 말하는 환경이 조성되었으며 정부는 그것들을 받아들여 정책을 집행하는 민주적인 방식에 의해 시민들은 점차 자신의 의견이 정책에 반영되고 있다는 보람과 만족감을 느끼게 되었다.

② 야당의원의 선출

싱가포르는 국내외적으로 PAP의 일당독재에 대한 비판여론을 무마시키기 위해 명목상 야당의원들을 선출하게 함으로써 독재에 대한

---

67) 田村慶子, 『シンガポールの國家建設』 (東京: 明石書店, 2000), p.223.
68) 양승윤, 『동남아와 아세안』 (서울: 한국외국어 대학교 출판부, 1996), p.149.

국민의 여론을 희석하려 하였다.69) 국민이 국회에서 야당을 내보내는 것을 막기 위해서 PAP가 '야당의원'을 선출하는 조치가 바로 이 '비선거구 선출의원'과 '임명의원'제도이다. 1984년 6월에 결정된 '비선거구 선출의원(Non-Constitutional Members of Parliament)이라고 하는 것은 PAP이외의 정당의 멤버를 국회에 일정 수를 확보하기 위해 낙선한 야당후보자 가운데 최고의 득표를 한 사람(3인을 초과하지 않음)을 국회의원으로 지명하는 것이다. 이것은 PAP에 의해서 정책이 결정되고 있을 뿐만 아니라 야당의 의견도 반영한다는 것을 국민에게 보이기 위함이라고 한다. 말하자면 일당독재를 은폐하기 위한 효과를 내기 위한 것이며 또한 야당에 일정 수를 인정하기 때문에 도리어 야당에 투표할 필요가 없다는 것을 국민에게 설명하기 위한 것이라고 할 수 있다.70) 1968년 이래 국회에서 야당과 논쟁을 한 적이 없는 PAP의 젊은 국회의원에게 토론의 상대자를 제공한다고 하는 목적도 있다고 한다. 그러나 '비선거구 선출의원'에게는 헌법의 개정과 예산법안에 대한 투표권이 없다. 더욱이 세계에서 유래가 없는 제도가 도입된 반년 후의 12월 총선거에서 야당의원을 받아들일 수 없다 라고 하며 취임을 거부하기 때문에 이 제도는 1997년까지밖에 실시되지 못했다. 한편 1990년의 3월에 결정된 '임명의원(Nominated Members of Parliament)'은 우수한 인재를 사회각층으로부터 광범하게 확보하기 위해서 국회가 6명을 넘지 않은 국회의원을 직접 지명한다는 제도로 선거에 나오는 것을 혐오하는 유능한 인재를 발굴해서 국회의원뿐만 아니라 각료가 될 수 있는 인물을 확보하려는 의도를 가진 것이다. 구체적으로는 특별위원회가 추천해서

---

69) 양승윤 외, 「싱가포르의 정치와 외교」, 『동남아의 선진복지 국가 싱가포르』 (서울: 한국외국어대학교 출판부, 1998), p.76.

70) 田村慶子, 앞의 책, p.224.

116

대통령이 임명하는 것으로 되어있다. 그러나 대부분의 '임명의원'에게는 헌법개정과 예산법안에 대한 투표권은 없고 임기는 2년(재임가능)이다. 이 '임명의원'이라는 것의 함의는 널리 인재를 확보한다는 국민유화적인 측면과 선출함으로써 야당후보자에 대한 지지를 방지할 수 있다는 양면적인 측면이 있다.

2) 비판세력의 봉쇄

① 야당의원 탄압

싱가포르 집권당 PAP는 1981년의 보궐선거에서 13년 만에 국회에 야당의 의석을 낳은 노동자당 당수 자야라트남(J.B. Jayaratnam)의 당선 후 '국회에 야당은 필요 없다'라는 메시지를 국민에게 보내기 시작했다. 또한 1984년 총선거에서 야당의원이 2명이 되자 그들에 대한 국회에서 PAP의원의 대응은 신랄하였다. 야당의원의 연설 중 야유와 고함 조소가 난무했고 고촉동 부수상은 "야당은 PAP보다 국민들에게 보다 좋은 생활을 약속할 수 있는지 여부를 증명해주기를 바란다"라는 발언을 했다.71) 자야라트남의 당선직후로부터 야당의원의 모습을 국민이 직접 접하게 되면 그들을 당선시킬 마음이 없을 것이다라는 판단 하에 국회의 의사진행과정이 TV에 생중계 되었고 국민은 그 모든 과정을 눈으로 보게 되었다.

자야라트남은 1986년 6월 국회의원인 특권을 악용하고 불명예적인 행위와 모욕적인 태도를 보이는 의원에 대해 벌칙을 정한 국회의 특권, 면책, 권한에 관한 개정법에 의해서 국회에서 추방되었다. 그의 노동자당은 1983년에 PAP로부터 과거의 당회계보고에 허위로 기재가 있다고 고소되어 많은 벌금을 내기로 되어있지만 판사는 고소된

---

71) *Strait Times*, 23, August, 1985.

5건 가운데 4건을 무죄로 처리했다. 그 직후에 판사는 경질되었다. 자야라트남이 이 경질을 거론하여 행정의 사법으로의 개입이라고 정부를 비난하자 정부는 긴급히 앞에서 언급한 법률을 적용시켰다. 이 법에 의한 그의 비난은 국회의원의 특권의 남용으로 인성되어 그는 결국 의원자격을 5년간 박탈당했다.

1996년 2월 또 하나의 야당인 민주당이 국회에 제출한 건강보험법안에 관한 리포트에서 허위의 기재가 있다는 것에 대해서도 이 법을 적용하여 야당인 민주당의원 네 명에게 5,100달러(S$)의 벌금이 내려졌다.[72] 야당의원의 작은 실수와 발언마저도 크게 거론되어 고소하고 거액의 벌금을 부과하는 PAP의 방법은 정치가가 되기를 지망하는 사람에게 PAP이외 입후보는 가능하지 않고 야당소속으로 입후보하면 어떤 실패도 용납되지 않는 완전무결한 행동밖에 취할 수 없다는 사실 때문에 좌절감을 안겨주었다. PAP의 이러한 행태는 국민을 정치로부터 멀어지게 하는 부정적인 효과를 초래했다.

② 외국언론 통제 및 비판적 지식인 탄압

1970년대 PAP정부에 의한 규제·감시에 의해서 싱가포르 국내의 대중매체에는 정부의 영향력이 침투되고 매스미디어는 스스로 정부비판을 자숙하는 분위기가 되었다.[73] 1980년대에 들어와 이러한 외국잡지와 신문까지 정부의 규제 감시가 엄격히 적용되기 시작했다. 1986년에 재개정된 '신문보도(개정)법'은 내정에 간섭했다고 판단되는 외국 출판물의 취득과 출판의 금지 판매 부수의 제한을 시작했다. 이 법에 의해서 최초로 규제를 받은 것은 미국의 타임지(Time)이다. 타임지는 PAP정부의 일련의 자야라트남에 대한 조치를 비판한 기사를 연재했

---

72) 田村慶子, 앞의 책, p.226.

73) 위의 책, p.227.

118

다는 이유로 1986년 10월에 1만 8천부였던 판매부수를 9천부로 특히 다음해인 1987년 2월에는 4000부까지 제한하였다.[74] 한편 Asian Wall Street Journal지(誌)도 1986년 12월에 부수가 400부로 제한되었다. 저널측은 고소했지만 싱가포르재판소는 이것을 기각했다. 1987년의 치안유지특별법의 발령을 비난한 Far Eastern Economic Review지(誌)도 '싱가포르에 관해서 왜곡된 내용의 기사를 실었다'라는 명목으로 엄한 판매부수의 제한(1만부에서 500부)을 받았다. 이 잡지는 1977년부터 종종 특파원의 국외추방처분을 받아왔지만 이 제한 때문에 스스로 싱가포르에서의 판매를 중단하고 말았다. 이러한 3개 잡지에 공통적인 것은 PAP정부가 기사를 상세히 조사해서 문제되는 곳에 시정을 첨가한 장문기사를 각지에 싣도록 요구했으나 3개의 잡지사는 시정문이 너무 길어 그것을 거부했다는 것이다. 싱가포르 측은 '외국인특파원이 싱가포르에 대해서 기사를 쓸 경우 싱가포르 당국은 이데올로기적인 편견과 정치적 편향이 있어도 관여하지 않는다. 그러나 중대한 사실과 결론에 오류가 있을 경우에는 그것을 시정한다'라는 것으로써 '반론의 권리'를 주장하고 있다. 1990년에는 특히 이 법은 개정이 되어 300부 이상의 판매 수를 가지고 또한 동남아시아의 현대정치와 현상을 쓴 신문·잡지사는 매년 허가를 받도록 의무화하고 있다. The U.S News and World Report라는 회사(會社)는 이것에 항의하여 싱가포르지국을 폐쇄했다. 더욱이 Time지는 1987년에 싱가포르정부의 요구대로 시정문을 싣는 것으로 타협해 9000부까지 판매수를 회복했다. Far Eastern Economic Review지(誌)는 1997년에 타협하고 특파원의 주재와 8000부의 판매까지 허용되었다. 외국신문·잡지는 싱가포르라는 시장을 잡을까 아니면 보도의 자유를 취할까의 균형에 항상 위협을 받는다고 할

---

74) 이 기사는 "Silencing the Dissenters: Prime Minister Lee restricts the opposition's maneuvering room," *Time*, 8 September, 1986, pp.16-17.

수 있다. 특히 '신문보도(개정)법' 직후에 성립된 '법무업(개정)법'도
언급하지 않을 수 없다. '신문보도(개정)법'이 1986년에 제정되었을 때
싱가포르법률협회회장 프랜시스 시오(Francis Seow)는 "싱가포르에
는 완전히 보도를 규제하는 법률이 있다"고 하여 법안에 반대를 표명
하자 정부는 '법무업(개정)법'을 가결시키고 "법률협회는 정부의 의뢰
가 있는 경우에만 입법관련 문제에 발언할 수 있다"고 규정하여 협회
의 발언을 봉쇄해버렸다.75) 정보통신부 장관의 공적인 정책은 모두 정
부의 관할 하에 두었다. 이러한 대언론 통제정책을 통하여 이광요는
정보의 홍수 속에서 통제를 적절히 조절하여 싱가포르 정부의 견해가
외국 언론에 의해 휘둘리지 않도록 노력했다.76)

　법률협회와 종교단체와 관계없는 자유로운 입장에 있을 수 있는 작가
에 대한 비판도 예외는 아니다. 1994년 11월 작가 캐서린 림(Catherine
Lim)은 The Sunday Times에 다음과 같은 논평 기사를 실었다.

　　싱가포르의 통치스타일은 고촉동 수상의 국민과 대화하는 열린
　　방식과 이광요 전수상의 엄격한 탑다운(Top-down)방식의 두 가지
　　로 나누어지며 고촉동 수상이 취임한 때 약속했던 국민과 대화하
　　는 열린 방법은 서서히 이전의 엄격한 방식으로 바뀌고 있다.77)

　림(Lim)은 1942년 말레이시아에서 출생한 단편·중편작가이며 싱
가포르와 말레이시아에서 그 지위를 인정받은 저명한 인사이다. 이

---

75) 이 사건의 경위는 Seow Francis, *To Catch a Tartar: A Dissident in Lee
　　Kuan Yew's Prison*, New Haven, CT.: Yale University, International
　　and Area Studies, 1994. 이 책은 현재 미국에 거주하는 시오가 정부와의
　　대립으로부터 치안유지법에 의한 체포 수용소의 모습을 묘사한 것이다.

76) 『일류 국가』, p.286.

77) Catherine Lim, "One Government, Two Styles," *The Sunday Times*, 20
　　November, 1994.

사건 이후 림(Lim)은 몇몇 신문에 사죄편지를 연재해서 이 문제는 해결되었지만 만일 그녀가 사죄하지 않았다면 이광요 수상으로부터 명예훼손 내지는 모욕죄로 고소되었을 지도 모른다.

이광요는 언론관에 대한 자신의 소견을 다음과 같이 피력했다.

나는 신문소유주가 좋아하는 것은 무엇이든 간에 발행할 수 있다는 그들의 사고를 받아들일 수 없습니다. 싱가포르의 장관들과는 달리, 언론 소유주와 언론인들은 선거로 선출되지 않습니다. 언론의 자유, 뉴스매체의 자유는 싱가포르의 최우선적인 과제와 선출된 정부의 우선적인 목적 다음에 놓여야 합니다.[78]

이광요는 싱가포르에서 발생하는 정치적 사건에 대해서 진실을 희생시키고 편파보도를 함으로써 상업주의적인 의도를 드러내는 외국 언론에 대해 단호하게 대처함으로써 편향적인 시각을 점차 교정해 나갔다. 그리고 그는 정보의 홍수 속에서 싱가포르 정부의 견해가 외국언론에 의해 휘둘리지 않도록 주요 현안에 대해 정부의 공식적 입장을 분명하게 밝혔다.

③ 강력한 치안유지법의 집행

1987년 5월부터 6월에 걸쳐서 치안유지법이 발령되어 23명이 '마르크스주의적 국가전복계획'에 가담했다는 혐의를 받고 체포되었다. 정부는 1976년에는 '병역의 의무를 피하기 위해' 불법출국으로 영국체제 중인 전학생운동가가 '마르크스주의적 국가전복계획'을 실행하기 위해 국내의 가톨릭교회 활동가와 변호사 등을 조직하고 학생에게도 침투하려고 하였다는 것이다. 특히 가톨릭교회 활동가는 해방신학을 신봉하여 교회에 부속하는 몇몇 사회운동조직을 사용해서 싱가포르의 정

---

78) 『일류 국가』, p.287.

치·경제문제를 거론했다는 것이다.[79] 하지만 존재여부가 의심스러운 '마르크스주의적 국가전복계획' 그것보다도 이 체포는 1960년대의 사회주의 전선탄압을 생각나게 하는 매우 정치적인 사안이며 이러한 시범적 제재를 통해 종교단체의 활동이 체제비판으로 바뀌지 못하게 하는 예방적 차원의 조치였다. 또한 1986년 2월의 필리핀 '2월혁명'과 1980년대 후반의 한국의 민주화운동에 있어서도 그리스도교회가 큰 역할을 담당한 것에 대한 불안감이 작용한 때문이다.[80]

22명 중 6명은 싱가포르학생 기독교 운동(The Young Christian Workers' Movement)과 청년 기독교 노동자운동(The Young Christian Worker's Movement) 등 교회관련의 사회활동단체의 멤버와 변호사였다. 그들은 당시추정으로 20만 명이라는 외국인 노동자의 인권구제를 목적으로 '외국인을 위한 가톨릭센터'를 설립해서 미숙련 노동자 특히 가정주부 외국인의 인권을 지키기 위한 활발한 활동을 하고 있었다. 치안유지법 발령 후에 신부들은 점차 싱가포르를 떠나고 '외국인을 위한 가톨릭 센터'는 폐쇄되고 말았다. 또한 주요 그리스도교회와 가톨릭교회 학생, 그리고 기독교 관련단체는 당국의 감시 하에 놓여져 미사와 세미나에는 국내치안국의 직원이 배석하였다. 크리스찬 PAP국회의원은 "종교는 개인의 것이며 정치적 문제를 거론하여 사회에 혼란을 일으켜서는 안 된다"는 취지의 연설을 일관되게 했다.[81] 그 사건에 연루된 22명은 주동자를 제외하고 전원이 법적 고발을 당하게 되었을 뿐만 아니라 연말에는 석방되었지만 체포된 사람에게 죄의 고백을 강요하는

---

79) *The Strait Times*, 27 May, 1987.

80) *The Far Eastern Economic Review*, 2 July, 1986.

81) Clammer John, *Race and State in Independent Singapore 1965-1990: the Cultural Politics of Pluralism in a Multiethnic Society*, Ashgate, 1998, pp.144-145.

고문이 행해졌다는 것을 보여주는 국제인권단체의 증거서류가 나오게 되어 사건은 다시 국제적인 파장을 불러일으켰다. 말레이시아 14개 단체는 쿠알라룸푸르의 싱가포르 대사관에 구속자들을 즉시 석방하도록 재판을 요구하는 문서를 제출했다.82) 하지만 체포된 사람들의 변호를 맡은 전(前) 법률협회회장 프랜시스 시오도 체포되었다. 그는 석방과 동시에 미국으로 망명했다. 특히 1987년 말에는 싱가포르의 국내정치에 관여했다는 이유로 기독교 선교사 5명이 추방되었다.83) 치안유지법으로 구속·체포된 사람들에게는 PAP정부가 '중대한 사실과 결론에 오류가 있는 경우는 그것을 정정한다'는 명분으로 외국신문·잡지에 대한 1986년에 추구했던 '반론의 권리'는 인정되지 않았다. PAP정부가 이 정도로 철저하게 종교단체와 그 신자를 억압한 것은 영어교육을 받은 학력이 높은 젊은이들이 기독교와 가톨릭교에 매료되는 것에 대한 경고였던 것이다. 또한 영어교육을 받은 자를 통하여서만 불만을 표현할 수 있는 미숙련 노동자들이 종교를 통하여 단결해 커다란 세력이 되는 것을 두려워하는 것이다. 그리스도교회와 가톨릭교회에 다니는 고학력자와 '공산주의적 음모'라고 하는 얼핏 보기에 그다지 관계가 없어 보이는 두 가지를 이광요는 다음과 같이 결부하여 경고를 하였다.

> 싱가포르는 지금, 새로운 공산주의와 싸우지 않으면 안 됩니다. 그들은 전통적인 말레이공산당의 전술에 가톨릭교회와 다른 종교 조직을 이용해서 새로운 전술·방법을 병행하고 있습니다. 이것은 마치 싱가포르의 현 정부를 전복해서 권력을 장악하기 위한 공산 주의자의 끊임없는 투쟁과도 같은 상황입니다.84)

---

82) *The Straits Times*, 28 May, 1986.
83) *The Straits Times*, 31 December, 1986.
84) *The Straits Times*, 28 May, 1986.

　치안유지법의 발령과 1986년의 개정법이 각종의 자발적 단체의 활동을 위축·제한하였던 것은 틀림없는 사실이다.

　④ 선거구의 재편

　지금까지 언급한 광범위한 반대세력과 잠재적 비판세력의 힘을 약하게 하기 위해 '법제도 정비'와 함께 1980년대 후반부터의 대폭적인 선거구의 재편도 또한 PAP일당지배체제의 유지에 크게 공헌한 '안전장치'의 역할을 맡고 있다. 왜냐하면 그때까지의 소선거구제와 나란히 1988년부터 도입된 그룹선거구(Group Representation Constituencies)는 대폭적인 선거구의 재편을 실행했기 때문이다. 그룹선거구라는 것은 많은 사람이 하나의 팀을 만들어 입후보하여 유권자는 개인이 아니고 그 팀에 투표하는 제도이다. 하나의 팀은 4-5명으로 구성되며 반드시 그중의 소수인종인 말레이인과 인도인 한 사람씩 넣지 않으면 안 된다. 이것에 의해서 압도적으로 중국인에 편중되기 쉬웠던 국회의원의 인종적 비율을 보다 인구비에 맞추려고 하는 것이 그 목적이다.[85]

　그룹선거구를 만들기 위한 선거구 재편에 의해서 자야라트남을 선출한 앤슨(Anson) 선거구는 바로 통합되었다. 또한 1988년·1991년 총선거에서 공통으로 야당에 대한 지지율이 높았던 유노스(Eunos) 선거구는 야당이 승리한 최초의 그룹선거구가 되어 야당의원이 일거에 5명 정도 증가가 예상되었지만 1997년 총선거 직전의 새로운 그룹선거구증가에 의해 분할되어 다른 두 개의 그룹선거구에 각각 흡수되고 말았다. 또한 야당이 높은 지지를 받을 수 있는 1인구(人區)도 순차적으로 병합되었다. PAP지지율이 60%만 되어도 의석의 대

---

85) Singapore Ministry of Communication and Information, *Group Representative Constituency: A Summary of the Report of the Select Committee* (Singapore: Ministry, 1987).

부분 전체를 획득할 수 있는 것은 이러한 유리한 제도 때문이다. 그룹선거구가 도입된 1988년에는 3인팀 구(區)가 13개 만들어졌지만 총선거 때문에 증가하고 최근의 1997년 총선거에서는 4인팀 구(區)가 다섯 개, 5인팀 구(區)가 여섯 개, 6인팀 구(區)가 네 개 만들어져 그룹선거구만으로 74의석(전 81의석)이 되었다. 특히 PAP는 그룹선거구의 팀에는 반드시 현직의 장관을 한 명 영입시켜 장관이 선거 캠프의 중심적인 역할을 담당하게 하는 전술을 취했다. 이렇게 하면 대부분의 유권자는 매스미디어에 자주 등장하는 장관 팀에게 투표할 것으로 예상하기 때문이다. 선거 캠프 그것도 항상 10일 전후 정도밖에 되지 않는 유세기간 이외는 대부분 활동이 매스미디어에 등장하지 않는 야당에 대해서 그룹선거구는 점차 의석 획득의 가능성을 적게 만든다고 할 수 있다.

⑤ 대통령 직선제도

정직하지 못한 이들이 정부를 맡게 되는 기형적 선거를 피하기 위해서 이광요는 1984년 8월 정부 수립 기념식에서 민선 대통령제를 제안했다. 국고를 관리하는 관료를 두려는 의도였다. 대통령은 총리와 그에게 속한 장관 혹은 고급 공무원들에 대한 부패조사를 지연시킬 총리의 조치를 무효로 만들 수 있는 권력을 가지고 있어야 하며, 재판관이나 방위참모부의 대장 혹은 경찰국장과 같은 고위 관직에 대한 부적절한 임명을 거부할 권한을 지녀야 한다는 내용이었다. 이 제안에 함축된 내용들은 1988년 의회에서 백서로서 심각하게 논의된 후인 1992년 고촉동 총리에 의해 다음 대통령 선출자부터 적용되도록 헌법이 개정되었다.[86] 싱가포르의 대통령은 건국 이래 상징적·의례적인 역할밖에 부여받지 못했지만 1991년 11월의 헌법개정

---

86) 『일류 국가』, p.255.

으로 국회에서의 지명으로부터 직선제로 변경되어 선출된 대통령은
정부예산안과 주요인사에 대한 거부권을 가지게 되었다. 법안의 이
유를 정부는 다음과 같이 설명했다.

> 현행법제도는 내각이 강력한 권력을 가지고 있고 그 거부권 활
> 용에 대한 견제기구가 전혀 없다. 대통령을 선출함으로써 내각이
> 선거 시에 외화잔고를 사용해 인기를 얻을 경우 대통령이 거부권
> 을 활용해 이를 견제할 수 있도록 하는 것이다. 지금 현재는'훌륭
> 한 사람들'이 지도적 입장에 있기 때문에 잘 기능하고 있다. 직선
> 대통령제도에 의해서 견제기능과 균형기능이 생겨서 보다 민주적
> 인 시스템을 구축하게 될 것이다.[87]

여기서 '훌륭한 사람들(a good men)'이라고 하는 것은 당연히
PAP구성원들을 말하는 것이다. '훌륭한 사람'이 선출되지 않은 경우,
즉 장래의 야당이 정권을 취하는 경우를 대비하여 중층적으로 현 체
제를 유지하고 안정을 도모하려는 의도에서 직선 대통령제를 두었다.
대통령입후보자격은 "각료, 최고재판장, 고급공무원, 자본금 1억 달러
(S$) 이상의 회사사장으로 충분한 행정, 재무경험을 가진 자(者)"
로 규정되어 현재 상황에서는 야당과 체제비판세력으로부터의 입후
보는 배제되고 있다.[88]

특히 많은 국민은 이것이 이광요 수상의 제안이었기 때문에 이광
요 수상이 대통령의 권한을 강하게 하여 퇴임 후에 자신이 취임하기
위한 것으로 받아 들였다. 1993년 8월에 행해진 국민직접투표에서는

---

87) Beng Huat Chua, "Singapore 1990: Celebrating the End of An Era,"
   Southeast Asian Affairs(Singapore: Institute of Southeast Asian Studies,
   1991), pp.253-266.

88) Woon Malter, "Domestic Politics," Lee Tsao Yuan ed.(Singapore: The
   Year in Review 1993), pp.92-96.

예상 밖으로 이광요 수상은 입후보하지 않고 정부여당인사 옹뎅청 (Ong teng Chong)과 무투표당선을 피하기 위해 정부여당에 의해서 선출된 전 고급관료가 무소속에서 출마해 예정대로 옹(Ong)이 당선 되었다. 옹은 1983년부터 PAP산하의 전국노동조합평의회의장을 역임했으며, 그는 PAP 창시자의 뒤를 이어 소위'제2세대'의 지도자로서 당시의 고촉동 체제의 일익을 담당하던 인물이었다. 상대후보인 이 고급관료는 거물후보인 옹(Ong)에 맞서 출마하여 거의 선거운동을 하지 않았지만 총 유권자의 41.3%의 지지를 얻었다. 국민은 야당 의원과 비판세력을 입후보의 단계로부터 배제해버린 직선대통령제도를 비판적으로 보고 PAP에 대한 비판표로서 무명의 후보자에 투표했다고 할 수 있다.

1999년 7월 옹대통령은 임기만료(8월까지)되자 재출마하려는 의지가 없다는 것을 표명했기 때문에 1999년 8월에 제6대 대통령(직선대통령으로서는 두 번째)선출이 이루어졌다. PAP가 밀어준 후보자 한 사람만 입후보했기 때문에 투표 없이 네산(S. R. Nathan)이 선출되었다. 네산은 1955년에 공무원으로 임용되어 노동부의 고급공무원으로 장기간 근무하여 1970년대에는 국방부치안·정보국 국장의 요직으로서 치안유지법의 발령과 대중매체통제와 재편을 담당하였고, 1979년에는 영자지 스트레이트 타임지(The Straits Times)의 경영진에 취임한 인물이다.[89] 1980년대 후반, 이러한 '법제도 정비'라고 하는 '안전장치'에 의한 비판세력봉쇄돌입은 지금까지 언급해 온 것처럼 1984년 총선거의 '역사적 패배'를 만회하고 '싱가포르개발의 국부'로 불리는 이광요 이후의 체제 굳히기였다. 이렇게 노정된 체제 굳히기를 한 것은 현 정권의 이광요 후의 불안을 나타내고 있는 것이

---

89) C. M. Turnbull, "Dateline Singapore: 150 Years of the Straits Times," Singapore: Singapore Press Holding, 1995, pp.334-336.

라고 볼 수 있다. 1989년의 외국신문·잡지의 규제는 1989년 당시 '제2세대지도자'의 한 사람으로 가담했던 옹칸센(Wong Kan Seng) 이 주장하고, 법제(法制)의 개정은 고촉동수상과 옹이 주장했다고 한다. 고촉동이 수상에 취임한 후 계속된 PAP 일당지배유지를 위한 '법제도 정비'는 국민을 차츰 정치로부터 멀어지게 하고 국민과 정부 와의 골을 깊게 하는 부정적인 측면을 노정하였다.90)

(3) 총동원의 정치철학91)

외부세력의 공격에 열악한 지정학적 위치에 놓인 싱가포르는 그 영토가 작을 뿐만 아니라 생존해 가는 데 수많은 과제가 놓여있다. 따라서 정부의 첫째 과제는 싱가포르를 상업중심지 그리고 무역중심 지로서 활성화하는 것이며, 그리고 그 목표를 달성하기 위해서 국내 적으로 최적으로 조직화되고 합리화된 사회가 필요했다. 서구의 메 트로폴리스와 비교해 볼 때 농경지의 부재와 그리고 섬 내부의 조밀 한 도시형 통신네트웍은 어떤 정부의 결정사항도 최대한 빨리 하달 하는 것을 가능하게 했다. 이러한 섬 환경은 국가적 통합을 훨씬 수 월하게 하고 사회적 동원의 증진을 위한 정부의 조치에 대해 효율성 을 증가시킨다. 사실상 싱가포르를 건설한 PAP(People's Action Party)는 열악한 무역중심지를 극복함으로써 내부적인 사회질서를 확립하였다. 싱가포르의 외부적 환경은 항상 작은 싱가포르 섬을 긴 장시키고 상황에 적응하지 못하면 생존하지 못하도록 되어 있기 때

---

90) 田村慶子, 『シンガポールの國家建設』 (東京: 明石書店, 2000), p.236.

91) 여기서 말하는 '총동원의 정치철학'은 생존과 경제적 번영을 위해 사회의 모든 조직과 인적·물적자원을 국가주도로 동원할 수 있는 이데올로기라 는 것이다.

128

문에 이것이 오히려 싱가포르 발전에 촉매역할을 했다. 1957~1965
년 사이에 발생한 심각한 위기상황에서 PAP는 섬에서 모든 사회행
위를 통제하지 않을 수 없었다. PAP의 목적은 모든 종류의 잠재적
불확실성과 모든 내부적 약점을 제거하는 것이었다.

1960년대 초반에 그는 사회의 성공적 개혁을 위해 세 가지 핵심사항
을 고려해야 한다고 말했다. 그것은 첫째, 결단력 있는 효율적인 리더
십, 둘째, 효율적 정부, 그리고 셋째, 사회적 규율확립이다.[92] 도시국가
의 생존은 사회의 단결과 정부의 무결점에 달려있다는 것을 확실히 절
감하고 이광요는 1965년 7월 13일 이러한 전략을 다시 제기했다.

> 우리가 해야 할 최상의 과제는 엄격하게 조직화된 사회를 만드
> 는 데 있습니다. 다른 대안은 없습니다. 우리와 같이 작은 사회들
> 이 생존하기 위해서는 엄격한 규율 하에 열심히 일하며 분명한 목
> 표의식과 교육된 사회를 만들어야 합니다. 그러한 사회를 만들면
> 우리는 수천 년 동안 생존하고 번영하게 될 것입니다.[93]

이광요는 이상주의자가 아니며 예외적인 지정학적 위치에 있는 싱
가포르 사회의 동원은 그의 타고난 설득력에 있다는 것을 발견할 수
있다.[94] 독립 이후 이광요와 그의 팀이 이끄는 집권당 PAP의 구체
적인 과제는 다음과 같다. ① 산업의 개발, ② 농업과 어업의 개발,
③ 행정부 구조조정, ④ 건설업을 위한 인력훈련, ⑤ 아동교육 강화,
⑥ 국민 건강증진, ⑦ 노동자복지 개선, ⑧ 여성해방이다.[95] 소위 민

---

92) Michael D. Barr, 앞의 책, p.219.
93) Christoper Hurst, trans., *Singapore: city state in South-East Asia*(London: Hurst & Company, 1987), p.240.
94) Ho Khai Leong, 앞의 책, p.40.
95) Raj Vasil, *Governing Singapore*, (Singapore: Chong Moh Offset Printing

주적이며 사회주의 공론가가 아니라는 슬로건 하에 PAP의 행위들은 몇 가지 단순히 내재하는 개념들에 기초하고 있다. 첫째, 여러 가지 외부적 도전은 영구한 실용주의와 적응성을 뒷받침하는 이유가 된다. 정치적으로 독단주의적인 태도는 행동적인 조치가 필요 할 때 마비를 초래할 수 있다는 사실을 주지한다. 둘째, 국가 독재적인 법률과 간섭 그리고 적절한 대응조치는 원래 식민지 하에서 종주국의 이익을 위해서 탄생된 것이지만 사회의 개혁을 위해 그리고 국가적 결속을 위한 것으로 유용하게 활용했다. 덕이 높은 정부의 권위는 국민들에게 안정, 직장, 주택 그리고 사회적 서비스를 제공해주는 국가에 대해 그 시민들의 자발적인 지지에 달려 있다는 사실이다.[96] 따라서 싱가포르 시민들은 의회민주주의 국가의 개인적 자유에 대해 매력을 덜 느끼게 된다. 셋째, 사회적 동원의 시스템은 일, 노력, 창의성, 재능에 높은 가치를 부여했다. 마지막으로 싱가포르국가의 건설은 유교윤리이상을 가진 기술관료를 양산하게 되는 결과를 초래했다. 행정부는 모든 사람들 위에서 국민들을 돌보고 국민들은 이광요와 PAP의 1세대 지도자들이 결정한 모든 좋은 사회적 행위에 따라야 한다. 대중동원 캠페인은 수상집무실 지도하에 매년 개최되며 이것은 대중전체를 조직화하기 위한 의지를 대변한다. 1958년에서 1982년까지 66번의 캠페인이 거행되었고 많은 이슈들이 거론되었는데 항상 사회질서 내부의 어떤 약점에 강조점을 둠으로써 캠페인의 목적을 집단적인 행위를 변화시키는 데 두었다. 그리고 바람직하지 못한 태도들을 없애기 위해 비유적 묘사와 상징을 사용해 점진적으로 싱가포르 시민을 좀 더 질서 있게 하고 싱가포르를 이성적인 사회로

Pte Ltd. 1992), p.20.

96) Edgar H. Schein, *Strategic Pragmatism: The Culture of Singapore's Economic Development Board*(London: MIT Press, 1997), p.31.

만드는 데 초점을 맞추었다. 이러한 행태를 교도적 민주주의(guided democracy)라고 부르는데 이것은 어떤 대가를 치르더라도 정치적 안정을 유지하고, 야당의 표현의 자유를 통제하고, 그리고 사회관계를 엄격하게 정의하는 것이다. 이것이 바로 25년간 집권한 PAP 정부를 묘사하는 가장 좋은 설명이다. 이광요 수상은 국내적인 안정을 정치적으로 첫 번째 우선순위를 두었는데 1962년 영국의 왕립 국제문제연구원에서 행한 연설에서 이광요는 "서구의 의회민주주의를 순수하게 그대로 아시아에 접목시키기 어렵다"고 분명히 말했다. 그리고 그는 야당을 효율적으로 통제하였고 집권당 PAP는 옳고 그르건 간에 야당의 사고의 싹을 없애버리는 사고방식을 오늘날까지 여전히 고수하고 있다. 사회적 관계의 통제에 대한 예를 들면 1969년 해군기지에서 노동자가 그들의 근로시간 이상 일할 권리를 가지기 위해 태업을 했으나 이광요는 그들을 모두 업무방해와 반역죄로 해고하는 것을 주저하지 않았다.

도시의 거주환경 면에서도 정원도시를 만들려는 시도와 함께 전 사회를 통합하고 규율 있게 하려는 움직임은 싱가포르의 도심부 에서도 발견할 수 있다. 독립 후 중국인들은 175개의 지역공동체센터(Community Centers), 300인 시민자문위원회(Citizen's Consultative Committees)를 구성하였다. 이들 위원회들은 PAP에 의해 임명되는 영구 회원이 있고, 지방과 국정 운영에 있어서 대중들의 직접적인 참여라고 하기보다는 세력의 '민주적 집중'이라고 보는 것이 훨씬 타당하다. 그 위원회들은 HDB(Housing Development Board)에 설치되어 있으며 공공주택 구역은 싱가포르 75% 사람들에게 주택을 제공한다. 그들은 많은 사회활동을 하며 PAP의 결정을 실행하고 번역하며 배포하는 역할을 한다. 그들은 통제된 사회조직의 풀뿌리 단위들로서 국민들의 요구를 반영하여 정부정책결정에 영향력을 행사한다. 그러나 그들의 기본적인 임무는 싱가포르 섬의 생존과 번영을 위해 대중들에게 기본적인 가치관과 규칙을 확인하게 하고 심어주는 역할이다.

2. 상현주의(尙賢主義)의 채택과 운용: '도덕적' 엘리트주의

싱가포르는 실력사회로 통한다. 싱가포르에서는 개인의 능력과 업적만이 인정을 받는 사회이다. 그러므로 출산정책에 있어서도 대졸여성이 아이를 많이 낳으면 인센티브가 적용되고 그와는 반대로 학력이 낮은 여성이 아이를 적게 낳아도 물질적 인센티브가 적용된다. 이광요는 우생학적 유전법칙을 믿고 있으며 싱가포르의 국제경쟁력을 위해서는 고학력자 부부가 아이를 많이 낳아야 한다고 주장하였다. 이 절에서는 이광요가 "상현주의"[97]를 어떻게 실천했는가? 엘리트 중심의 집단지도체제에서 의사결정은 어떤 식으로 했는가? 그리고 엘리트가 대접받는 싱가포르사회에서 그들이 지켜야할 도덕적 의무는 무엇이며 어떠한 부패방지시스템을 가지고 있었는가에 대해서 살펴보고자 한다.

---

97) "孟子曰 尊賢使能하여 俊傑在位면 則天下之士 皆悅而願立於基朝矣리라." 成百曉, 『孟子集註』(서울: 전통문화연구회, 1991), p.100. 맹자께서 말씀하셨다. "현자를 높이고 재능이 있는 자를 부려서 준걸(俊傑)들이 지위에 있으면 천하의 선비가 모두 기뻐하여 그 조정에서 벼슬하기를 원할 것이다.

(1) 엘리트 중시정책

이광요가 인재야말로 나라의 가장 소중한 자산이라는 자명한 사실을 깨닫게 되기까지는 약간의 시간이 걸렸다. 이광요는 그의 정부 내각에서 능력 있는 최고의 인재만 등용했다는 점에서 "상현주의"(尙賢主義: 현자를 높이 받듦)를 실천했다고 볼 수 있다.

유교 윤리의 기본 가정 중 하나는 인간의 궁극적인 사명은 공직에 봉사하는 것(public service)이라는 것이다. 전통적인 유교 사회는 2천 년 동안 지속되어 온 능력위주(meritocratic) 공직 시험 제도를 통해 이 가치를 실행했다. 싱가포르에서는 국립대학의 최고 졸업생들은 사적 부문의 돈 잘 버는 직업이 아니라 공직을 놓고 경쟁한다. "A급(A level)"에서 가장 높은 점수를 받은 학생들은 미국과 영국의 최상의 대학에서 유학할 수 있는 정부장학금이 주어지며, 그들이 싱가포르로 돌아오면 곧장 공공부문에서 책임 있는 지위가 주어진다.[98]

1965년 독립 당시 인구가 200만 명에 불과했던 싱가포르는 작고 자원도 부족한 나라로 인재는 결정적인 요소였다.[99] 정부 관료직에 있은 지 몇 년이 지난 후, 이광요는 재능 있는 사람을 장관이나 관료나 전문가로 많이 임명할수록 그의 정책이 더욱 효과를 거두고 결과도 좋았다는 것을 깨달았다.[100] 이광요는 관리임용과 임금결정에 있어서 업적주의(meritocracy)를 채택하고 있다.[101]

---

98) Daniel A. Bell, "Confucian Values for the Next Millenium," 1980, http: www.unesco.or.kr/kor/science_n/.../bell_kr.ht(검색일: 2003. 5. 22), p.10.

99) 『일류 국가』, p.215.

100) 『일류 국가』, p.217.

101) 싱가포르는 재무부 공공관리국에서 경제성장률과 물가상승률 등 경기변동에 따라 탄력적으로 공무원 보수와 연말 상여금을 조정한다. 보수는 상위민간기업의 임금을 기준으로 정한만큼 민간기업에 비해 다소 높은

　싱가포르는 실력사회이다. 예를 들어 유명한 외국의 오페라단 방문공연이 있을 때도 로열박스에는 정해진 정부의 고관부터 앉도록 되어있으며, 그 이외의 가족들은 어김없이 일반석에 앉기 마련이다.102) 또한 대학만 졸업하면 특별한 보증이 없어도 은행으로부터 돈을 빌릴 수 있다. 1969년 12월 29일 낙태와 불임법에 관한 법안이 통과되는 동안 이광요는 지능은 유전적으로 결정되기 때문에 가난하고 교육을 제대로 받지 못한 부모들은 평균 이하의 지능을 가진 아이들을 출산한다고 언급하면서 만약 교육을 제대로 받지 못한 부모가 교육을 많이 받은 부모보다 많은 자녀를 낳으면 싱가포르의 인구의 자질은 저하될 것이다라는 취지를 표명했다.103) 따라서 싱가포르에서는 고학력의 여성의 출산을 정책적으로 장려하고 있다.

　이광요는 엘리트주의자이다. 그는 모든 사람이 절대로 지적으로 육체적으로 평등하다고 믿지 않는다.104) 1965년 이광요는 엘리트를 위한 학교설립을 하겠다고 공표하면서 무상교육으로 최고의 교육환경과 선

편이다. 이광요 선임장관은 전 세계 지도자 중 가장 높은 임금을 받는 것으로 알려져 있다. 이광요 선임장관의 연봉은 460만 홍콩달러(약 6억 9000만원)으로 2위인 고촉동 총리(약 5억 8500만원)보다 1억원 많았다.(2000년 현재) 넉넉한 보수는 공무원의 사기진작과 부정부패를 막는 든든한 버팀목이 되고 있다. 보수는 기본급과 성과급으로 구성되며 대졸 초임자의 월급은 1,500~2,000 달러 수준으로 한국과 비슷하거나 약간 높다. 그러나 근무연한이 늘수록 보수는 기하급수적으로 많아진다. 이와 같은 높은 보수에도 싱가포르의 장관은 출퇴근 시 경호원을 태운 채 자가용 승용차를 직접 몰고 다니고 있다. 박선화, "본받을 만한 싱가포르 공직제도," 「대한매일」 27면.

102) 양승윤 외, 『동남아와 아세안』(서울: 한국외국어대학교 출판부, 1996), p.139.

103) Buchanan B. A., *Singapore In Southeast Asian: An Economic and Political Appraisal*(London: G. Bell and Sons LTD, 1972), p.292.

104) Alex Josey, *Lee Kuan Yew: The struggle for Singapore*(Singapore: Angus & Robertson Publishers), pp.55-56.

134

생님을 제공하겠다고 선언했다.105) 1983년 8월 14일 밤, 이광요는 해마다 열리는 독립기념일 집회 연설에서 폭탄선언을 했다. 생방송으로 방영된 그 연설에서, 이광요는 대졸 남성에게 자신들만큼 우수한 아이를 원한다면 자신보다 교육 수준이 낮은 아내를 고르는 것은 어리석다고 말했다.106) 이러한 발언으로 인해 다음 해 있었던 선거에서 인민행동당(PAP)에 대한 투표율이 예상보다 12퍼센트나 감소했다. 이광요가 '대 결혼 논쟁'연설을 하게 된 이유는 그의 책상 위에 올려져 있던, 1980년 인구조사 수치를 분석한 보고서 때문이었다. 그 보고서에는 싱가포르의 똑똑한 여성들은 결혼하지 않고 있으며 다음 세대에 후손을 남기지 않을 것이라고 나타나 있었다. 그것이 암시하는 것이 예사롭지 않았기 때문이었다. 싱가포르 대졸 인원의 절반가량은 여성들이었는데, 그들 중 3분의 2가량이 미혼이었다. 아시아 남성은 중국인이든 인도인이든 말레이인이든 간에 자신보다 교육을 덜 받은 아내를 선호했다. 1983년에는 대졸 남성의 38퍼센트만이 대졸 여성과 결혼했다. 그리고 1980년대 미국 미네소타에서 있었던 일란성 쌍생아에 관한 연구에 따르면 인격형성의 약 80퍼센트는 타고난 것이고 약 20퍼센트는 교육의 결과라는 것이다.107) 이광요는 그들에게 자신과 같은 수준의 교육을 받은 여성과 결혼할 것을 강력히 권했으며, 대졸 여성들에게는 둘이상의 아이를 가질 것을 권장했다.108) 이광요는 언론으로 밀려드는 수없이 많은 의견과 편지를 통해, 지능은 유전이며 교육이나 음식, 훈련의 결과가 아니라는 그의 인식이 엘리트 의식 때문이라는 비판을 받

---

105) 위의 책, p.56.

106) 언론은 이것을 '대 결혼 논쟁(Great Marriage Debate)'이라고 이름 붙였다. 『일류 국가』, p.215. 참조.

107) 『일류 국가』, p.217.

108) 『일류 국가』, p.217.

았다. 1980년 인구조사에서도 고등교육을 받은 여성들이 그보다 덜 교육받은 여성보다 아이들을 적게 낳아 문제가 더 복잡해졌다는 사실이 드러났다. 이러한 출산 경향을 바로 잡기 위해, 이광요는 1984년 당시 교육부장관이었던 고켕쉬와 세 명의 자녀를 둔 대졸 여성에게는 세 아이 모두에게 모든 부모들이 높이 평가하는 가장 좋은 학교를 선택할 수 있는 우선권을 주기로 했다. 그러나 선거가 끝난 후 고켕쉬로부터 교육부장관을 물려받은 토니 탄(Tony Tan)이 이 결정을 뒤집고 대졸 여성들의 우선권을 폐지했다. 그 대신 이광요는 결혼한 여성에게 특별 소득세 특권을 제공했는데, 이번에는 대졸뿐만 아니라, 공예학교졸, 상급과 보통수준의 모든 어머니들에게로 확장시켜 엘리트의식을 감소시켰다. 그들은 세 번째와 네 번째 아이의 출산에 따라 자식의 수입이나 남편의 수입에서 실제로 소득세 감면의 특권을 얻었다. 이런 특권으로 말미암아 세 번째 아이나 네 번째 아이를 갖는 가정이 늘어났다.

싱가포르의 인력 공급난은 서구 강대국들이 아시아인의 이민에 대한 개방정책을 시행함에 따라 더욱 악화되었다. 1970년대 후반부터 인력난은 악화되어 고등교육을 받은 사람들 중 약 5퍼센트가 이민을 가기 시작했다. 그 이유는 싱가포르에서는 자신의 능력에 합당한 성공을 거두지 못할 것이라고 느꼈기 때문이며 다른 아시아인과 달리 싱가포르인들은 영어로 교육을 받기 때문에 외국에서 정착한 뒤에도 언어나 문화적 문제는 그다지 크지 않았기 때문이다.[109] 이광요는 두뇌유출로 인해 발생하는 인력 부족문제를 해결하기 위해 사업가나 전문가, 예술가, 고급기술자를 영입, 확보하기 시작했다. 1980년 이광요와 그의 팀은 두 개의 위원회를 설립했는데, 하나는 그들에게 일자리를 배분해 주기 위한 것이고 다른 하나는 그들을 사회적으로 통

---

[109] 『일류 국가』, p.223.

합하기 위한 위원회였다. 영국, 미국, 오스트레일리아, 뉴질랜드, 캐나다에 있는 싱가포르 대사관 교육관들의 도움을 받아, 위원회 위원들은 대학에 다니는 전도유망한 아시아계학생들을 만나 싱가포르에 있는 일자리에 흥미를 갖도록 만들었다. 이광요와 그의 팀은 아시아계 학생들을 모집하는 데 전력했는데, 이는 싱가포르가 그들의 나라보다 더 높은 생활수준과 삶의 질을 가진 아시아 사회를 제공했고 그들은 싱가포르 사회에 쉽게 적응했기 때문이었다. 1990년대까지 이렇게 적극적으로 모집 활동을 통해 유입된 인원은 유출된 인원의 세 배에 달했다. 이에 따른 새로운 현상은 싱가포르 여성들, 특히 고등교육을 받은 여성들과 결혼하는 백인 남성들과 해외유학 중인 싱가포르 남성들이 백인여성들과 결혼하는 경우가 점점 증가하고 있다는 것이다. 이들이 모두 싱가포르 인력공급에 귀중한 일익이 될 것으로 판단한 이광요는 외국인에 대한 태도를 바꾸고 한때 동화할 수 없다고 생각했던 외국의 인재를 이용해야 했다. 만일 외국 인재들이 없었다면 싱가포르는 일류 국가로 진입하지 못했을 것이다. 이광요의 첫 내각의 열 명의 각료 중, 싱가포르에서 태어나고 교육받은 사람은 자신밖에 없었다.[110] 다음에서는 PAP의 소수 엘리트 집단지도체제하에서 민주주의방식을 어떻게 실현하고 있는가 그리고 국가지도자들의 도덕적 의무실현을 위해 부패방지를 위한 제도정비를 어떻게 해 나갔는가에 대해 구체적으로 살펴보고자 한다.

(2) 집단체제하의 민주적 의사결정

싱가포르에서의 모든 국정운영은 PAP의 집단체제 내에서 민주적

---

110) 『일류 국가』, p.225.

의사결정방식에 의해서 이루어진다. 보통 이광요가 독재자로 알려져 있고 모든 결정을 독단적으로 처리했던 것처럼 알려져 있지만 이광요는 사람들의 말을 주의 깊게 들었으며 옳은 말은 기꺼이 채택하고 그른 말은 버릴 줄 알았다. 그는 그를 비판하는 인사들의 말을 수의 깊게 들었고 그것을 정책에 반영하였다. 중국식 사고방식 속에는 민의는 천의라는 생각이 지배적이기 때문에 그는 인자한 이와 현명한 이의 지혜도 성인이나 저명인사의 생각도, 비천한 자의 말도 관료의 말도 역사적 사실도 지도자 위치에 있는 사람은 마땅히 들어야 될 것으로 생각했다. 이광요는 PAP의 집단지도체제하에서도 민주적 의사결정을 존중해 자기 독단적으로 의사결정을 하지 않았다. 이광요 수상은 당과 국가의 주요문제에 대해 PAP최고위원들과 의견조정을 했으며 최고위원 외의 팀을 대표하는 사람들의 의견을 수렴한 뒤 최종결정을 내렸다.111) 지도자가 남의 충고를 거절하게 되면 뛰어난 참모들이 모두 흩어져버리고 남의 책략을 따르지 않게 되면 지모 있는 참모들은 모두 거스르고 떠나버린다. 오로지 자기주장만을 내세우게 되면, 밑의 사람들은 모두 실패한 허물을 지도자 일인에게 돌리게 되며, 스스로 자기 공치사를 하게 되면 아랫사람들은 노력하지 않고 공을 세우는 일이 적어진다.112)

　이광요는 각종 시민자문위원회를 통하여 시행된 정책에 대한 피드백을 점검하고 국민들과 가능한 한 많은 대화를 하려고 시도하였다. 그 일화로는 그가 가지고 다니는 작은 수첩에는 국민들과 대화 중에서 정책반영에 필요한 요소들이 깨알처럼 적혀있었다는 사실이다.

---

111) Robert O. Tilman, "The Political Leadership: Lee Kuan Yew and the PAP Team," Kernial Singh Sandhu and Paul Wheatley, eds., *Management of Success*(Singapore: Chong Mob Offset Printing, 1990), p.60.

112) 太公望, 이상옥 역, 『六韜三略』 (서울: 명문당, 2000), pp.528-530.

138

이광요와 그의 팀은 정책에 대한 이견이 생기면 일치점을 찾을 때까지 내각 안에서 토의를 계속했으며, 사람들이 이해하고 용인할 수 있는 명쾌한 선을 제시했다. 일단 결정이 내려지면, 그 결정을 반드시 지켰다. 이광요는 그의 내각에 대해 다음과 같이 언급했다.

> 우리는 서로의 강점과 약점을 아는 훌륭한 팀이었습니다. 고참 장관들의 의견이 하나로 모아지면 나머지 장관들도 대개 찬성하는 분위기였습니다. 나는 동료들과 편한 관계를 맺어 왔습니다. 그들의 기분을 상하지 않고 그들의 소관업무에 대한 나의 주장을 관철할 수 있었습니다. 어쨌든 그들은 임기가 끝난 뒤 내가 유권자 앞에 나서서 다음 임기에도 우리에게 표를 부탁한다고 말해야 하며, 그러기 위해서는 납득이 갈 만한 사례를 제시해야 한다는 걸 잘 알고 있습니다.[113]

이광요는 "국정운영은 오케스트라를 지휘하는 것과 크게 다르지 않으며 총리는 유능한 팀 없이는 아무것도 이룰 수 없다"고 주장했다.[114] 이광요의 리더십스타일의 요점은 어떤 시기에 제일 중요한 과제를 떠안는 부서 장관직에 최고의 인재를 임명하는 데 있었다. 실용적인 토대 위에 세워진 정책들이란 종종 비민주적일 때가 많다. 여기에 대한 유일한 이데올로기적 합리화란 모든 이러한 정책들에 대한 최종적 분석이 안정되고 민주적 사회를 건설하는 데 공헌할 것이라는 약속이다.[115]

이광요는 현 동아시아에서 가장 저명한 정치가의 한 사람이며 싱

---

113) 『일류 국가』, p.287.

114) 『일류 국가』, p.287

115) Beng Huat Chua, *Communitarian Ideology and Democracy in Singapore* (London and New York: Routledge, 1995), p.58.

가포르란 도시국가의 가부장이다. 그는 모든 면에서 이광요의 싱가포르라고 불릴 정도로 도시국가 싱가포르 정치를 독점했다. 신생독립국가들이 독립 이후 국가의 안정을 달성한 경우는 많으나 안정이 곧 경제성장으로 이어지진 않았다. 그 이유는 부를 창출하기 위한 제도적 장치를 마련하고 그것을 운용하는 세밀한 전략과 리더십이 없었기 때문이다. 이광요와 같은 성공적인 리더십이 되기 위해서는 능력 있고 우수한 사람을 정부에서 일하도록 해야 한다. 그리고 지도자의 정통성은 인기가 아닌 지도자의 효율에 대한 결단력에서 나오며 그 사회는 국민 개개인들이 따를 수 있는 관습과 전통이 구비된 어떤 계층적 사회여야 한다.

여론조사에 따르면 이광요는 20세기 아시아에서 가장 영향력이 있는 사람 가운데 한 사람이다. Time지는 이광요와 싱가포르와의 관계를 다음과 같이 언급한다. "모든 면에서 이광요는 싱가포르 섬이다. 싱가포르 섬은 이광요의 성격인 활력과 오만함, 불안정, 취약성, 정서적 고립을 체현하고 있고 그것은 싱가포르를 특징짓는다.116) 그는 싱가포르가 필요로 하고 있었던 것에 대한 강한 신념을 가지고 있었고 거기에 따라 그의 정치행위를 선택했다.(〈표 4-2〉 참조)

---

116) *Time*, 23-30 August 1999.

<표 4-2> 이광요의 리더십 스타일

스타일	정책관심 분야	정통성
• 권위주의적, 혁신적, 창의적 • 교육받은 상위 클레스가 통치하는 데 유능하다는 엘리트적 시각 • 집단지도체제하에 소극적 팀플레이 리더십(체제 내에서 상의) • 의제를 선택하고 정책 입안에 있어서 독점적 역할(공적 피드백의 제한된 메카니즘) • 안되면 되게 하라.	• 부패조사권 강화 • 정치적 생존과 안정 • EDB 운용을 통한 경제개발 • 국가보위(신뢰할 만한 방위군을 창설) • 국민을 위한 공공주택건설 • 교육구조와 체계 형성 • 국민의 생존요건 충족 • 설비에 중점(국가기간 산업) • 국가의 권위와 정통성 확립 • 신생산업국으로 도약	• 진실을 공표 • 국가창설의 아버지/제1세대 • 카리스마적 정통성 • 대중동원과 가두캠페인에 의한 국민도덕교육 • 식민지주의자들, 공산주의자들 그리고 말레이 과격분자들과의 대결

자료: Ho Khai Leong, *The Politics of Policy Making in Singapore*, Singapore: Oxford university press, 2000. 참조.

그의 일반사람들에 대한 불신은 잘 알려져 있다. 그에 있어서 여론조사와 여론은 그의 정책결정에 별 영향을 미치지 못했다. 이광요는 "나는 여론조사와 인기투표에 지나치게 관심을 갖거나 사로잡힌 적이 없다. 나는 여론조사와 인기투표에 연연하는 지도자는 유약한 리더라고 생각한다"라고 했다.117) 이광요는 이론가가 아니며 실용주의자였다. 그는 이론을 별 가치가 없는 것으로 생각했다. "나는 경험주의자이다. 나는 이론가가 아니다. 나는 이론들을 믿지 않는다"라고 했다.118)

정치에 있어서 이상적인 이론이 아니라 실제적으로 이룩해야 할 것이 항상 이광요의 최대의 우선과제였다. 그의 행정부후반에서는 안정과 질서를 개혁에 대한 노력보다 중시했다. 그는 "어떤 싱가포

---

117) Kuan Yew Lee, *The man and his ideas*(Singapore: Times Edition, 1998), p.229.

118) William Safire, "Interview with Singapore's Senior Minister Lee Kuan Yew," *The Straits Times*, 22 February 1999.

르 지도자도 안정과 질서 있는 성장에 대한 실질적 필요보다 정치적 이론을 우선할 수 없을 것이다"라고 언급했다.[119] 일반적으로 이광요는 행정에 있어서 그가 최종 결정을 하기 전에는 대중들의 의견을 타진하지 않는 피라미드방식을 택했다. 그는 동료들을 토론에 의해 의견합의로 도달하도록 유도했으며 결국 그들을 자신의 입장을 지지하도록 설득했다. 내각에서 의결 수보다 의견의 질을 중시했다. 그의 말솜씨는 그의 정책을 자연스럽게 옹호했고 나아가 그의 독재적 군주의 이미지를 한층 고양시켰다. 그의 측근인 고켕쉬는 말하기를 이광요는 한 사람의 군대, 저격수, 파일럿, 운전자의 역할을 하며 그는 모든 것이다. 그는 한 사람으로서 모든 역할을 감당한다고 했다.[120] 이광요는 정책결정에 있어서 계산이 정확하며 결단력이 있으며 사려분별력이 있다. 이광요는 비판적인 부모처럼 국민들에 대해 아주 엄격하며 결점에 대해 참지 않고 이러한 결점을 빨리 고치려고 하였다. 그는 가족의 질서를 잡는 책임 있고 엄격한 아버지와 같은 역할을 담당했다. 수상으로서 이광요는 정책의제의 우선순위를 결정하고 실행하도록 만들었다. 이광요는 실행하게 만드는 시나리오에 있어서 정책결정자들은 시스템이 작동하는 것을 기다리지 않았다 그들은 정부 내에서 우선순위를 결정하고 문제를 규명하는 메커니즘을 설정함으로써 그 운용을 도왔다. 이광요는 문제들을 인식하고 이슈들을 규명하여 처방을 내리는 데 아주 능숙했다. 그는 이렇게 말했다.

---

119) "Political stability must come first for Asia: Mr Lee," *The Straits Times*, 10 May 1991.
　　여기서 이광요는 또한 이렇게 언급했다. "나는 정치학자들이 말하는 것을 믿지 않는다.
　　나는 싱가포르에서 실질적으로 할 수 있는 일들에 관심이 있다."

120) Vasil Raj, *Governing Singapore*(Singapore: Mandarin, 1992), p.243.

왜냐하면 우리는 많은 선진 국가들이 밟았던 같은 과정을 걸어가고 있기 때문에 문제들에 대해 예방조치를 취하고 그 문제들이 더 커지기 아주 전에 나는 그 문제를 사전에 해결하려 시도했습니다.[121]

이광요와 그의 팀은 문제들을 규명하고 전략들을 세우며 정책목표들을 설정하는데 적극적 역할을 수행했다. 이러한 정책결정의 접근방식은 상당한 정치적 충성과 공공부문에서의 자질이 요구된다. 총리로서 이광요는 정책결정자로서 가장 큰 역할을 했고 정치적 실용주의자, 의제 결정자, 그리고 정책 혁신자로서의 역할도 잘 감당하였다. 본 절에서는 연구결과 발견된 이광요의 민주적 방식이 가미된 리더십의 특징을 살펴보고자 한다.

경제적 법과 질서가 아무리 좋다고 해도 이것을 지키는 것은 사람이다. 따라서 국민들이 부패를 혐오하고 부패를 고발하는 사회적 분위기를 조성하도록 지도자는 노력을 하여야 한다. 이광요는 그의 친한 친구이자 그 내각의 장관으로 있는 사람조차도 부패에 연루되어 있을 때 법에 따라 심판하겠다는 그의 강력한 의지를 실천하였다. 그 결과 부패가 없는 싱가포르는 외국기업들이 싱가포르에서 사업을 할 수 있는 강점으로 작용하여 많은 외국기업들의 외자를 끌어들여 결국 오늘날의 번영된 싱가포르를 건설할 수 있었다. 프랜시스 후쿠야마(Francis Fukuyama)는 그가 저술한 『트러스트』에서 보면 신뢰는 거래비용을 축소하여 경제의 효율성을 제고한다고 주장하였다.[122] 다시 말해서 부패가 사라지면 신뢰가 형성되고 신뢰가 형성되면 경제의 효율성이 증가한다는 의미이다. 사회법질서의 모든 규

---

121) Kuan Yew Lee, *The man and His ideas*(Singapore: Times Edition, 1998), p.230.
122) 프랜시스 후쿠야마, 구승회 역, 『트러스트』 (서울: 한국경제신문사, 1995), p.457.

칙이 잘 준수되어 공의와 의가 강물처럼 흐르는 사회건설은 경제적 번영의 기반이다. 이광요는 부패가 없는 싱가포르를 건설하기 위해서 수상직속기구로 고위 부패조사기구를 두었다. 그리고 공직자들의 부패를 사전에 교도하기 위한 기관으로 공직자 교육기관인 공공서비스 위원회(Public Service Commission)를 두었다. 그리고 부패의 관행과 행태 그리고 부패방지를 위해 1960년대 중반에 사회 각 부문에 관하여 토론과 검토를 위해 정부, 기업, 학계의 150여명으로 구성된 피라미드 클럽(Pyramid Club)을 탄생시켰다. 그리고 수상직속의 부패 행위조사국(Corruption Practices Investigation Bureau, CPIB)은 지위고하를 막론하고 엄정히 반(反)부패법을 집행했다.[123] 이러한 부패척결의 문화적 배경은 중국인의 문화적 패러다임에서는 통치자는 모든 미덕의 본보기가 되어야한다는 것과 한 때 식민지의 주인격이었던 영국의 "깨끗한 공무원"의 전통이 남아있었다. 이광요는 독립 초창기부터 분명한 규칙의 설정과 정치적 안정 그리고 능력 있는 정부 그리고 부패가 없는 국가를 건설하면 외부투자자들이 투자에 매력을 느낄 것이라는 것을 자각하였다.

이광요는 어떠한 야당도 친정부적 야당이 있을 수 없다는 신념을 가지고 있다. 따라서 야당의 세력 확대는 결국 혼란을 가중시키는 요인으로 판단하고 제도적으로 야당이 성장할 수 있는 환경을 미리 차단하여 먼저 안정화된 사회 환경 하에서 경제적 성장을 추구하고 경제성장의 열매를 모든 국민에게 균등하게 분배함으로써 저소득층 소외계층의 자발적인 협조를 이끌어 냈다. 절대적인 권력은 절대적으로 부패한다고 하였지만 이광요는 절대적인 권력을 가지고 있었지만 부패하지 않았다. 이광요의 정치적 장수와 성공은 바로 여기에

---

123) Schein, 앞의 책, p.172.

144

있다. 싱가포르의 정치 지도자들은 ① 경제적 발전은 정치적 발전에 선행해야 한다는 것을 가정하고 있고 ② 정치적 안정이 있을 때만 장기적으로 성공적인 경제발전이 있을 수 있다는 것, ③ 정치적 안정은 확고하고 자애로운 정부에 의해서 이루어져야 하며, 사회의 모든 부분이 조정되고 통제되어야 한다는 것이다.[124] 이광요가 이러한 강력한 일당독재체제 형성의 필요를 절실히 느낀 때는 다음 세 가지 상황이다. 첫째, 1950년대 싱가포르가 식민지 지배로부터 해방을 시도한 일본 점령시기 직후, 그리고 전후 무렵, 둘째, 싱가포르지도자들이 섬의 여론이 불안정하다고 느꼈을 때, 셋째, 싱가포르지도자들이 싱가포르가 경제적으로 발전된 국가가 될 수 있고 또한 그렇게 되어야 한다는 의무감을 느꼈을 때였다. 생존의 이데올로기를 추구한 이광요는 경제적 발전은 다른 모든 것들에 앞서서 선행되어야 할 최우선 과제로 인식했다. 재무부 장관 고켕쉬는 다음과 같이 언급했다.

> 싱가포르에서 가장 중요한 것은 경제를 정치보다 중시하는 것입니다. 만일 정치가 전체 국민을 가난하게 하면 그들은 새로운 지도자를 찾게 됩니다. 만일 지도자가 국민을 먹여 살리는 것을 알고 있다면 지도자는 신뢰를 얻게 될 것이고 그 사회를 세우는 데 성공할 것입니다.[125]

이광요가 주장하듯이 "공산주의를 이기는 길은 국민에게 일거리와 주택을 주는 것이다. 그러기 위해서 지도자는 규율이 있고 정치적으로 안정된 사회를 만들 필요가 있다는 것이다."[126] 이광요의 목적은 대다수 아시아 도시들이 더러움과, 범죄, 불안정, 그리고 부패로 가득

---

124) 위의 책, p.164.
125) 위의 책, p.164.
126) 위의 책, p.165.

차 있다는 것을 인식하고 싱가포르에 새로운 빛을 조명하여 외부 투자자들이 매료 될 수 있는 환경 즉 깨끗하고 안정되어 있고 그리고 효율성이 높은 도시국가를 건설하기 위해 노력하는 고상한 것이다. 하지만 언론제한과 통제에 관한 외부로부터의 비판에 대해 인민행동당 정부는 "아시아의 민주주의는 서구의 민주주의와는 다르다"는 것이다. 한 인민행동당 간부는 이렇게 언급했다.

> 아시아의 대부분의 나라는 식민 지배를 경험하고 그 부담을 안고 독립했습니다. 경제건설을 진전시켜 나아가는 데 어려움은 서구의 나라와 비교할 것이 못됩니다. 게다가 민족, 인종, 종교문제, 국경선의 미확정 등 불씨는 꺼지지 않고 국가통일은 아직도 요원합니다. 이러한 상황에서 서구와 같은 민주주의를 실천하고 언론의 자유 등을 무제한 인정한다면 아시아의 대다수 나라는 붕괴하고 맙니다. 아시아에서는 어느 정도의 독재는 어쩔 수 없습니다.[127]

1990년 5월 동경에서 개최된 심포지엄에서 이광요는 "민주주의는 보편적인 가치인가?"라고 질문을 받았다. 그는 "전후 아시아의 많은 나라에서 민주주의제도가 도입되었음에도 불구하고 왜 정착되지 못했는가?" 라고 반문하고 그 대답으로써 다음과 같이 대답했다.

> 서구에서 뿌리 내린 민주주의체제는 아시아에서는 안정된 정치를 낳지 못했습니다.(민족, 인종, 종교 등 많은 문제를 안고 있다) 아시아에서는 먼저 정치적 안정이 성공으로의 전제조건입니다. 그렇게 하기 위해서는 학습과 근면이 존중되고 평가되는 법과 질서의 정비가 가장 중요합니다. 법과 질서의 확립이야말로 아시아에서 가장 요구되는 것이며 서구의 민주주의제도가 필요한 것은 아닙니다.[128]

---

127) 田村慶子, 앞의 책, pp.189-190.
128) 위의 책, p.190.

146

이광요는 1992년 2월 동경에서 개최된 아사히 신문주최의 포럼에서 같은 발언을 하여 서구 민주주의 나라들의 기만(欺瞞)을 강하게 비난했다.

> 걸프전 때 서구민주주의 나라들은 쿠웨이트와 사우디아라비아를 지원했습니다. 하지만 쿠웨이트도 사우디아라비아도 민주주의의 사상과는 거리가 먼 전제군주국이었습니다. 양국은 서구민주주의에 대해서 중요한 석유산유국이기 때문에 지원했습니다. 페루의 후지모리 정권이 헌법의 정지를 결정했을 때, 미국은 페루지원을 동결했습니다. 하지만 만일 멕시코가 헌법을 정지한다면 미국은 원조를 그만둘까? 그리고 멕시코로부터의 난민을 받아들일 것인가?에 대해서는 의문입니다.[129]

이광요는 이처럼 서구 각 국이 아시아에 민주주의를 강요하지만 거기에는 이중기준이 있다는 것에 깊은 유감을 나타냈다. 사실상 서구의 나라들은 아시아에서 인권·민주주의국가 실현이 아니라 아시아 나라들을 자국 생산품의 판매시장으로 만드는 데 더 관심이 있다. 이광요는 인민행동당에서 독단적인 결정을 할 지위에 있었지만 그는 정책결정을 독단적으로 하지 않고 고켕쉬를 비롯한 그의 측근들과 항상 민주적인 자세로 임함으로써 그를 도와주는 각료들의 지지와 협조를 얻을 수 있었다는 점에서 훌륭한 리더십을 발휘했다고 평가할 수 있다.[130] 이광요는 국민들에게 엄격한 사회적 규율을 강요함으로써 외부로부터 독재자라는 비판을 받았지만 엄격한 규율과 규칙은 결국 국민 개개인의 민생치안과 복지와 건강으로 연결되는 맹자의 진정한 민본주의라는 동양적 정치철학에 기초하고 있다. 공산

---

129) 위의 책, pp.190-191.
130) Tilman, 앞의 글, p.60.

당과의 대결에서 승리할 수 있는 유일한 길은 국민에게 주택과 일자리를 주는 것이라고 판단하여 가난한 노동자들을 위한 국영아파트를 저가에 공급함으로써 노동자들의 내 집 마련이라는 민생고를 줄여 그들이 그들의 수입을 좀 더 여유 있게 쓸 수 있도록 했다.[131] 공산당의 계급투쟁에 참여하여 반사회적이기 쉬운 노동자세력을 흡수함으로써 국가의 팀웍을 증진시키고 연금제도와 의료정책 등의 복지정책을 통하여 삶의 질을 향상시켰다.

독립 이후 공산당계열 노조의 빈번한 파업을 경험하면서 자원이 없는 국가가 경제적으로 발전하려면 먼저 외국기업이 안심하고 들어와 사업을 할 수 있는 여건을 만들어야 한다고 판단하고 먼저 외국기업들이 사업하기 편리한 환경을 만들었다.[132] 그는 파업은 국가경제의 파탄을 가져오는 최대의 장애요인으로 판단하고 파업을 하는 자는 감옥으로 보내는 강력한 정책을 실행하는 데 성공하였다. 노·사·정이 안정되고 그 효율성이 제고된 것의 직접적 원인은 임금결정권과 노조통제권을 모두 국가의 통제 하에 두는 데 성공했다는 사실에 있다.

이광요와 그의 팀이 약 25년간 싱가포르의 번영을 주도하면서 이광요의 판단력과 안목 때문에 곤란에 빠진 경우는 거의 없다. 지도자로서 이광요의 예리한 상황분석과 거기에 걸맞은 정책적 처방의 강력한 실천은 오늘의 싱가포르를 경쟁력 면에서 세계에서 선두에 선 국가로 만들었다.[133]

이광요는 영국과 손을 잡고 식민지상태를 지속할 수도 있었으나

---

131) Schein, 앞의 책, p.31.

132) 『일류 국가』, p.259.

133) 조윤수, 「싱가포르 발전의 궤적과 시사점」 조윤수·양승윤(외) 『동남아의 선진국가: 싱가포르』 (서울: 한국외국어대학 출판부, 1988), p.325.

148

그는 싱가포르가 다른 나라의 노리갯감이나 애완용 동물이 되어서는 안 된다고 판단하고 영국의 식민지에서 벗어나기 위해 공산당과 손을 잡았다.134) 독립을 쟁취한 뒤 공산당을 과감히 소탕하고 인도네시아의 위협 등 불안한 주위정세에 능동적으로 대처하기 위해서 말레이시아와의 전략적 동맹을 구축하였다. 어느 정도 주위정세가 안정된 후 말레이시아 연방에 남아 있을 수 있었으나 그는 쿠알라룸푸르에서 오는 간섭과 종속상태를 더 이상 원하지 않았다. 1965년 그는 싱가포르 공화국의 독립을 성취했다.

독립 후 영국의 관료제도를 기반으로 했지만 영국의 관료제도의 탑다운 방식에서 미국의 하위 실무자에게 권한과 책임을 위임하는 형식의 제도를 조화하여 싱가포르 나름대로의 전체의 형을 유지하면서 경직되지 않는 유연한 체제를 형성했다.135)

"변신의 리더십"이라고 불리는 이것은 사람들로 하여금 개인적인 목표보다는 팀의 목표에 초점을 맞추도록 하고, 더욱 높은 수준의 성취를 원하도록 만드는 능력이다. 이광요는 스스로 변신에 능했고 어느 지도자들보다 개개 국민들과 많은 대화를 나눈 사람이다. 그가 시민들과 소통하는 내용을 보면 마치 초등학교학생들의 연습장처럼 세부사항까지 다루면서 정부가 무엇을 어떻게 하는지에 대해 소상히 말한다.136)

이광요는 불확실한 미래에 대처하기 위해 EDB를 통하여 싱가포르 미래에 닥칠 여러 가지 위기요인에 대해 시나리오를 작성하고 거기에 걸맞은 대응책을 항상 준비하는 체제를 유지한다.137)

---

134) Anthony Oei, *What If There had been no Lee Kuan Yew*(Singapore: Chong Moh Offset Printing Pte. Ltd., 1992), p.18.
135) Schein, 앞의 책, pp.191-192.
136) 한태선, 앞의 글, p.385.

　비록 이광요를 필두로 하는 인민행동당의 독재에 대해 외부의 많은 비판과 내부의 저항이 있었지만, 이광요는 대다수 국민들의 삶의 질을 향상시키려는 그의 진지한 노력에 대한 국민의 지지와 신뢰를 얻는 데 성공했다. 상대적으로 새로운 민주주의에 대한 욕구분출이 많은 현재에도 인민행동당 존재의 타당성에 부정적인 견해를 가진 싱가포르인들은 소수에 불과하다. 이광요는 주위 사람들로부터 도덕적으로 위대한 싱가포르의 지도자란 평가를 받는다. 그 이유는 자신이 솔선수범하는 청정정치인이기 때문이다. 이광요는 구체적인 치국과 치민의 책략에 있어서 유가가 가장 중시하는 사람들을 마음으로 감복시키는 방법을 택했다. 유가는 관리들에게 백성들의 이익과 나라의 안녕, 그리고 도의를 생각할 것을 요구하고 있고 필요할 겨우 남을 위해 자신의 목숨도 희생할 수 있는 품격을 기대하고 있다.[138]

　이광요는 학창시절부터 언변에 능했고 대중들을 설득하는 데 타고난 소질을 발휘했다.[139] 이러한 그의 설득력은 정책집행에 있어서 자신의 의견을 관철시킬 수 있었다.

　이광요의 인민행동당은 집단지도체제 형태로 민주주의 방식에 의하여 의사결정이 이루어진다.[140] 또한 그는 중국인, 인도인, 말레이인 등으로 구성되어 있는 싱가포르의 다양성을 문제해결에 있어서 장점으로 활용하면서 싱가포르 공동체의 현실을 국민에게 자각시켰다. 그는 지도자로서의 역할을 잘 수행하기 위해 매일 조깅하며 역기를 들기도 하고 따뜻한 중국차를 준비해 시간이 날 때마다 마신다. 그리고 의학백과사전을 늘 가까이 두고 신체의 증상에 사전 대비를

---

137) Schein, 앞의 책, p.43.

138) 렁청진, 김태성 역, 『변경(辨經)』 (서울: 더난출판사, 2003), p.157.

139) 『일류 국가』, p.43.

140) Schein, 앞의 책, p.43.

150

철저히 한다. 이광요는 싱가포르의 국민들이 선진국의 국민보다 자질이 떨어지지 않게 하기 위해 국제세미나, 외국대학연수, 기술연수, 도제연수 등 많은 명목으로 외국의 우수한 인력과 접촉하는 기회를 마련하고 체계적인 교육프로그램을 마련하여 교육시킨다.141) 그는 인기를 얻기보다는 존경을 얻는 정부가 되고자 노력하면서 항상 옳은 일을 추구하면서 쉬운 길을 택하지 않았다.142)

이광요는 다른 어떤 이데올로기나 철학보다도 실천 그 자체를 중시한 정치가이다. 그는 한 언론과의 인터뷰에서 "나는 자본주의도, 시장경제 신봉자도, 밀톤 프리드먼도 아니라 실천, 그 자체를 가장 중시하는 사람이다"라고 대답한 적이 있다.143)

이광요의 관심사는 많은 국민이 더 많은 행복과 혜택을 누릴 수 있는 나라 건설이었으며 이를 위해 가장 중요한 것은 실천과 성취 그 자체였던 것이다. 이광요는 국민들과의 대화의 창구를 항상 열어놓고 국민들로부터 정부의 하는 일에 대한 피드백을 늘 접했다. 이광요는 지도자의 사생활뿐만 아니라 지도자의 친인척마저 부패에 연루되면 지도자의 권위가 추락하고 아래 국민들이 따르지 않는다는 철학 하에 항상 완벽한 정부가 되기를 추구해 왔다. 따라서 그 자신마저도 법 위에 두지 않았다. 그는 자신이 옳다고 판단하는 문제에 대해서는 위험을 무릅쓰고 추진했다. 심지어 목숨까지도 내어놓고 열정적으로 투신했다. 싱가포르를 영국의 식민 상태에서 해방하기 위해서 그는 공산당과 손을 잡고 독립을 쟁취한 후 공산당을 철저히 분쇄했다.

---

141) 위의 책, p.197.

142) Raj Vasil, *Governing Singapore*(Singapore: Chong Moh Offset Printing Pte, Ltd., 1992), p.184.

143) 한태선, 앞의 글, p.360.

 이광요는 모든 정책결정을 할 때 장기적인 시각에서 일을 처리하고자 했다.144) 그리고 한 사람의 시각에는 한계가 있다는 사실을 알고 가능한 많은 사람들로부터 의견을 구해 종합적인 판단을 하였다.145) 그는 자신의 어리석음을 인정할 줄 알기 때문에 절대로 어리석은 정책결정을 내리지도 않았고 내릴 수도 없었다. 그는 2000년 하버드대 초청 연설에서 "내가 반대의견에는 전혀 귀 기울이지 않는다는 비판이 있다는 것을 알고 있다. 그러나 그것은 사실이 아니다. 진지한 반대라면 나는 언제나 주의 깊게 들었다"146)고 언급한 바 있다. 사법문제에 있어서 시간을 다투는 범죄자 체포 등에 관해서는 변호사 인선 없이 체포 구금이 가능하도록 해서 공익의 피해를 최소화했다. 싱가포르에서만 특유한 태형제도는 서구의 입장에서는 보면 전근대적인 형벌제도이지만 공포심을 유발시킴으로써 범죄의 욕구를 현저히 저하시켜 사회의 질서유지에 상당히 유효한 제도로 평가되고 있다.

 이광요는 민주주의가 반드시 발전을 가져온다고 믿지 않는다. 그는 "나는 한 나라가 개발해야 할 것이 민주주의보다는 규율과 절제라고 믿고 있으며 넘치는 민주주의는 오히려 방종과 무질서를 부르고 결국 성장에 장애가 된다고 생각한다"라고 했다.147) 그에게 있어 민주주의는 모든 것에 선행하는 이상적 이념이 아니라, 방종과 무질서의 나락에서부터 규율과 절제가 확고하게 정의된 사회로의 전환을 의미하는 것이다. 민주주의는 경제발전의 선결요건이라는 주장을 생각 없이 따라가는 것도 실수를 범하게 된다고 그는 믿는다. 그의 개

---

144) Schein, 앞의 책, p.43.

145) 위의 책, p.43.

146) 姜仁仙, 「국제경쟁력이 있는 지도자 그룹을 이렇게 만들었다.」, 『월간조선』 12월호(2000), p.450.

147) 한태선, 앞의 글, p.366.

152

념에 있어서 좋은 정부란 국민을 위해 일하는 정직하고 효율적인 정
부이며, 논리적으로 그럴 듯하게 들리는 이론이 있다고 해도 거기에
얽매이지 않는 정부이다. 그렇다면 "싱가포르 민주주의" 내지는 "아
시아 민주주의"라고 하는 것은 도대체 어떠한 민주주의인가? 민주주
의는 아시아에서 식민지권력에 대항할 때 핵심 단어로 편의적으로
사용함으로부터 시작한다. 대만과 한국, 싱가포르의 발전은 서구의
민주주의를 실천했기 때문이 아니다. 사회적 불공정을 시정한 것 내
지는 사회적 평등을 동반한 경제발전을 목적으로 한 것이 성공적이
었다. 이광요는 다음과 같이 언급했다.

> 아시아의 민주주의는 서구의 민주주의와 이상은 같아도 과정이
> 다르다. 아시아의 민주주의는 서구처럼 개인을 중심으로 생각하는
> 것이 아니고 사회적 불공정의 시정에 있다. 먼저 그것을 달성한 후
> 인권의식이 생겨난다."[148]

그는 정부의 권위에 대항하고 비방하는 야당과 언론을 그냥 두지
않았다. 왜냐하면 그것을 그냥 두면 혼란을 가중시켜 성장에 저해가
되기 때문이다. 그는 건설적인 비판은 수용하여 정책결정에 반영하
려 했다. 이광요 정치의 최대목표는 모든 국민이 최고의 생활수준을
영위하게 하는 고상한 목표였다.[149] 사회 전체의 안전과 발전을 위

---

148) 田村慶子, 앞의 책, p.192.

149) 이광요는 2000년 10월 17일 미국 하버드 케네디 스쿨의 리더십 세미나에
서 "리더는 자신이 속한 나라의 시민들을 위한 더 나은 삶을 창출하기
위한 천부적인 관심을 가지고 있어야 하며 단지 위대한 지도자가 되려는
욕망만으로는 국가권력을 획득하기 어렵고 또한 그것을 유지하기에 필요
한 시민의 신뢰와 믿음을 얻을 수 없다"라고 했다. Daniloff Miranda,
"Lee Kuan Yew: Personal Reflections on Leadership,"
http://ksg.harvard.edu/leadership/personal_reflection_on-
_leadership.html(검색일: 2003. 4. 10).

해서 개인의 사익보다 공익을 중시하고 국가의 가치를 개인가치보다 우위에 두었다.

이광요는 동양적 가치와 서양적 가치의 묘합을 이루어 냈고 업적을 중시하는 그의 국가경영철학은 효율을 극대화하는 결과를 가져왔다. 싱가포르가 가진 유일한 자원은 인력과 그들의 잠재 능력이다. 그러므로 그들 가운데 가장 능력이 있는 자들을 뽑아서 그들의 능력을 최대로 개발해야 한다는 것을 잘 알고 있었다. 이와 관련하여 1991년에 행한 이광요의 연설에서도 잘 나타나 있다.[150]

"효율적인 서비스를 제공하기 위해서 믿을 만한 인적 네트웍을 구성해야 하며 그러기 위해서 각 구성원은 자질이 우수해야 합니다. 인적 네트웍은 가장 능력이 있으며 가장 똑똑한 사람들로 구성해야만 합니다."

이광요는 엘리트주의를 내세우고 능력이 있는 사람을 중시하며 능력에 따라 거기에 걸맞은 대우를 강조했다. 싱가포르가 세계에서 가장 사업하기 좋은 나라로 만들기 위해서 심지어 공산국가 중국에 대해서도 정치·경제를 분리시키는 실용주의 정신에 입각하여 사업적 협력관계를 구축했다.

이광요와 그의 팀이 25년 이상을 싱가포르의 발전을 이룩하면서 이광요의 처방 때문에 싱가포르가 어려운 지경에 빠진 경우는 거의 없었다. 일단 이광요는 그의 정책 보좌진으로부터 수렴한 정책결정에 대해 자신이 판단해보고 옳다고 판단되면 다른 사람이 어떻게 생각하든 간에 그 일을 적극 추진했다. 정치적으로 올바르다고 하는 것, 관습의 지혜라고 하는 것도, 현실에 맞지 않고 그의 경험에 맞지

---

150) Schein, 앞의 책, p.173.

않으면, 과감하게 무시했다. 1960년대와 1970년대에는 반미주의(反美主義)와 다국적 기업(多國籍 企業)에 대한 반감(反感)이 풍미했던 시대였다. 다국적 기업은 제3세계국가의 종속(從屬)을 심화시킬 뿐이라는 종속이론에 귀 기울이지 않고, 대신 주도면밀하게 EDB를 통하여 그들을 싱가포르로 끌어들였다. 다국적 기업은 자본과 기술, 노하우(know-how)와 시장을 가지고 있었다. 다국적 기업을 위해, 아니 그들과 함께 실제로 일을 하면서 배우자고 하는 것이 이광요의 전략이었다. 그리고 그 전략의 실행결과 국가 경쟁력 2위의 청렴한 정부를 가진 국가로서 1인당 국민소득 3만 달러를 자랑하는 번영과 안정을 이루었다.151)

(3) 부패 방지를 위한 제도정비

싱가포르는 유교의 덕목을 중시하여 지도층 엘리트가 먼저 모범을 보이는 책임정치를 실행했다. 이광요는 지도층이 부패하여 법과 규칙을 지키지 않으면 국민들을 따르게 할 수 없다고 판단하고 지도자들의 도덕적 책무(noblesse oblige)를 중시하였다. 이광요는 다음과 같이 언급했다.

> 지도자의 자질 중에서 가장 중요한 것은 국민들의 신뢰를 얻는 일이 아닐까요? 국민들이 지도자의 판단력과 정직성을 불신한다면, 그 지도자는 곧 난관에 부딪치게 되고 정책을 펴나가는 일이 점점 어려워지고 말 테죠. 따라서 국민들의 지지를 얻는 지도자가 되는 일은 가장 중요한 일입니다. 그렇지 않고는 정부정책이 자신들에게 과연 도움이 될까 의심하겠지요. 물론 국민들이 정부정책의 세부적

---

151) 『일류 국가』, p.52.

인 사항까지 속속들이 이해할 수는 없지만 일단은 지도자의 판단
력을 믿고 그의 결정을 따르도록 만들어야 해요. 우리 지도자는 약
속힌 일은 반드시 해내고 불가능한 일은 자신의 능력 밖이리고 솔
직히 말하는 그런 인물이라는 믿음을 심어주는 일이 중요합니다.
일단 지도자에 대한 신뢰가 구축되고 나면, 모든 일은 국민들의 호
응을 업고 원만히 추진돼 나갈 것입니다. 지도자의 자질은 바로 그
런 거죠.[152]

　　싱가포르 정부는 만의 하나 있을지도 모를 관료사회의 부정부패를
방지하기 위해서 매우 강력한 감시체계를 운용하였다. 수상실 직속기
관으로 '부패방지위원회'(Corruption Practices Investigation Bureau,
CPIB)를 설치해 놓고 있다. 공무원들의 비리에는 관용을 베풀 수 있는
어떠한 예외규정도 없다. 또한 불명예스럽게 면직된 공직자가 화려하
게 변신, 제기할 기회란 싱가포르 관료사회에서는 결코 있을 수 없
다.[153] 이광요는 특히 공자의 성선설 사상보다는 순자의 성악설 사상
에 더 영향을 받았던 것으로 보인다. 또한 서양 민주주의 제도의 핵심
인 절차(due course)를 중시하면서도 동양 법가의 핵심인 법(法)과 술
(術)의 사상을 더욱 중시한다.[154] 법가이론은 혼란한 사회를 어떻게
다스려 질서와 법규를 되찾느냐하는 문제로부터 출발하고 있다. 이를
위해 군주가 행사해야 할 세 가지 요목들을 나열하였다.[155] 첫째는 세

---

152) 송선근 외, 『세계를 움직이는 사람들』 (서울: 한국방송출판, 2000), pp.58-59.
153) 위의 책, p.140.
154) 한태선, 앞의 글, p.259.
155) 법가의 사업은 그 근본이 법도를 제정하는 데 있고 일단 제도가 성공해
　　야만 그 효력을 발휘할 수 있다. 법가의 치국은 처음에는 고되고 힘들지
　　만 뒤로 갈수록 안정과 평안을 누리게 한다. 법률이 엄격하긴 하지만 모
　　두가 민중을 위한 것이기 때문에 성공하기 전에는 사람들의 의심과 불만
　　을 사기 쉽다. 그러나 일단 법령이 시행되면 모든 사람이 이를 두려워하
　　고 존중하게 된다. 법가의 목적은 법제를 제정하여 국가를 부강하게 하고

156

(勢)로써 권력과 지위를 뜻하며, 둘째로는 술(術)로써 이것의 의미는 방법을 뜻하고, 세 번째로는 법(法)으로써 하나하나의 기준 확립을 의미한다. 먼저 세(勢)에 따르면 덕과 지혜를 겸비한 통치자라고 하더라도 권력과 지위를 갖고 있지 못하면 백성들을 복종케 하지 못하기 때문이라고 생각하는 것이다. 반면 정치행위는 통치기술, 즉 술(術)을 요구하는데, 이것은 어떤 정책을 어떤 사람을 통해 실천하느냐와 연관되어 있다. 법은 만인이 지켜야 될 것을 명시한 것인데 반해 술은 하나의 목적을 이루기 위하여 어떤 사람을 어떻게 쓰는가 하는 문제이다. 이 술(術)에 대칭하는 개념이 바로 법이며, 법은 명시된 규범이라는 뜻도 있지만 한비자에게 있어서 법의 중요성은 바로 법이 정하는 그 기준이 있으며 그 기준은 더하지도 덜하지도 않게 지키는 데 있다.156) 그래서 법가에서는 법을 준수할 때 상을 주고 법을 어길 때 엄한 벌을 주어 군왕의 권위로 법조문에 명시된 것과 같이 반드시 실행할 것을 강조하였다. 사마담157)은 법가사상의 특징을 다음과 같이 말하였다.

법가는 친척, 남, 그리고 귀천을 구별하지 않고 모두 법에 따라 처리함으로써 지위가 높은 사람을 존경하고 친척들을 가까이 한다는 유가사상을 거부했다. …… 군주를 존경하고 신하를 낮추며, 직

156) 안전하게 하는 것이지만 수많은 사람들에 의해 왜곡되어 원한을 사게 되는 폐단도 있다. 렁청진, 김태성 역, 『변경』(서울: 더난출판사, 2003), p.400. 참조.
156) 위의 글, p.368.
157) 중국 전한(前漢) 때의 사상가·역사학자이다. 하양(夏陽: 지금의 陝西省 韓城) 출신으로 출생 연도는 알려져 있지 않다. 아버지는 사마희(司馬喜)이고, 『사기(史記)』의 저자 사마천(司馬遷)이 그의 아들이다. 당도(唐都)에게 천문학을, 양하(楊何)에게 『역(易)』을, 황자(黃子: 黃生)에게 도가(道家)의 이론을 배웠고, 건원(建元: BC 140~BC 135)에서 원봉(元封: BC 110~BC 108)에 걸쳐 관리 생활을 하였다. 벼슬은 태사(太史)에 이르렀다. 주요저서로는 『논육가요지(論六家要旨)』가 있다.

분을 명확히 하여 월권하지 못하게 했다. 이것이 법가 사상의 특징이다.[158]

이광요가 수상이 되어 처음 한 일 중 하나는 자기 부모 형제들을 초청하여, 그때부터 그들이 자신에게서 어떤 특별한 대우를 기대하지 말 것이며, 일반 시민의 한 사람으로 스스로 살아가라고 말한 점 또한 친인척 부패를 사전에 봉쇄하기 위한 그의 의지로 볼 수 있다.[159]

이광요는 수상이 되고 나서 친지들도 법에 어긋나는 일을 하면 법에 따라 처벌한다고 공언하였고 심지어 자기 자신도 법 위에 두지 않음으로써 먼저 모범을 보였다. 그리고 공무원들에게 특권을 최소화함으로써 공적인 재화를 자신을 비롯한 자신의 가족이나 친구들에게 특혜를 베풀지 못하도록 사전 봉쇄했다. 그는 이렇게 언급했다.

정부에서 인허가 여부를 결정하는 모든 규칙들은 명쾌해야만 합니다. 정부 관리들이나 장관의 재량에 맡겨지는 애매모호한 부분을 최대한 줄이는 것입니다. 우리는 누구나 알아볼 수 있는 분명한 법을 마련하고 인허가 과정을 투명하게 해서 비밀리에 수행되었던 몸집이 큰 입찰자들을 공개적으로 개방시켰어요. 모든 입찰은 공개입찰을 원칙으로 하게 했습니다. 개인이 재량을 부리지 못하도록 하고, 그 모든 과정을 공개했던 겁니다. 그랬더니 연고주의에 의해 편의를 봐주는 일이 사라졌지요.[160]

이광요가 끊임없이 싱가포르 국민들을 호통치고 훈계하고 공공연히 독재적 방식을 행사할 때에도 국민들의 지지를 이끌어내고 비판

---

158) 朱日耀, 『傳統中國政治思想史』 (부산: 新知書院, 1999), p.146.
159) T. S. George, 민요기 역, 『동남아의 최장기집권자 이광요』 (서울: 남도문화사, 1988), p.83.
160) 송선근 외, 앞의 책, p.63.

여론을 무마할 수 있었던 것은 그의 철저한 법 집행 결과라고 해도 과언이 아니다.[161] 실용주의와 함께 싱가포르의 사회·문화적 특징으로서 지적할 수 있는 것은 이른바 인류학에서 말하는 개념인 '사회적 오염'[162]에 대한 싱가포르인의 강한 합의가 존재한다는 사실이다.[163] 싱가포르는 시민들의 높은 준법정신으로 인하여 동남아에서 가장 질서 있고 규율이 잡힌 사회(disciplined society)로 전환되었다. 다른 사회와 비교해 볼 때 '사회적 오염'을 과도할 정도로 경계하는 싱가포르에는 마약, 포르노 잡지, 매춘, 에로영화 등이 법으로 엄격하게 금지되어 있다. 싱가포르는 같은 유교문화권인 홍콩이나 대만과 비슷하게 자본주의체제를 갖고 있으면서도 이들과는 달리 조직화된 범죄, 도박, 매춘 등이 거의 존재하지 않는다. 사실상 싱가포르 정부가 나름대로의 기준을 가지고 질서 있는 시민생활을 확립하기 위하여 비상조치를 취하였기 때문이다.[164] 1992년 미국 소년에 대한 태형사건이 있었을 때도 미국여론의 거센 압력과 클린턴 대통령의 사면호소에도 불구하고 이광요 수상은 법의 기준을 양보하지 않았다. 태형이라는 법제도가 결코 이상적인 형벌이 아님을 인정하지만 그것은 싱가포르의 법적 기준이며 그 기준을 간과해서는 안 된다는 것이었다. 거리에 담배꽁초를 버리는 행위, 침 뱉는 것 모두 혹독한 기준의 벌금을 물게 하는 경범 처리사례에도 법의 정신은 그 사회에서 적용되고 있다.[165] 이광요는 싱가포르 국민들을 교육시키고 그들에

---

161) 한태선, 앞의 글, p.368.
162) 여기서 사회적 오염이란 개인에게 치명적일 수 있는 '환경오염'과 '부조리한 사회구조 및 행태'를 말한다.
163) 김성건, 「싱가포르의 종교와 문화」, 『지역연구』, 제4권 4호(1995년 겨울), p.14.
164) Neher, 앞의 책, p.150.
165) 한태선, 앞의 글, p.368.

게 옳은 생활습관들을 권고했다.166) 대다수 국민들을 교화시키고 설득하는 데 성공하면 그 다음으로 고집 센 소수를 처벌할 법률을 제정했다.167) 하나하나의 기준을 지키게 하는 이광요의 엄격한 법적 리더십은 더 크고 넓은 수준이 공직사회 윤리에도 그대로 적용된다. 싱가포르의 경우 대통령에서부터 최하위직 공무원에 이르기까지 모든 공직자들은 재산현황에 대한 소명요구에 응하도록 되어 있다. 이같은 요구를 받고도 부와 재산의 형성과정을 제대로 밝히지 못하거나 '설명할 수 없는 재산'이 있는 경우 전액 몰수당한다. 해당자는 부정축재자로 간주되어 가차 없이 형사처벌을 받도록 되어있다.168) 싱가포르가 부정부패 방지에 철저할 수 있었는가에 대한 질문에 다음과 같이 언급했다.

무엇보다 먼저 부정부패특별법안과 같은 효율적인 제도를 먼저 마련해야 합니다. 그리고 그 법에 따라 정부관리들이 본인 혹은 일가의 명의로 된 자산을 합법적인 방법으로 취득했다는 것을 설명할 수 있어야 해요. 도저히 설명할 수 없다면 그건 분명 부정으로 축적한 거라고 봐야죠.169)

다른 한편 재산 감시와 가혹한 처벌의 방식과는 달리 처우 및 정당한 보수를 통한 '포상'방식의 병행은 싱가포르의 청렴한 공직사회를 만드는 데 일조했다. 이렇게 할 수 있는 터전은 물론 생존의 정치를 법가의 정신으로 이끌어 가는 방법에도 있겠지만 민주주의에 대한 새로운 철학과 비전, 해석과 응용도 있다고 볼 수 있다. 싱가포

---

166) 『일류 국가』, p.271.
167) 『일류 국가』, p.275.
168) 한태선, 앞의 글, p.369.
169) 송선근 외, 앞의 책, p.62.

르는 기초질서 위반사항에까지 반사회적 행위로 규정하고 철저히 벌금을 부과하고 있다.[170]

싱가포르에서도 통상적인 범죄가 많이 일어나고 있지만 일상생활에서나 밤거리가 전혀 무섭게 느껴지지 않을 정도로 치안상태가 양호하다. 이러한 치안상태를 입증하듯이 홍콩의 한 정치 및 경제컨설팅사는 싱가포르를 매년 아시아 12개국 중 제일 치안이 좋은 국가(일본 2위, 홍콩 3위, 말레이시아 4위, 대만 5위, 한국은 6위)로 선정했다.[171] 싱가포르식의 반민주주의(半民主主義, semi-democracy)는 싱가포르의 전통과 역사에 잘 맞고 발전·질서·실적이라는 국가목표를 효과적으로 달성할 수 있는 정부형태를 창출하였다.[172]

1959년 인민행동당(PAP) 정부가 출범했을 때, 부패하고 타락한 아시아지도자들에게 환멸을 느끼면서 이광요와 그의 팀은 깨끗한 정부 만들기를 다짐했다. 동년 6월 시의회 사무실에서 취임 선서를 할 때, 이광요와 그의 팀은 청렴과 정직을 상징하기 위해 모두 흰색 셔츠와 흰색 바지를 입었다.[173] 국민들은 모두 이광요와 그의 팀에게 청렴과 정직을 기대했고, 이광요는 그들의 기대를 반드시 충족시키겠다고 다짐했다. 이광요와 함께 일하는 장관들은 한 명을 제외하고는 모두 대학을 졸업한 사람들이었다. 다시 말해 이광요와 그의 팀이 관직을 그만두더라도 전문적인 직업을 가질 수 있다는 자신감이 있었다. 따라서 비상시를 위한 여분의 재산을 따로 챙겨 두어야 할 필요가 없었고 더욱 중요한 사실은 아내들이 대부분 가족의 생계를 꾸려나갈 능력이 있는 직업여성이라는 점이었다. 이점이 신생싱가포

---

170) 정광균, 『싱가포르 그 나라를 알고 싶다』 (서울: 세훈문화사, 1999), p.49.
171) 위의 책, p.53.
172) Neher, 앞의 책, p.146.
173) 『일류 국가』, p.241.

르 정부의 깨끗한 정부를 만들 수 있는 역량이 될 수 있었다. 1959
년 6월 이후부터, 이광요는 세금으로 거둬들인 전액을 공정하게 계
산하고 분배하여, 한 푼도 새어 나가는 일 없이 모든 이들에게 그
혜택이 돌아가도록 할 것임을 분명히 밝혔다. 따라서 초기부터 이광
요는 임의로 개인의 이익을 위해 세금을 사용했던 기관에 더욱 각별
한 주의를 기울이고, 그러한 행위들을 막기 위해 조사하거나 방지할
수 있는 기관의 힘을 더 강화시켰다. 부패가 정치에 만연하면 지도
부의 지도력이 부식한다는 위기감 때문이었다.174) 이러한 부패척결
의 임무를 맡은 최고 기관은 1952년 영국이 세운 부패행위조사국
(CPIB)이었다.(〈표 4-3〉 참조)

---

174) Syed Hussein Alatas, "The problem of Corruption," Kernial Singh
Sandhu and Paul Wheatley, eds., *Management of Success*(Singapore:
Chong Mob Offset Printing, 1990), p.992.

〈표 4-3〉 부패행위 조사국

부패행위 조사국	
개요	싱가포르가 청렴한 사회를 이루고 있는 이유는 정부의 부정부패척결에 대한 강력한 입장과 부패를 용납하지 않는 일반대중과 정치지도력에 기인한다고 볼 수 있다. 싱가포르의 이러한 청렴한 사회를 유지하는 데 중추적 역할을 하는 기관이 총리실 직속의 부패행위 조사국(Corruption Practices Investigation Bureau, CPIB)이다.
연혁	CPIB는 싱가포르 독립 이전인 1952년 설립됨 1952년 정부당국은 경찰에서 독립된 조직으로 CPIB를 출범시킴
법적 근거	-1960년 부패행위 방지법(The Prevention of Corruption Act) -1989년 부패재산 압류법(The Corruption(Confiscation of Benefits) Act)
기능	공공 또는 민간부문에서의 부패행위 신고에 대한 접수 및 수사 공직자의 부정행위(malpractices) 및 직권남용(misconduct)수사 공공 복무상 부패행위 소지여부진단 및 사전예방조치
조직의 구조 및 체계	-총인원: 75명, 조사관: 49명으로 이루어져 있고 국장을 정점으로 기능국(Operation Division)과 행정 및 특별지원국(Administration &Specialist Division) 2대 부서로 구성되어 있다. -기능국은 부국장 1명의 지휘 하에 부패방지법에 의거 부정부패를 수사하는 주된 기능을 수행한다. 특별수사팀(SIT, Special Investigation Team)등 4개과로 나누어져 활동하며 SIT는 비교적 복잡하고 중한 범죄를 다루고 있으며 우리나라 대검찰청의 중앙수사부와 비슷한 특성을 가진다. -행정 및 특별지원국은 부국장 1명의 지휘 하에 기능국의 수사기능을 지원하기 위한 정보수집, 분석, 연구, 행정 등 업무를 수행한다.
주요 기능	-부패에 관한 신고의 접수 -공공부문의 부패에 대한 수사(팁, 뇌물수수, 직권남용) -민간부문의 부패에 대한 수사(불법거미션수수, 금융거래상의 부정행위) -CPIB수사관의 체포권: 범죄혐의가 인정되거나 신빙성이 있는 정보가 접수되거나 상당한 의혹이 존재하는 경우 영장 없이 혐의자를 체포할 수 있다.(부패행위방지법 제15조) -압수 수색권 -예방활동: 업무처리과정 검토 및 공직자 부채현황파악
평가	-부패척결에 대한 이광요의 확고한 의지로 청렴사회가 정착되었다. -정치지도자, 고위공직자, CPIB의 노력 그리고 범법자에 대한 대중언론의 엄정한 비판 등이 잘 조화됨으로써 오늘날 싱가포르 공직자의 청렴도가 세계적으로 인정받게 된 것이다. -CPIB는 조사처벌기능에 부가하여 공직자나 민간기업인, 회사원 등이 부정부패를 저지를 수 있는 환경이나 기회를 가능한 차단하는 예방조치나 예방활동에 더 많은 비중을 두고 있다.

자료: 싱가포르 부패행위조사국 홈페이지(http://www.cpib.sg/aboutus.htm) 참조.

부패행위조사국은 말단 경찰과 경찰의 중간 간부, 그리고 노점상 단속반과 토지 관리인들 사이에서 늘어나고 있던 부정부패를 막기 위해 세워진 기관이었다. 그러나 부패행위 조사국은 고위직 관리들의 고액 뇌물 수수사건을 적발하는 업무도 담당했다. 작은 사건에 휘둘리지 않도록 소규모의 뇌물 수수를 단속하는 지침을 만들어, 절차를 간소화 시켰다. 부패행위조사국(CPIB) 직원들에게는 두려움 없이 법을 집행해 나갈 수 있도록 하는 든든한 지원 체제가 필요했다.

1940년대 및 1950년대 초까지만 해도 부정부패가 싱가포르 사회에 만연하고 있었으며 당시 싱가포르 경찰 소속 반부패국(Anti-Corruption Branch)에서 부패행위 단속수사책임을 지고 있었으나 그 기능이 비효율적이었으며 특히 경찰관이 연루된 부정부패사건에 있어서 제 기능을 발휘할 수 없었다. 따라서 1952년 정부당국은 경찰에서 독립된 조직으로 CPIB를 출범시켰다. CPIB설립초기에는 일반국민들이 지지가 약하였을 뿐만 아니라 CPIB 기능과 효과에 대해 회의적이고 범죄자들의 후환을 두려워하는 일반인들로부터 협조가 미미하여 CPIB의 업무수행에 여러 가지 어려운 점이 있었으나 1959년 이광요 총리가 이끄는 인민행동당이 집권하면서 부패관리들을 면직시키고 강력한 공직사회 개혁 및 부패척결의지를 보여줌으로써 국민적 신뢰 바탕 위에 정부의 강력한 반(反)부패정책을 추진하게 되었다.

1960년에 이광요는 1937년에 제정돼 시대에 뒤떨어진 반(反)부패법을 개정하고 값나가는 것은 무엇이든지 포함시킬 수 있도록 뇌물의 정의를 확대했다. 이 법률의 개정으로 체포수색과 은행계좌의 조사, 피의자 그리고 그의 아내와 자녀, 혹은 대리인의 은행장부 조사까지 포함하는 막대한 권한이 수사기관에 부여되었다. 1960년에 이광요와 그의 팀이 실행한 것 가운데 가장 효과적인 변화는, 피고가 그의 재산으로 할 수 없는 호화생활을 했거나, 그의 수입을 넘는 부를 가지고 있음에도 이를 납득시킬 만한 설명을 할 수 없다면, 재판관들이 피고가 뇌물을 받았다는 사실의 증거로 취급할 수 있게 된 것이다.175) 부패조사국은 신고자의 신원이 밝혀진 기명의 신고이든 그렇지 않은 익명의 신고이든 가리지 않고 수사의 단서로 삼아 내용을 검토하여 범죄가능성이 있는 것으로 판단되면 증거자료 수집 및 조사활동을 개시한다. 그러나 신고가 잘못된 것이거나 무고로 판명될 경우 엄격히 조사하여 허위신고자 또는 무고인은 1만(S $)달러 이하의 벌금 또는 1년 이하의 징역에 처하거나 벌금형을 선고받게 된다.176) 이러한 부패조사국의 활동은 예방활동에 더 많은 중점을 두어 사전에 부패를 차단하기 위해 노력한다. 인·허가 관련 업무에 대하여 업무처리상의 불필요한 절차존재 및 지연유무 등을 검토하고 동 과정상 공직자의 급행료 수수 등 부정을 사전에 예방한다. 그리고 모든 공직자는 매년 금전상 부채로 인한 궁핍함이 없음을 신고해야 한다. 즉 부채내역을 신고하여 자신의 재정적 수입에 비추어 자신의 순 부채가 과도하지 않음을 소명해야 한다. 모든 공직자는 배우자를 포함하여 매년 자신의 재산과 투자내역을 신고해야 한다. 그리고 공무로 거래관계에 있는 사람으로부터 금전 또는 어떤 형태의 선물도 받을 수 없다. 방문인사로부터의 기념품 또는 선물 등을 받았을 경우는 소속기관장에게 신고하여 제출해야 하며 동 선물을 소유하고 싶을 때는 동 선물에 대하여 회계원장(Accountant-General)이 사정한 액수상당 금액을 지불하고 가져갈 수 있다. 이와 함께 부정부패에 대하여 필요에 따라 공직자를 대상으로 정신교육을 실시하

---

175) 『일류 국가』, p.243.

176) 싱가포르한인회, 「싱가포르정치(개황)」, 2003,
　　　http://www.koreansingapore.org(검색일: 2003. 6. 4).

도록 하고 있다. 이광요는 부패척결에 대해 다음과 같이 언급했다.

> 정부가 높은 윤리 기준 그리고 부패척결에 대한 강한 확신과 결단력을 과시하며 출범하기는 쉽습니다. 그러니 지도자가 모든 범법자들을 예외 없이 다스릴 만큼 강력하고 굳센 의지의 소유자가 아니라면 이 같은 좋은 의도를 실천하기는 어렵습니다.[177]

이광요는 깨끗한 정부의 필수 조건은 선거 입후보자들이 당선되기 위해 많은 돈을 필요로 하지 않는 데 있다고 했다.[178] 왜냐하면 당선을 위해 많은 돈을 쓰는 것은 결국 나중에 부패의 고리를 유발하기 때문이다. 그는 이렇게 말했다.

> 아시아에 있는 대부분의 나라들에서 부패를 조장하는 것은 바로 엄청난 선거비용입니다. 선거 때 많은 돈을 쓴 당선자는, 반드시 자기가 쓴 돈을 다시 거둬들이기 위해서, 그리고 다음 선거에서의 당선을 위해서 자금을 축적하려 합니다. 그러므로 이러한 악순환에서 벗어날 수 없습니다.[179]

그러나 대조적으로 싱가포르는 깨끗하고 돈 안 드는 선거 시스템이 정직한 정부를 유지하는 데 결정적인 기여를 한다는 사실을 증명해 보였다. 정직하고 유능한 인재들이 선거에 뛰어들어 공무를 맡을 의지가 있는 한, 싱가포르는 앞으로도 깨끗하고 정직하게 남을 수 있을 것이라고 이광요는 주장한다. 이광요는 지도자들에 의한 솔선수범을 강조한다. 이러한 사상은 "맹자의 인정"(仁政)의 통치사상으

---

177) 『일류 국가』, p.247.
178) 『일류 국가』, p.248.
179) 『일류 국가』, p.248.

로 거슬러 올라간다. 맹자는 위정자들에게 말하기를 "의를 행하라" 그러면 백성들은 따를 것이며 국가의 정치·경제는 안정화 될 것이다.[180] 싱가포르가 깨끗한 것은 결코 겉모습뿐만이 아니다. 건국 이래 중개무역과 국제화된 서비스 업종을 국가산업의 중추로 육성해 온 이 나라는 분명히 자유분방한 현대국가이지만 매우 엄격한 사회 규율이 지켜지고 있는 나라이다. 동양적인 이 규율은 관료사회에서 더욱 엄격하게 적용되고 있다. 싱가포르 공무원들은 외국인의 초대에 잘 응하지 않는다. 뿐만 아니라 장관들도 공식적인 행사가 아니고는 파티를 여는 일이 없다. 뇌물수수란 있을 수도 없으며 선물조차 받지 못하도록 규정하고 있다. 외국손님이 주는 선물은 일정가격 이상의 값이 나가는 것은 반드시 신고해서 정부재산으로 귀속시키며, 그 물건을 꼭 갖고 싶은 경우에는 정부에 돈을 지불하고 매입하는 형태를 갖추어야 한다.[181] 이광요는 장관과 공무원들의 저임금이 아시아의 많은 정부를 파괴시키고 있다고 생각했다. 적절한 대우가 정치가와 고급공무원들의 높은 정직성에 필수적인 요건으로 간주하고 장관들의 급여는 높은 경제성장으로 상승한 민간기업 간부들의 소득과 비슷한 수준으로 끌어올렸다. 1979년이 되어 심각한 경제난에서 해방되자 이광요는 매달 2500싱가포르 달러이던 장관들의 봉급을 4500싱가포르 달러로 인상했다. 그러나 여전히 재정 긴축이 어느 정도 필요하다는 인식을 공직 사회에 심어주기 위해 이광요 자신의 월급은 3500싱가포르 달러로 이전과 같게 동결시켰다.[182]

이광요는 "젊은이 특히 대학생"들에게 그의 의지를 강요했다고 파킨슨(Parkinson)교수와 엔라이트(Enright)교수는 이광요를 비난했

---

180) 최지태, 『맹자학』 (서울: 을지서적, 1991), p.32.
181) 양승윤, 『동남아와 ASEAN』 (서울: 한국외국어대학교 출판부, 1996), p.139.
182) 『일류 국가』, p.253.

다.183) 예를 들어 1969년도에 "싱가포르에 히피가 있을 장소는 없다"고 공언했고 1970년에는 만약 외국인들이 히피로 행세하다가 적발되면 그들이 히피가 아니라는 사실을 당국에 납득시키지 못할 경우 체포되어 국외로 추방되었다. 이광요는 근면을 강조하면서 지역사회의 질서가 국가적 발전에 필수적 요소라고 주장했다.184) 이광요는 공무원은 복장과 머리를 짧고 단정하게 해야 하며 만약 그렇지 못할 경우는 면직된다.185) 국가형성과정에서 이광요는 끊임없이 국민에게 근면하라고 말했다.186)

중국과 같이 싱가포르에도 "붉은 소책자(Little Red Book)"187)가 있다는 것은 널리 알려지지 않았다. 이 책은 이광요가 생각하는 이상적인 시민들을 위한 안내서로서 『자경(自警)단원을 위한 행동강령(Code of Conduct for the Vigilante Corps Members)』이다.188)

---

183) Alex Josey, *Lee Kuan Yew: The Struggle for Singapore*(Singapore: Angusm & Robertson Publishers), p.63.

184) 위의 책, p.64.

185) 위의 책, p.68.

186) Josey, 앞의 책, p.208.

187) T. S. George, 『동남아의 최장기집권자 이광요』, 閔堯基(역) (서울: 남도문화사, 1988), pp.181-183.

188) 개념: 인간은 기본적인 욕구가 있다. 인간은 기본적인 의무가 있다.
기본적인 인간욕구: 음식, 물, 의류, 주택, 의약품, 교육, 안정.
국가는 우리의 기초적인 욕구를 충족시킨다. 싱가포르 공화국은 우리 사회이다. 우리는 우리의 정부를 선출하고, 정부는 우리 사회의 조직에 대해 책임이 있다. 우리가 우리의 기본적인 욕구를 얻는 것은, 우리를 위한 정부의 노력덕택이다.
안정은 기본적인 욕구다. 국민의 일정기간의 병역의무는 내부와 외부로부터의 위협을 막는 우리의 안전판이다. 모든 건장한 청년들이 우리의 국가를 위한 병역에 응한다면, 국가는 항상 위협에 대해 민첩하게 대응할 수 있을 것이다. 국민방위군, 특수경찰대와 경비군단은 만반의 국가 봉사태세를 갖춘다. 우리 자신이 훌륭한 개인, 이웃, 시민과 공무원으로 행동하려면, 각자 최선을 다한다는 우리의 표어에 맞는 생활을 해야 한다.

168

이광요는 효율과 규율을 강조하였고 싱가포르에서의 조치를 정당화하기 위해 신생독립국가들의 혼란을 사례로 제시했다. 도시국가 내에서 이광요는 광범위한 규율을 강요했고 국가생존을 확실히 하기 위해 민주적 절차의 범위를 축소하였다. 아주 민감한 정치적 문제 즉 국가안보, 징집, 공동체주의, 경제정책, 정치시스템의 구조 이외의 사안에 대해서만 토론과 반대가 허용되었다.189)

그리고 이광요는 사회가 깨끗하기 위해서는 그 사회를 이끌어 가는 지도자가 깨끗해야 한다고 판단하고 지도자가 먼저 모범을 보이는 정치를 펼쳐갔다. 부패를 제거하기 위해서 총리 산하 부패감시기구를 두고 부패를 저지른 사람들과 저지를 의사가 있다고 판단되는 자에게는 국가차원의 엄격한 법률집행으로 이를 사전에 차단했다.

이광요는 싱가포르에서 모든 부정부패를 제도적 장치를 통해서 척결하는 데 성공했다. 성실성은 싱가포르의 품질 인증표와 같은 것이라고 그는 주장한다. 그리고 깨끗한 정부를 만들기 위해서 지도자는 먼저 본보기를 보여야 하며 자신을 포함한 그 어느 누구도 법 위에 군림할 수 없다고 주장한다. 그의 이러한 정치사상은 맹자의 이(利)가 아닌 의(義)를 중시하는 사상과 통한다. 이광요는 부패통제를 위

개인적으로서: 규칙1, 열심히 일하라. 규칙2, 절제하라. 규칙3, 청결하라. 노동은 의무다. 아무도 생계를 신세져서는 안 된다. 충분한 자연식을 먹어라. 때로는 단식이 좋다. 뜨거운 물에서 목욕하는 것이 신체를 깨끗이 하는 데 좋다. 규칙적인 용변은 내장을 깨끗이 해준다.
이웃으로서: 규칙4, 참아라. 규칙5, 정직하라. 규칙6, 시민정신을 지켜라.
시민으로서: 규칙7, 국가를 알아라. 규칙8, 국민들을 알아라. 규칙9, 법에 순응하라.
공무원으로서: 규칙10, 품위를 지켜라. 규칙11, 임무에 충실하라. 규칙12, 모범이 되라. 이러한 훈계들은 이광요의 개성을 충분히 반영하는 것으로 훌륭한 시민과 공무원을 만들기 위해 필요한 정책들이다.

189) Buchanan B. A., *Singapore in Southeast Asia: An Economic and Political Appraisal*, (London: The Camelot. Press Ltd., 1972) p.289.

한 분명하고도 단순한 원칙190) 을 세워 부패를 방지했다.

3. EDB의 설치와 운용

여기서 말하는 전략적 실용주의(strategic pragmatism)란 모든 경제정책을 세울 때 장기적인 안목에서 장래에 발생될 위기 요인에 대한 시나리오를 작성하여 어떤 문제에 직면하더라도 즉각적인 대응이 가능하도록 만반의 준비를 갖추는 것을 말한다.191) 싱가포르는 국토가 작고 천연자원이 부족하다. 그러나 경제성장률은 아시아 국가 중 최고를 자랑한다. 미래의 발전 전망도 낙관적이다. 싱가포르의 이런 장점은 미래를 예측하는 능력과 변화에 발 빠르게 적응하는 능력에서 나온다. 싱가포르의 이광요는 미래에 닥칠 위기에 대비할 줄 알았다. 그래서 2, 30년 후에 닥칠 고령화 사회에 대비했고, 인재유출을 막기 위한 대책도 마련했다. 싱가포르 정부는 항구와 비행장을 건설할 때도 자신들의 결점을 찾아 최선의 방책을 강구했다. 그렇게 해서 막강한 경쟁력을 유지할 수 있었다. 강한 위기의식은 싱가포르를 지속적으로 발전시키는 최대의 원동력이다.192) PAP지도자들은 '도시국가의 경제적 생존'이야말로 국가생존 및 PAP 정권유지의 첩경이라는 인식하에, '생존의 정치'의 중점을 '경제생존'에 두고 모든 정

---

190) ① 공무원의 특권을 최소화
　　② 분명하고 단순한 룰 설정
　　③ 공무원들이 공정하게 임무를 수행하도록 훈련
　　④ 공무원들이 뇌물을 받지 않도록 충분한 봉급을 지급

191) Schein, 앞의 책, p.175

192) 나길보, 송철규 역, 『제갈공명처럼 생각하고 행동하라』 (서울: 예문, 2001), p.124.

170

치적 역량을 경제발전에 집중하였다. 경제이념적으로는 영국식 자유방임주의도 아니며 개인소유를 금하는 사회주의 방식도 배척하는 대신 자유시장주의와 국가개입주의를 통합한 '반(半)사회주의·반(半)자본주의적 실용주의(half-socialist, half-capitalist pragmatism)'를 국정운영의 기본원리로 채택하였다.[193] 중앙집권적 정치 풍토 하에서 모든 경제정책들은 외부로부터의 영향이 차단된 가운데 비밀리에 결정되고 일관성 있게 집행되었다. 그렇다고 싱가포르의 경제정책이 정치논리에 좌우되거나 융통성 없이 집행된 것은 아니다. 오히려 고도로 기술관료화된 행정국가의 구조적 특성상, 모든 경제정책들은 정치성이 배제된 상태하에서 경제적 합리성에 따라 결정되고 국내외 경제환경의 변화에 적응하여 매우 신축적으로 조정되면서 흠 없이 집행되었다.[194]

이광요가 공직에 몇 년간 있은 후 그는 싱가포르 내에 서로 다른 민족들 사이에 실적이 상당히 다르다는 것을 인식했고 같은 민족 내에서도 부문별로 차이가 난다는 것을 인식했다. 불평등과 실패를 줄이려고 여러 가지 방법을 시도한 후에 그는 결정적인 요소는 국민들이며 그들의 타고난 능력, 그리고 교육, 훈련이 경제적 성취의 결정적인 역할을 한다는 것을 발견했다. 지식과 기술은 부의 창조에 필요 불가결한 요소이다. 싱가포르 경제는 경제기획청(EDB)을 중심으로 이루어졌다고 해도 과언이 아니다. EDB는 1961년에 싱가포르 지도자들에 의해서 세워진 준 정부적 기관으로 외자유치와 선진기술을 흡수하는 계획을 수행하기 위해 설립되었다. 이광요는 이렇게 언급했다.

---

193) Neher, 앞의 책, p.147.
194) 위의 책, p.148.

영어를 공용어로 채택한 것 외의 또 하나의 중요한 결정은 다국적 기업을 유치키로 한 것인데 이는 싱가포르 상황에서는 정말 현실적인 결정이었습니다. 싱가포르 기업인들이 세계적인 기업들의 기술수준이나 경영능력, 마케팅 전략들을 따라가기에는 상당한 시간이 걸릴 거라고 판단했기 때문이에요. 영국 등 유럽을 비롯해 미국, 일본은 우리보다 한참 앞서 있었으니까요. 우린 시간이 없었어요. 그래서 그들의 노하우를 어떻게 하면 빨리 받아들일까 고민하다가 외국의 대기업들을 불러들여야겠다고 판단했던 겁니다.[195]

EDB는 싱가포르 경제성장의 형성과 실행에 실제적 공헌하였고 이러한 과정에서 보여주는 것은 리더십차원뿐만 아니라 인간요인의 중요성을 보여준다. 싱가포르의 사실상 경제 기적 메커니즘을 보려면 리더십행위 이상을 보아야하고 그 당시 경제적 특수상황을 보아야 한다. 이 조직에서 중요한 것은 싱가포르의 정치·경제를 변화시킨 것뿐만 아니라 싱가포르 정부와 사기업의 주요 지도자들을 양성한 점이다. EDB는 236명의 경영자들과 고위관료들 그리고 183명의 지원활동을 하는 관료, 서기, 비서, 운전수, 그리고 다른 지원 인력으로 구성된다. EDB는 1961년 싱가포르 의회에 의해 "법제위원회"로 탄생되었고 법제위원회로서 EDB는 정부기업의 지위를 가지고 있기 때문에 다른 정부 기관보다 행정상의 더 많은 유연성을 누리고 있다.[196] 그것은 공무원구조를 벗어나 그 자체의 월급 체계를 가지고 있어 정부의 모든 절차를 따르지 않고도 여러 가지 사업을 전개할 수 있는 자율성이 부여되어 있기 때문이다. 이 위원회는 매달 만나 조직에 관한 검토 및 코멘트를 하고 그 조직에 의해서 제기된 결정

---

195) 송선근(외), 앞의 책, p.67.

196) EDB의 본부는 싱가포르에 있고 뉴욕, 샌프란시스코, 로스앤젤레스, 시카고, 워싱턴, 보스턴, 런던, 파리, 프랑크푸르트, 밀라노, 스톡홀름, 홍콩, 도쿄, 오사카, 자카르타에 사무실을 가지고 있다.

들을 비준한다. 수년 동안 싱가포르의 상징은 '싱가포르회사'였으며 그 나라를 마치 사업체와 같이 운영하려는 싱가포르의 노력을 반영한다. 현재 그러한 상징은 더욱더 야심적인 것으로 대체되었는데 그것은 '끝없이 뻗어 가는 싱가포르'이며 제조업을 위해서 외자를 유치하는 것 이상의 전략적인 공세를 반영한다. 싱가포르의 외형적 규모와 원자재 부족, 내수시장의 부족, 노동력의 부족 한계를 극복하고 싱가포르는 그 이웃나라와 협조하여 투자자들을 위해 매력적인 저비용 제조기회를 제공하고 있다. 국가 기반을 확충하기 위해 싱가포르는 마케팅, 조사, 기술개발 등의 부가가치 활동을 고무시키고 다국적기업이 싱가포르에 상주할 수 있도록 장려한다.

여기에서는 싱가포르가 공동체주의적 발전전략을 EDB란 제도를 통하여 어떻게 실행했는가에 대해서 살펴보려고 한다. 이광요는 EDB란 제도를 통하여 효율을 낳는 문화를 형성하여 그 문화를 각 정부부처와 사조직기관에 침투시켰다. 이광요는 경제발전을 촉진시키는 데 있어서 EDB와 같은 제도가 중요하다고 판단했다.[197] 전택

---

197) 경제발전에 있어서 제도는 경제활동에 많은 영향을 미치는 관행과 습관을 결정하므로 제도의 형성과 재형성에 대한 연구를 중시해야 한다는 주장을 제도학파라고 부른다. 여기에는 베블런(Veblen), 커몬스(Commons)와 같이 인류학적 관점에서 경제를 조망하여 경제활동을 문화활동의 일부로 보는 구제도학파와 윌리암슨(Williamson), 노오쓰(D. North) 등과 같이 신고전파적 입장에서 개인의 합리성과 시장의 균형을 가정하면서 제도가 경제활동에서 발생하는 외부성을 내부화시켜 준다는 점을 강조하는 신제도학파가 있다. 베블런(Velon)은 문화가 매우 중요하며 예술활동뿐만 아니라 일상생활을 지배하는 것으로 보고 있다. 호즈슨(Hodgson)은 경제분석단위를 개인이 아니나 스스로 강화해 가는 제도로 보았다. 그 이유는 인간들이 제도에 의해 결정되는 관습이나 관행에 따라 행동하는 측면이 지배적이라고 보기 때문이다. North는 한 사회에 있어서 인간 상호간의 협력을 유도하도록 스스로 설정한 제약이며 일종의 게임의 규칙과 같은 것으로 경제의 인센티브 구조를 구축하며 이 구조의 변화에 따라 한 경제가 성장하느냐 아니면 후퇴하느냐가 결정된다는 것이다. 윌리암슨

수 교수는 「정치·경제발전과 문화」라는 그의 논문에서 "제도는 기술과 자원부존량 그리고 문화의 변화를 통해 경제발전에 간접적으로 영향을 미칠 수 있다"고 주장하여 경제발전에 있어서 제도의 간접적 중요성을 강조하였다.198) 이러한 제도를 운용하는 것이 바로 리더십인데 리더십은 제도를 창출하기도 하며 파괴하기도 한다. 그 과정에서 리더는 리더자신의 창의적인 능력에 따라 새로운 조직 문화를 형성해간다. 이와 같은 맥락에서 이광요는 싱가포르의 경제발전을 위하여 EDB를 설치하고 효율적 조직문화창출에 성공하였다. 이러한 제도적 정비와 효율적인 조직문화창출이 경제발전과 효율성제고에 어떠한 영향을 미쳤는가에 대한 문제의식에서 출발하여 EDB의 역사적 배경, 그리고 EDB의 조직문화의 특징에 대해 구체적으로 논의하기로 한다.

(1) EDB의 역사적 배경

EDB는 우여곡절이 있었지만 30여 년의 역사 동안 자신감이 있고 성공적이며 사기가 충만한 조직이다. 여러 정부 조직 가운데 가장 많은 자율성을 누렸고 봉급도 가장 많이 받는 엘리트주의 속성이 강한 곳이다. 요약하자면 EDB는 싱가포르가 요구하는 일을 하는 곳으로 투자자를 유치하는 것이 기본적인 사명이었다. 싱가포르에 투자하는 투자자들에게 비치는 EBD의 이미지는 다음과 같다. 싱가포르

(Williamson)은 모든 거래에는 비용이 따르며 거래에 있어서 위험의 가능성을 최소로 줄이고 거래비용을 줄이는 효율적인 제도가 필요하고 했다. 전택수, 「정치·경제발전과 문화」(성남: 한국정신문화연구원, 1998), pp.115-117.

198) 위의 글, p.118.

174

주재 모빌사(Mobil Corporation)의 한 CEO는 1993년 전화인터뷰에서 다음과 같이 밝혔다.

> 싱가포르의 전반적인 사업 환경이 좋지만 EDB는 투자자들에게 선구자적인 지위를 부여하고 있는데 예를 들어 5년간 세금 감면은 이 지역의 다른 어떤 나라보다도 우리로 하여금 싱가포르에 투자 하도록 만들며 비록 우리 회사는 다른 나라에서도 사업을 전개하고 있지만 대규모 투자에 있어서 싱가포르보다 더 나은 경제환경과 수출 장소를 제공하는 나라는 없습니다.[199]

외국투자자들에게 감명을 주는 사실은 싱가포르가 단순히 투자자들만 원하는 것이 아니라 EDB의 가치관과 규칙을 "팔 수 있도록" 결코 다른 것들과 타협하지 않았다는 것이다. 이광요는 일본점령군의 통치시 일본군의 잔인함을 생생히 기억하면서도 일본과 1969년 외교관계를 수립했다. 그는 사토가 관계개선을 위해 싱가포르를 방문했을 때 "싱가포르는 열심히 배우기를 원하며 현대의 발전된 세계공동체로 발돋음 하기 위해 훈련받고 다듬어져야 한다"고 언급했다.[200] 일본 아사히신문(Asahi Shimbum)은 한때 이광요 수상을 해외중국인뿐만 아니라 동남아전체에서 상당한 영향력을 행사하는 실용적 정치가로 그를 묘사했다.[201] 싱가포르의 사기업은 이광요와 고위층 그리고 EDB의 강한 영향력을 받고 있다. 조직운용방식은 탑다운 방식과 서구의 이론인 하위층의 높은 참여의 두 가지 모델이 절묘하게 절충되어 관료체계의 경직성에서 벗어나 효율적인 조직을 유지하고 있다. 팀웍을 강조하고

---

199) Schein, 앞의 책, p.22.

200) Alex Josey, *Lee Kuan Yew: the Struggle for Singapore*(Singapore: Angus & Robertson Publishers, 1980), p.19.

201) 위의 책, p.21.

내부적으로 분과가 없는 EDB 조직이지만 보상과 승진 시스템은 개인적인 업적을 강조하고 있다. 일선에서 일하는 관료들은 고객 서비스 역할과 판매역할을 관장하는 전문가로서의 역할을 감당하고 EDB 조직은 수집된 정보를 전체적인 전략에 맞도록 결정하는 역할을 함으로써 중앙집권적인 면모를 보여주고 있다.

이광요 수상은 국부를 창출하기 위해 경제기획시스템인 EDB를 설립하도록 했고 EDB는 독특한 조직문화를 통한 인재양성으로 효율적인 조직문화를 싱가포르 각 정부부처에 형성했을 뿐만 아니라 외자를 성공적으로 유치하여 싱가포르 경제발전의 견인차 역할을 잘 감당하였다.

이광요는 정부가 해야 할 일은 국가의 목표와 방향 그리고 활동방식을 분명하고 명확하게 해서 이끌어 가는 것이라고 정부의 역할을 분명히 정의했다. 이광요의 오른팔 격인 고켕쉬는 경제담당으로 EDB조직을 구상하고 설립하는 데 주도적 역할을 했다. 이처럼 EDB도 이광요 및 PAP초대 지도자들의 행동과 신념들을 통해 그 조직문화가 발전해 왔다. 싱가포르의 경제활동에 있어서 국가간섭의 역사적 기원은 PAP의 정책에서부터 비롯된다. 인민행동당(PAP)은 싱가포르를 약 25년간 다스렸는데 기술관료정치(Technocracy)에 강한 신념을 가지고 있었다. 인민행동당은 합리적인 기술전문가들만이 그 나라의 사회적 그리고 경제적 문제를 해결하는 가장 좋은 방법이라고 믿었다. 사회·경제발전과 국가형성은 엄격히 선택되고 잘 훈련된 실력엘리트의 지도하에 경제 시스템과 정부의 작업이 긴밀하게 공조해서 이루어졌다고 할 수 있다. 싱가포르 정부는 경제발전을 이룩하는 데 필요한 것은 EBD라는 시스템을 통해서 경제성장을 추진하고 관리해야 한다는 것이다. 이러한 가정은 EDB를 만들기 전 영국유학시절 친구들과의 관계망(network)에서 발전된 것이다. 이광요의 그러한 네트웍(network)은 학창시절부터 친한 친구인 고켕시(Goh Keng Swee)와 함께 시작하였다.

이광요는 인민행동당을 1954년에 만들었고, 그 당은 1959년 총선에서 승리하였다.202) 이광요는 여러 노동그룹의 변호사였으며, 1950년 그는 싱가포르 독립을 쟁취하기 위해 힘쓴 정치가였다. 비록 그가 영국교육의 영향을 많이 받았지만 그는 궁극적으로 싱가포르는 식민지의 굴레를 벗어 버려야 한다는 것을 인식하고 있었다. 1950년대에 싱가포르는 전후 갈등과 중국에서 공산주의의 급속한 성장 때문에 정치적으로 혼란한 시기였다. 싱가포르에 살고 있는 중국인들은 태도와 교육수준 그리고 배경이 다른 두 파로 나누어져 있다. 다수파는 영국의 식민지 하에서 성장했고 영어만을 사용하며 외국에서 교육받은 엘리트였다. 리(LEE)와 고(GOH)는 이 파에 속했고 다른 한 파는 최근에 싱가포르에 이주한 본토 중국인들로 중국방언을 사용하고 더욱 국수적이며 공산주의 주창자들이었다. 왜냐하면 공산주의가 중국의 문화적 유산을 보전할 수 있는 최상의 대안이라고 생각했기 때문이다. 공산주의자들은 싱가포르 노동조합에도 침투했고 정기적으로 파업을 주도했다. 이광요가 정권을 잡자마자 그는 국가의 안보를 위해 공산주의를 뿌리 뽑아야 한다고 생각했다. 1993년 5월에 인터뷰한 것처럼 이광요는 그들과의 사상논쟁에서 이길 수 없다고 생각하고 공산주의와 싸우는 가장 좋은 방법은 사람들에게 일자리와 주택을 제공하는 것이라고 강하게 믿게 되었다.203) 경제발전은 싱가포르 미래에 대한 해답이 될 수 있을지 모르지만 경제발전을 이

---

202) Raj Vasil, 앞의 책, pp.45-49.
203) Schein, 앞의 책, p.31.

루기 위해서는 이광요가 간파했듯이 정치적 안정을 필요로 하고 정치적 안정을 위해서는 강력한 집권정부가 필요하다는 것이다. 초기 싱가포르 지도자들은 낙후된 경제상황을 호전시키기 위해 다른 나라로부터 배우는 데 충실했다. 1960년 고켕쉬(Goh Keng Swee)는 싱가포르를 둘러보게 하기 위해서 UN경제자문팀을 초청했다. 이때 네델란드의 사업가 알버트 윈세미우스(Albert Winsemius)가 UN경제자문팀의 단장이 되어 5년 동안 400개 이상의 외국회사들을 싱가포르에 유치하는 성과를 올리게 되었다. 1965년 고(Goh)는 빈세미우스(Winsemius)에게 감명을 받아서 UN경제자문팀의 임무가 끝난 후에도 컨설턴트로 그를 싱가포르에 머무르게 하였다. 이러한 관계는 1980년에 이르기까지 지속되었고 이 기간 동안 빈세미우스는 많은 중요 전략적 결정의 실행에 영향력을 행사했다.[204]

　이광요는 노사가 서로 싸우면 아무 문제도 해결할 수 없을 것이라고 판단하고 그는 과격한 노동자지도자들과 긴밀히 협력해서 협력조항을 만들었다. 이러한 결정이 싱가포르의 모든 부문에 걸친 경제발전에서 성공할 수 있도록 협력하고 정부는 그러한 협력이 잘 이루어지도록 강력한 역할을 했다. EDB가 이광요의 기획에 의해 1961년에 처음 만들어졌을 때 첫 번째 전략은 노동집약적인 제조회사를 유치함으로써 일자리를 창출하고 외국인 투자자들에게 매력적인 노사 간의 협력하는 분위기를 만들기 위함이었다. EDB란 이름은 재정부장관 고켕쉬(Goh Keng Swee)에 의해서 정해졌고 정부의 간섭을 허용하면서 동시에 경제개발활동에 독립성을 부여하였다.[205] EDB의 원래의 목적과 조직의 구조는 1961년도 제출된 EDB의 첫 번째 연례보고서에 명시되었다.

---

204) 『자서전』, p.385.
205) Schein, 앞의 책, p.37.

178

"이 위원회의 주요기능은 싱가포르에서 새로운 산업 설립을 장려하고 경제발전을 가속화하기 위함이다." EDB의 구조는 유럽의 시스템인 활동위원회를 모델로 하고 있다. EDB의 첫 위원장으로 혼수이센(Hon Sui Sen)의 임명은 EDB문화가 발전해 가는 데 있어서 중심적인 역할을 할 사람들에게 지녀야 할 태도를 반영하게 하였다는 데 그 의미가 있다. 혼수이센이 성실하고 지혜로운 사람이라고 평판이 나 있는 것은 공무원 세계뿐만 아니라 세계적으로 규율이 있는 정부, 부패가 없는 깨끗한 정부라는 것을 드러내는 데 중요한 사실이다. EDB의 첫 번째 국장은 이스라엘의 산업기획 개발청(Industrial Planning Development Board)의 위원장인 메이어(Mayer)씨를 고촉동씨가 임용하여 EDB의 첫 번째 관리국장(Managing Director)이 되게 하였다. 메이어(Mayer)씨는 싱가포르의 자산을 여덟 가지로 꼽았다.206) EDB 멤버는 이러한 척도로 직원들을 보살펴 싱가포르를 발전시키기 위해 계획하며 싱가포르 국민들로 하여금 분발하여 일어서게 하고 싱가포르에 투자할 투자가들을 전 세계로부터 찾았다. 쉐인(Edgar H. Schein)은 EDB를 형성한 지도자들의 태도 및 신념을 다음 7가지로 요약한다.207)

① 다른 사람들로부터 배우려고 하는 의지 그리고 도움을 수용함.

② 인재를 발굴하기 위해 국민들과 그들의 특수한 재능에 관해 관

---

206) ① 부패가 없는 안정된 정부
　　② 영국을 모델로 한 효율적인 공무원제도 그리고 혼수이센(Hon Sui Sen)의 만다린어 전통이 가미된 점
　　③ 그 산업발전을 위한 활동에 적절한 재정지원
　　④ 세계에서 다민족사회 가운데 하나인 점
　　⑤ 전통적으로 열심히 일하는 인구(이광요에 따르면 싱가포르는 동남아시아에서 점심식사 뒤에 낮잠을 자는 전통이 없는 유일한 국가라고 함)
　　⑥ 교육이 중시되는 사회풍토
　　⑦ 우수한 지정학적 위치

207) Schein, 앞의 책, pp.43-44. 참조.

심집중.

③ 교육과 훈련에 충실.

④ 싱가포르를 경제적으로 발전시키려는 단순한 목적과 정치적으로 그것을 성취하는 데 필요한 어떤 것이라도 수행하려 하는 의지.

⑤ 경제적 전략의 요소를 유지하기 위해 관계의 네트웍을 형성.

⑥ 장기적 계획을 작성하려는 의지와 그리고 그것을 위해 노력하는 인내력 동시에 단기 적으로 필요한 어떤 것이라도 실용적으로 실행함.

⑦ 영어를 실용어로 채택하면서 세계화에 대한 충실.

경제발전 계획에 앞선 최우선 과제는 정치적 안정이라는 사실을 절감한 이광요는 그가 정치·경제 전략을 결정하는 데 있어서는 독단적인 결정을 하지 않았다. 싱가포르의 경제발전은 외국에서 교육받은 젊은 싱가포르 사람에 의한 결과였다. 비록 싱가포르가 민족기원 상 중국인이 대다수로 구성되어 있지만 이광요는 몇몇 서로 다른 문화적 전통을 이용하고 혼합하려 하였다. 이러한 혼합에는 영국문화의 역할이 중요한데 싱가포르가 영국의 식민지일 뿐만 아니라 수많은 지도자들이 영국에서 교육을 받았다는 사실을 간과해서는 안 된다. 싱가포르 지도자들은 외국투자자들을 끌어들일 수 있도록 싱가포르를 정치적으로 안정시키고 국민들을 국제 시민으로 교육시켜 안전하고 깨끗한 장소로 만들어 나갈 장기 전략을 세우고 실천했던 것이다.

(2) EDB의 조직문화

EDB는 싱가포르 엘리트들이 실제로 리더십훈련을 받는 기관이었

180

고, 싱가포르 정부부처뿐만 아니라 사조직 조직문화의 모태이기 때
문에 EDB의 조직문화를 모르면 싱가포르의 조직문화를 이해할 수
없다. 서구의 시각에서 보면 싱가포르 경제의 견인차 역할을 한
EDB의 조직문화는 한마디로 패러독스와 이례적인 것들의 조합이지
만 그 암묵적인 가정은 서로 양립하며 조직이 효과적으로 움직이도
록 한다. 조직문화는 조직이 환경적응과 내부통합을 해나가는 과정
에서 형성되는 조직구성원들이 공유하는 가치로서, 이는 조직의 신
화, 상징 그리고 행동양식으로 표출되고 그 조직의 특성을 결정한
다.208) EDB가 싱가포르 경제발전에 탁월한 업적을 가지고 있는 것
은 EDB 내부의 독특한 분위기이다. 처음 EDB의 사람들과 접촉하면
그들의 원기 왕성함, 강인함, 열성, 긍정적 사고, 어떤 난관도 헤쳐가
려는 의지, 어떤 일이 발생하더라도 신속히 대응하는 준비의 철저함
에 감명을 받는다. 이광요는 1993년에 한 인터뷰에서 다음과 같이
언급했다.

국민들의 자질은 국가의 흥망을 결정한다. 당신이 국민들을 어떻게
선택하는가, 그들을 어떻게 훈련시키는가, 어떻게 그들을 조직화하는
가 그리고 궁극적으로 그들을 어떻게 관리하는가에서 차이가 난다.209)

문화는 리더들에 의해 창출, 관리하고 필요한 경우엔 그 문화를
파괴하는 일이다.210) 문화와 리더십은 동전의 양면과 같은 것으로

---

208) Geert Hofstede, 차채호·나은영 역, 『세계의 문화와 조직』(서울: 학지사,
　　 1995), p.43.

209) Schein, 앞의 책, p.35.

210) 베블런(Veblen)이나 커먼스(Commons) 등과 같은 구제도학파들은 경제에
　　 서 문화의 위치를 더욱 중시하였던 반면, 신 제도학파는 그 정도에 있어서
　　 다소 약하다. 노쓰(North)는 문화를 개인행동에 영향을 미치는 지식, 가치
　　 등의 세대 간 이전으로 의미하였고, 윌리암슨(Williamson)은 문화를 고용자

그 어느 한쪽만으로는 제대로 이해될 수 없다. 리더가 수행하는 업무 가운데 가장 중요한 것은 '문화를 창조하고 관리하는 일이며, 문화를 다룰 수 있는 능력이야말로 리더만이 가지는 독특한 재능인 것이다.[211] 따라서 본 연구에서 조직문화를 '리더에 의해 만들어지거나 파괴되는 구성원들의 공유가치 및 행동체계'로 정의하고자 한다.[212] EDB의 내부직원과 경영진들은 '할 수 있다'는 신념을 가지고 있는데 이러한 '할 수 있다'는 정신은 EDB에서 일하는 관료들을 슈퍼맨 또는 슈퍼우먼으로 나타낼 정도로 EDB의 신비로운 상징이 되고 있다. EDB가 탁월한 업무수행능력을 보여준 내면에는 다음과 같은 조직상 강제되는 문화가 존재한다.[213] (〈표 4-4〉 참조)

가 고용인들로 하여금 기업의 목적을 이해하게 하여 기업활동에 최선을 다하게 만드는 사회적인 조건으로 파악하여 관계적인 조건에는 중요하나 위계질서에는 중요하지 않는 것으로 보았다. 전택수, 앞의 책, p.126.

211) Edgar H. Schein 저·김세영 역, 『조직문화와 리더십』(서울: 교보문고, 1990), p.26.

212) 흔히 사용되는 조직문화는 다음과 같은 것들이 있다.
  1. 사용하는 언어라든가 경의와 태도 등을 둘러싼 의식 등과 같이 사람들이 상호 작용할 경우 나타나는 '행위의 규칙성'
  2. 작업집단 속에서 발견되는 '규범(Norms)'
  3. 한 조직에서 신봉하는 '지배적인 가치관(dominant values)'으로 '제품의 품질(product quality)'이나 '가격 선도(price lesdership)'와 같은 것들
  4. 종업원이나 고객에 대한 조직의 정책방침을 이끄는 '철학'
  5. 신참자가 조직의 구성원으로 용인되기 위하여 알아야 할 그 조직 내의 '절차들(the ropes)', 즉 그 조직에서 어울리기 위해 필요한 게임의 '규칙들'
  6. 조직의 물리적 설비 및 그 조직의 구성원들이 고객이나 외부인들과 접촉하는 방식에 의해 한 조직이 전달하는 '느낌 또는 분위기'. Edgar H. Schein, 앞의 책, p.31.

213) EDB의 문화적 강제사항
  ① 장기 전략적 안목을 가지고 팀을 조직 할 능력이 있으며 팀원의 능력을 최대한 활용할 수 있는 특별한 리더십함양
  ② 국가건설의 임무에 전적인 충성

<표 4-4> EDB 조직문화 특성

전략적 실용주의	싱가포르의 위기요인을 장기적 안목에서 분석해서 대응
EDB의 사기업에 대한 관할권	강한 관할권 행사
비관료적 관료체계	위에서 아래, 아래에서 위로의 방식이 묘합을 이루어 관료체계의 경직성에서 벗어나 효율적인 조직체계를 이룸
개인주의적 전체주의	팀웍을 강조하고 내부적으로 분과가 없는 조직이지만 보상과 승진 시스템은 개인적인 업적을 강조함
분산된 중앙집권주의	일선에서 일하는 관료들은 고객 서비스 역할과 판매역할을 관장하는 전문가이지만 EDB조직은 수집된 정보를 전체적인 전략에 맞도록 결정하는 역할을 함으로써 중앙집권적 면모를 보여줌
조절된 개방주의	'적절한 개방'에 관해서 스스로 알아서 처신
완벽하지 못한 완벽주의	EDB멤버는 대중 앞에서 스스로 약점을 드러내지 않음

EDB 관료들은 공식정보시스템에 무엇을 넣을 것인가에 관해 어떻게 알고 있을까? 전화로는 무엇을 토론할 것인가? 얼굴을 마주 대해선 무엇만을 말할 것인가? 그리고 어떤 정보는 말하지 않을까? 개방에 관해서 어떤 종류의 비공식적인 규칙이 조직의 효율성을 유지하는 데 도움이 될 것인가? 에 관해서 EDB의 멤버들은 이러한 '적절한 개방'에 관해서 스스로 잘 알아서 처신하고 있다. 이광요는 완벽

③ 모든 일에 120% 충성
④ 고객과 거래에서 절대적인 프로정신
⑤ 고객들과 거래하는 데 있어서 마음을 다하는 성실성
⑥ 분명한 규칙과 부패의 근절
⑦ 정신적 강인함과 실패를 받아들이는 능력
⑧ 내부적으로 분과가 없는 조직
⑨ 팀웍과 의사소통의 개방성
⑩ 고객들을 위해서 한번 방문으로 모든 서비스가 이루어지는 업무체

주의자이며 그의 이러한 특성이 EDB의 조직문화의 한 특성이 되었다. Far Eastern Economic Review지(誌)는 다음과 같이 이광요를 묘사했다.

> 이광요는 완벽주의자이며 비록 그가 일솜씨가 서투름을 싫어하지만 아예 아무런 시도도 하지 않는 자에 대해서는 더 많은 화를 낸다.214)

EDB에 속한 사람들의 약점중의 하나는 대중 앞에서 스스로 약점을 드러내려고 하지 않으려는 것이다. 이러한 '주저함'이 말하는 것은 완벽하지 못한 '할 수 있다'는 정신을 암시하는 것이며 진정한 자기성찰이 중요한 약점을 노출시킬지도 모르기 때문에 오류의 깊음을 발견하는 것에 대한 두려움으로 약점을 덮어 버리는 역할을 한다. 이광요의 비효율과 무능력에 대한 혐오는 그의 정치리더십 스타일에 영향을 미치는 요소로 간주된다. 그가 PAP를 이끌 때 마음에 들지 않은 40대 공무원에 대해 국가의 이익을 위해 퇴직하도록 요청한 것은 효율에 대한 그의 강렬한 열망과 누구든지 자기가 맡은 일에 기대에 미치지 못하는 무능력에 대한 혐오를 표출한 사건이었다.215)

1) 팀웍: '개인주의적' 집단주의

EDB가 어떻게 움직이는가에 대한 가장 현저한 특징 가운데 하나이며 서구의 시각에서 보면 역설적이지만 가족에 관한 유교적 유산이 서구의 개인주의적 성격의 개념과 결합한 것이다.

---

214) Josey, 앞의 책, p.51.

215) Michael D. Barr, 앞의 책, p.11.

> EDB가 정의하는 가장 좋은 리더십은 팀을 형성하여 활동하는
> 것이며, 팀 구성원의 궁극적인 임무는 싱가포르가 선진국이 되도록
> 하는 데 공헌하는 것이라고 가정한다.[216]

이러한 가정이 의미하는 것은 실제로 EDB는 작은 조직이며 구성원들은 서로서로 도와야 그 기능을 다할 수 있다는 것이다. 그러나 팀웍에 대한 이러한 실사구시적인 이유는 팀 구성에 있어서 서구팀에서는 찾아 볼 수 없는 편안함이라는 문화적 경향에 의해서 특징지워진다. 동시에 EDB에서 일하는 사람들은 개인적인 성취가 높게 평가되는 환경에서 교육받았다. 그리고 그들의 개인적인 경력을 EDB 내에서 개발하도록 격려 받는다. EDB는 고용인 개개인의 필요를 충족시키려고 노력한다. 왜냐하면 개개인은 너무 중요한 것으로 간주되기 때문이다. 이러한 조직에서 성공적인 조직인이 되려면 서로 협력하는 능력과 진정한 팀플레이를 할 수 있어야 하며 동시에 개인적인 재능과 기술은 경력개발과 진급의 목적을 위해 최대한 활용해야 한다. 이러한 균형 있는 행위는 현명한 판단력과 발표력 그리고 문서작성능력 그리고 프로젝트를 위해 다른 사람들을 팀웍에 참여하도록 하는 설득력으로부터 나온다.

개인적인 성취는 포상과 다른 형태의 보상으로 인정되어진다. 하나의 업무를 처리하자면 인맥의 네트웍을 구축해야 하며 그렇게 하기 위해서는 지원네트웍과 정보네크웍을 형성하는 비공식적인 인간관계를 이용해야 한다.

2) 국제화된 기술관료

EDB의 최고책임자를 맡은 필립 야오(Philip Yeo)는 "가난, 긴장,

---

216) Schein, 앞의 책, p.180.

그리고 갈등은 인생의 필수적인 요소들이다. 따라서 문제해결을 위해서는 최고학벌을 가진 최고로 똑똑한 인물이 필요하다"[217]라고 말했다. 1969년의 EDB의 연례보고서에는 EDB가 당면한 경영과제에 대해서 기술되어 있다. 첫째, 세계경쟁력을 유지하기 위해 EDB의 구성원은 전 분야에 관해 더 넓은 시계를 가지도록 노력해야 한다. 둘째, 그러한 경험을 얻기 위해 그들은 외국으로 여행해야 할 뿐만 아니라 모든 분야에서 정교한 기술과 전문적 지식을 얻기 위해 더 많은 접촉을 해야 한다. 셋째, 그들은 점증하는 사회적 책임에 직면해야 하기 위해 책임감과 통찰력을 가지고 적극적이고 선도적인 역할을 해야 한다는 것이다. EDB경영에 있어서 승진과 고위직위를 선별하는 데 적용했던 선택기준을 살펴봄으로써 다음과 같은 공유된 가치들을 추론할 수 있다.[218]

① "최고의 지성"은 학구적 성취에 기초하고 있다.

② "세계화 마인드"를 가진 구성원은 해외교육과 해외의 사업 환경에서의 일에 대한 관심에 기초한다.

③ 기술이 있고, 훈련된 구성원은 그 사업에 있어서 전문적 기술 능력에 의해서 진급이 결정된다.

④ 개인적으로 높은 수준의 추진력을 가진 구성원은 예측이 불가능한 미지의 사업과 정부영역 사업에서 일하면 적합하다.

⑤ 팀웍과 다양한 문화 다양한 위계질서 그리고 모든 종류의 조직을 경험한 경영인과 관료들은 높은 수준의 대인관계기술을 가진다.

초기의 EDB지도자들이 이러한 모든 자질들을 분류기준으로 의식했는지 그리고 이러한 마인드를 가진 인재를 길러냈는지에 관해서는

---

217) Philip Yeo, "Singapore", *The Sunday Times*, 19 June 1994.
218) Schein, 앞의 책, p.183.

확실하지 않다. 그러나 분명한 것은 외부로 표출된 이론적 근거이다. 더욱 재미있는 사실은 해외유학을 다녀온 해외유학파를 선호한다는 것이다. 이광요나 고켕쉬(Goh Keng Swee)와 같은 지도자들은 다른 문화와 접촉하는 것이 얼마나 중요한 경험인가를 알고 이러한 모델을 제시했다.219) 이러한 삶의 경험이 싱가포르 사람들로 하여금 서구의 경영자들의 마음을 이해하게 하고 그렇게 함으로써 다국적 기업에 어필하는 사회하부구조를 구축할 수 있었기 때문에 EDB의 관리들은 국제화된 경제학이나 사회학에 익숙해야 했다. EDB에서 일하는 싱가포르인은 영국, 중국, 말레이, 인도 등에서 자랐기 때문에 다국적 문화에 익숙했다. 싱가포르의 네 개의 주요 인종그룹들과 많은 다른 종교들을 통합해야 하는 다원적 정치환경은 서구인들과의 사업추진을 용이하게 했다. 젊은 싱가포르인들에 대한 문화적 세련화가 수월한 것은 대학교육에서 일본, 유럽, 그리고 미국으로 유학갈 때 정부의 장학금을 이용할 수 있기 때문이다. 만일 젊은 싱가포르인이 캠브리지 A레벨의 시험에서 고득점을 얻으면 그들은 이러한 해외장학금 가운데 하나를 받을 수 있다. 만일 그들이 비영어권 국가로 유학 간다면 그들은 언어를 배우는데 1년여 간을 보내고 나서 그 나라에서 대학교육을 마칠 수 있다. 이러한 장학금을 받은 학생은 5년 이상 정부에서 일해야 하는 의무사항을 지켜야 하기 때문에 EDB가 인력을 필요로 할 때 훌륭한 인재풀이 형성된다. 이러한 높은 재능의 개인들을 양성하고 모집하는 데 대한 관심은 EDB가 처음 형성되었을 때 이광요 그 자신이 혼수이센과(Hon Sui Sen), 고켕쉬에게 표명한 것이며 부차적인 관심은 공무원은 사기업이 어떻게 그들의 경영능력을 개발하고 습득하는가에 대해 배울 필요가 있다고

---

219) 위의 책, p.184.

했다.(〈그림 4-2〉 EDB문화 형성 및 파급 개념도 참조)

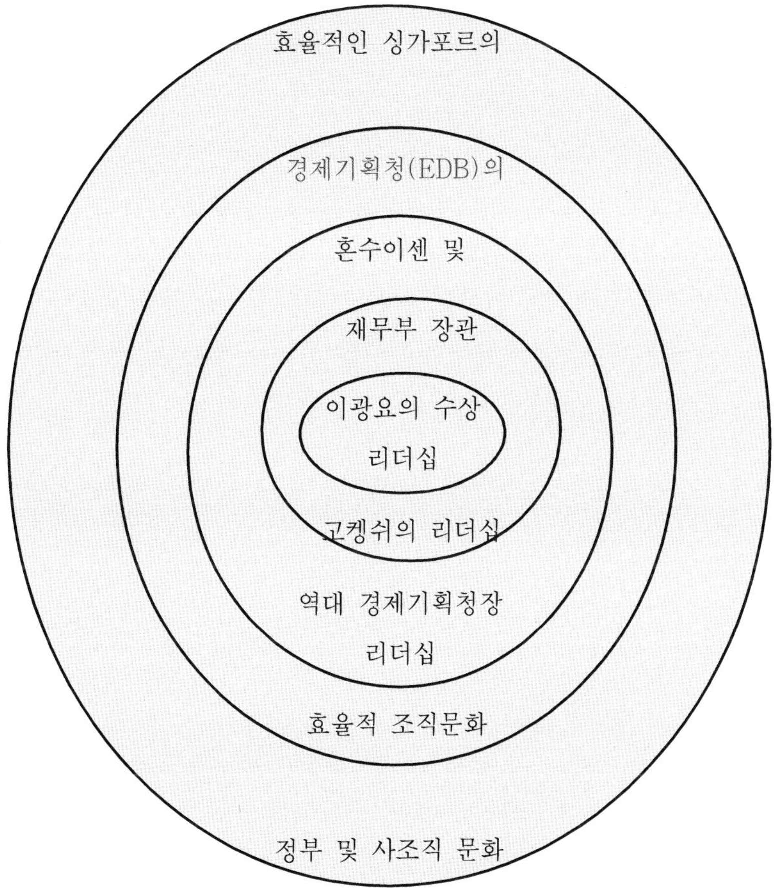

〈그림 4-2〉 EDB문화 형성 및 파급 개념도

EDB관리들의 가장 현저한 특징은 말과 글로 의사소통 할 수 있는 능력이다. 대부분의 업무는 분명히 판단하고 결론을 명확히 해서 다른 사람들에게 설득시키는 작업이며 이러한 세 가지 자질이 부족하면 즉각적으로 불이익을 받는다.[220] EDB 최고의 지성이라는 문맥은 좋은 아이디어를 의미하는데 좋은 아이디어라는 것은 창의력이 있으며 이치에 가장 합당한 것을 의미한다. 암묵적으로 실력주의라는 개념은 지도자들이 똑똑하다는 것을 의미하며 사회를 위해 그들이 무엇을 하고 있는지 자각하여 바른 일을 하는 것이다. 현명한 문제해결에 대한 노력과 계획은 EDB관료들과 경영자들에게 깊이 각인되어 있다. 고객들을 위한 윈윈(Win-Win)개념은 단지 진부한 구호나 저급한 타협이 아닌 진정으로 모든 사람들에게 이익을 가져올 문제해결을 위한 새로운 방법이다. 공표 되는 다양한 사회정책을 위해 논리적인 설명을 하는 데 많은 강조점이 주어지며 그러한 정책들이 변하면 캠페인도 그것을 이해시키기 위해 변화를 수반한다. 그들이 권력을 행사할 때 그들은 권력행사를 논리로 정당화하며 만일 논리가 타당하지 않거나 결과를 얻는 데 실패하면 그들은 더 나은 대안을 찾는다. 싱가포르에서 지도자들은 자신들의 부하보다 생각이 뛰어나야 하며 부하들로부터 그들의 우수한 논리와 명확성을 통해 존경을 얻을 수 있어야 한다.

3) 부서 간 소통이 원활한 조직운용

EDB는 처음부터 의사결정에 필수요소로서 제시간에 정확히 그리고 다양한 정보를 강조해왔고 종종 분과 없는 조직의 개념을 가지고 있었다. 이러한 원칙 이면에는 두 개의 암묵적인 가정이 있는데 그 하나는 내부적 활동에 관한 것이고, 나머지 하나는 분과협조에 관한 문맥상의 전제조건과 연관된다.

---

220) 위의 책, p.187.

　　EDB는 그것을 효율적으로 운용하기 위한 유일한 방법은 모든 경영자들 관료들 그리고 다른 관련된 고용인들이 항상 모든 프로젝트에 관해서 완전히 알고 있어야 한다는 것이다. EDB가 기능을 완수하는 유일한 방법은 개인 그리고 노동부문뿐만 아니라 정부의 다른 여러 부문에 이르러서도 열린 통로를 유지하고 개발하는 것이라고 전제하는 것이다.[221]

　EDB의 문화적 전제조건은 투자와 투자자들에 관한 빠르고 신속한 결정을 내리기 위해서 어떤 프로젝트이든지 간에 모든 관련된 정보를 의사결정과정에 참여하는 조직구성원과 고위 정책 결정자들이 이용할 수 있도록 하는 것이다. 이러한 전제조건은 EDB가 이룩해온 지구적 의사소통 시스템을 기조로 하여 정보도 효율적으로 중앙에 모이고 축적되도록 하는 표준화된 보고시스템을 가능하게 했다. 가장 중요한 것은 "EDB구성원은 모든 관련된 정보를 공적으로 유용하게 사용해야 하며 개인적 통제와 권력으로서 사용해서는 안 된다는 것이다."[222] 그러므로 EDB관료들은 프로젝트를 위태롭게 할 수 있는 정보가 세어나가지 않도록 단속한다. 그러한 맥락에서 EDB사람들은 개방적이지만 중요정보를 스스로 판단하여 핵심인물에게 전화 또는 개인적으로 복도에서 전달한다. EDB관료는 그들의 경력초기에 서열에 있어서 높은 사람들을 건드리지 않고 고객의 신용을 노출시키지 않으면서 완전한 개방으로 보이도록 학습한다. EDB 내부에 선택된 가치는 EDB가 가능한 한 내부에 분과가 없는 조직이 되도록 될 수 있도록 하는 것이며 싱가포르에는 그 다양한 조직들이 경계가 없어야 한다는 것이다. 그러나 문화적 배경은 그 선택된 가치의 완전한 시행에 다소 논란을 일으키며 규모가 커지고 시간이 경과됨에 따라 개방성과 신뢰 그리고 분과

---

221) 위의 책, p.188.
222) 위의 책, p.189.

없는 조직을 유지하기는 점점 힘들어진다.

4) '비서열적인' 관료체계

'비서열적인 관료체계(non-hierarchic hierarchy)'의 개념은 "참여 전제정치(participatory autocracy)"라고 불린다는 점에서 역설적이며 다음과 같은 암묵적인 가정에 기초하여 "비서열적 관료체계"로써 기술된다. 이러한 가정들은 팀웍과 위에서 언급한 정보의 자유로운 흐름과 연관되어 있다. EDB는 명백히 관료들이 두 가지 잠정적으로 상반되는 능력[223]을 갖추고 있으면 성공할 수 있다고 가정한다. 이러한 관계의 구도를 특징지우는 가장 좋은 방법은 EDB사람들이 경계가 없고 서열이 중시되지 않는 서구의 조직에서 일하며 동시에 아시아적 조직 즉 존경과 서열체계가 중시되는 이원적 조직에서 활동한다는 것이다. 젊은 고위관료들이 이 조직에 들어가면서 배워야할 것은 이러한 두 가지의 규범에 따라서 어떻게 판단을 내리고 대인 간의 관계를 맺어 가는가에 관한 것이다. EDB는 다른 조직과는 다른 특징을 갖고 있는데, 그것은 첫째, 다양한 인종의 혼합체제라는 것이다. 둘째는 공적인 자리를 제외하고 존경의 의식은 거의 없으며 EDB는 심지어 직속상관에게도 직언 하는 가치를 받아들인다는 사실이다.

---

223) 두 가지 상반된 능력
1. 그들의 과업을 실행하는 데 있어서 강한 자율성, 공식적인 서열체계를 통한 의사결정을 하려는 의지, 높은 서열체계에서 논의되는 정보를 개방적이고 솔직히 알리려는 의지, 업무에 필요하다면 서열단계를 건너뛰려는 의지, 그리고 고객조직들의 최고경영자 차원에서 일할 수 있는 능력 그리고 관료들은 동시에 다음과 같은 사실을 보여줘야 한다.
2. 적절한 상황 즉 공적인 상황에서 상관들에 대한 적절한 존경 제안들을 수정하는 데 있어서 상부로부터 지시를 구하고 수락하려는 의지 그리고 의사결정에 있어서 서열체계를 건너뛸 때 상관들에게 충분히 알리고 좋을 결정을 내릴 수 있는 능력, 고객 회사들의 고위경영자들과 거래할 때 코치를 받거나 상관들에 의해 지도를 받을 때 적절한 겸손.

EDB에서 의사결정과정은 하향식(top-down)이 아닌 상향식(bottom-up)이지만 동시에 상관에 대한 상당한 존경을 발견할 수 있고 상부로부터의 지지와 협의 없이 독자적으로 행동해서는 안 되며 할 수도 없다. 이광요는 때때로 그의 국민을 엄격하게 시험했지만 그것에 의해서 서열적인 경계를 뛰어넘는 개방성에 의해 정보를 얻었다. 전직 EDB의 고위관료는 말하기를 그는 이광요가 방문하는 도시에 이광요가 묵고 있는 호텔에 불려가 싱가포르와의 합작 벤처사업의 타당성에 대한 특수한 계획에 대해 질문을 받았다고 한다. 그 EDB전직 관료는 말하기를 그가 일하고 있는 그 나라(거기서 그는 수년 동안의 경험으로부터 그 나라의 문화를 잘 파악하고 있었다.)는 그러한 합작사업에 어울리지 않기 때문에 타당성이 희박하다고 말했다. 그러자 이광요는 붉은 리본이 달린 두꺼운 책을 꺼내며 그것을 EDB관료에게 내밀며 말하기를 "당신이 틀렸소! 이 컨설팅보고서는 그 가능성에 대해 아주 면밀하게 조사했소. 그리고 그들은 그 합작사업프로젝트가 전적으로 타당성이 있다고 결론 내리고 있소. 당신 생각은 어떻소?"라고 반문했다. 그 EDB관료는 곤혹스러움을 참으며 그가 일하고 있는 그 나라는 그 사업을 하지 않을 것이라는 의견을 재차 언급했다. 이광요는 그를 날카롭게 쏘아보며 큰 미소를 짓고 그 책을 침대에 내던지며 웃으면서 말했다. "당신 말이 옳소! 그 보고서는 엉터리요!"라고 그는 말했다. 이 에피소드에서 이광요는 한비자의 술(術)을 운용하는 비결을 알고 있다는 사실을 알 수 있다. 한비자는 술을 운용하는 요령에 대해 많은 언급을 하고 있는데 그중 중요한 것은 다음과 같다.

군주는 자기가 바라는 바를 남에게 보이지 말아야 하며 만약 남에게 보인다면 신하들이 군주의 욕망에 영합하려고 한다. 군주는 자기의 뜻을 남이 알지 못하게 해야 하며 만약 남이 알게 된다면

신하들이 자기의 뛰어난 점을 나타내어 군주의 뜻에 부합하려고
한다. 그러므로 군주는 자기가 좋아하거나 싫어하는 것을 없애야
신하들이 본색을 나타내게 된다.[224]

서열체계의 주요기능 가운데 하나는 공동작업의 메커니즘이며 여
기에서 역시 시스템은 비서열적으로 운영된다. 관료들은 지배적 통
제의 힘이 되는 서열체계에 의존하지 않고 서열체계를 이용하는 방
법을 배워야 한다. EDB에서 사회화되는 가장 중요한 사실 가운데
하나는 규칙을 배우는 것이며 서열체계를 위협하지 않고 개방적이며
비서열적으로 되는 기술을 체득하는 것이다.

5) 지속적인 신뢰관계

EDB의 현저한 특징은 해외투자자들의 친구나 파트너가 된다는 사
실인데 그러한 관계는 회사와 싱가포르 상호간에 공동이익을 도모하
는 장기적인 관계가 된다는 것이다.[225] 이러한 사실에 내재하는 것
은 이러한 관계형성이 장기적 전략적 목표일 뿐만 아니라 중국철학
의 관계(關係, guanxi)개념의 확장 또는 미래에 이용할 수 있는 신
뢰관계구축으로 볼 수 있다. 반면에 옛날 중국시스템에서 그러한 관
계는 개인적인 친분과 상호간의 의무의 형태에 한정되어 있었으나
가족과 친지로 확대되었고 EDB개념은 투자하는 회사가 자사의 전략
을 실현하는 산업시스템을 형성하는 데 필요한 전략적인 제휴의 개
념과 파트너십에 가깝다. EDB는 상당한 투자자금을 그러한 파트너
를 만들기 위해 책정하고 있어서 동등한 파트너관계를 형성하고 있
다. 그러나 그 목적은 더 많은 돈을 벌기 위해서 투자하는 것이 아

---

224) 朱日耀, 앞의 책, p.179.
225) Schein, 앞의 책, p.195.

니라 그 사업을 확실히 성공하게 하는 것이다. EDB의 일반적으로 받아들여진 암묵적인 가정은 다음 두 가지 사항이다.[226]

　① EDB는 잠정적인 고객이나 현재고객(potential and present investors)의 필요를 완전히 이해하고 그리고 그늘의 문제를 효과적으로 해결하기 위하여 EDB의 기본 목적, 계획, 그리고 규칙들(전략적 실용주의)을 현실의 어려움과 타협하지 않고 고객과 협력한다면 반드시 성공할 수 있다고 가정한다.

　② EDB는 싱가포르의 장기적 임무가 만일 처음 투자자들이 지속적으로 투자하고 싱가포르 노동인력을 훈련시키고 기술을 이전하는 데 헌신한다면 장기적인 임무는 달성될 것이라고 가정한다. 그러한 지속적인 투자는 만일 EDB가 처음 투자자들과 친구 내지는 파트너가 되는 것으로 성취될 수 있다.

　단지 투자자를 유치하는 것으로 충분하지 않다. 만일 그들이 투자를 하기 위해 싱가포르에 들어오면 그들은 새로운 문제점과 필요한 사항이 생기며 EDB관리들은 투자자들이 도움이 필요할 때 필요한 사람들이다. 그러한 도움은 더 많은 투자와 싱가포르와 관계를 확장하는 발판이 된다. EDB의 중요한 문화는 장기적인 계획에 많은 강조점을 두는 것이며 장기적으로 생각하는 투자자를 격려하는 동기부여와 시스템을 창출하는 방법을 이해하는 것이다. 장기적인 관점이라는 증거는 인적자원에 대한 관심의 표명과 많은 돈을 훈련과 교육에 투자한다는 점에서 발견할 수 있다. 교육적인 성취는 싱가포르의 장기적인 필요에 적합한 종류의 교과과목으로 가득 채워져 있다. 그리고 일반적으로 싱가포르는 교육, 인력개발, 사회발전에 대한 전체적인 시각을 가지고 있다. 고객들과의 신뢰관계형성의 핵심은 투자

---

226) 위의 책, p.195.

194

가들을 싱가포르의 장기적인 비전에 일치하도록 관계를 형성하는 것
이다. 하루하루의 문제해결과정이 장기적인 파트너십과 우정의 돈독
함을 더욱 확실하게 한다.[227]

6) 학습과 혁신에의 노력

학습과 혁신에 대한 열심은 아시아사회의 운명주의, 자연순응주의,
사회적 구조 안에서의 안정과 조화에 안주하는 문화에 익숙한 아시
아인들에게 역설적이다. 분명한 것은 싱가포르의 아시아적 문화유산
이 무엇이든 간에 모든 것이 가능하다는 서구적인 행동주의와 더 많
은 관련을 갖는다. 쉐인(Schein)은 이렇게 분석했다.

> EDB와 싱가포르정부는 비전을 달성하는 유일한 방법은 타인과
> 자신의 경험으로부터 배우는 것이며 비전을 달성하는 데 방해되는
> 요인을 해결하는 데 있어서 아주 혁신적이다.[228]

이러한 태도는 초기의 지도자 이광요와 고촉동 그리고 다른 나라들
과 싱가포르사람이 아닌 조언자로부터 배우려는 의지에서 찾아 볼 수
있다. 이러한 사실은 사회정책의 지속적인 변화와 재정의에 분명히 나
타나 있다. 그러한 정책들은 많은 사람들에게 지나친 통제와 개인의
자유에 대한 제한으로 보이지만 그러한 시각은 새로운 데이터에 대응
해서 싱가포르가 끊임없이 변한다는 사실을 간과하게 된다. 이러한 의
미에서 EDB는 외부 세계에 대해 가장 중요한 창문역할을 함으로써 싱
가포르정부가 적절한 경제정책을 만들어 실행하는 데 필요한 데이터
소스역할을 한다는 것이다. 이처럼 EDB는 정책의 소스이며 각 부처의

---

227) 위의 책, p.197.
228) 위의 책.

조언자이며 그리고 일단 동의한 사항에 대해서는 정책실행을 위한 팔의 역할을 감당한다. EDB의 역할은 정부에 대한 피드백의 소스로서 세계의 흐름에 잘 부응하여 정부의 학습과 혁신에 대한 능력을 강화하는 것이다. EDB의 운영자들은 배우는 조직을 만들기 위해 최신 경영기법 등을 따라 잡으려고 노력하여 조직혁신에 지속적인 노력을 기울인다. EDB의 관리들은 가치관과 태도에 있어서 다른 나라들로부터 배우고 받아들이는 유연함을 갖추고 있다.[229]

4. 소결(小結)

이광요는 일류 국가를 향한 그의 비전을 실천하기 위한 정책적 처방을 효과적으로 실행하기 위해 EDB라는 경제기획시스템을 만들었다. 경제의 발전은 정치안정이 선결조건이라는 이광요의 믿음은 PAP를 중심으로 한 강력한 일당지배체제를 형성하게 되었고 EDB를 중심으로 한 전략적 실용주의를 실천에 옮겼다. 특히 EDB는 싱가포르의 최고의 인재들만 모집하는 상현주의를 실천하여 인재풀을 형성하였으며 효율을 낳는 독특한 조직문화를 훈련시켜 이러한 조직문화를 정부의 각 부처에 침투시켰다. 이러한 과정에서 확실히 세계에서 유례없는 급속한 성장을 이룰 수 있었다. Ⅳ장에서는 이광요의 공동체주의적 처방을 중앙집권체제도입, 상현주의 그리고 EDB의 설치와 운용으로 나누어 설명하였다.

독립 후 이광요 수상이 이끄는 인민행동당 정부는 싱가포르를 다민족 사회민주주의의 혼합경제체제로 이끌어 나아가고자 하였다. 이

---

229) 『일류 국가』, p.133.

광요는 싱가포르에 영미식 양당체제와는 판이한 일당(一黨) 사회민주정치체제를 수립하고자 했다. 그러나 모든 결정이 PAP 내부에서 일방적으로 하달되는 독재적 방식의 폐해를 막기 위해 국민의견수렴제도가 실행되었다. 이를 위해 정책에 대한 반대와 비판에 대한 정부당국의 신속한 대응을 촉진시키는 환류단(The Feedback Unit)이 설치되었다. 환류단은 사람들에게 자유로이 의견을 말하게 하고 정부는 그것을 받아들여 정책을 집행하고 있는 것을 나타내기 위한 목적이 있어 사람들은 자신의 의견이 정책에 반영되고 있다는 보람과 만족감을 주었다.

싱가포르에서는 국내외적으로 PAP의 일당독재에 대한 비판여론을 무마시키기 위해 명목상 야당의원들을 선출하게 함으로써 독재에 대한 국민의 여론을 희석화 시키려는 노력이 시도되었다. 국민이 국회에 야당을 내보내는 것을 막기 위해서 PAP가 '야당의원'을 선출하는 조치가 '비선거구 선출의원'과 '임명의원'제도이다. 대부분의 '임명의원'에게는 헌법개정과 예산법안에 대한 투표권은 없고 임기는 2년이다. 이 제도는 널리 인재를 확보한다는 국민유화적인 측면과 야당의원들을 선출함으로써 야당후보자에 대한 지지를 방지할 수 있다는 이중 효과적 측면이 있다.

1970년대 PAP정부에 의한 규제·감시에 의해서 싱가포르 국내의 대중매체에는 정부의 영향력이 침투되고 매스미디어는 스스로 정부비판을 자숙하는 분위기가 되었다. 1980년대에 들어와 이러한 외국잡지와 신문까지 정부의 규제와 감시가 엄격하게 적용되기 시작했다. 이러한 대언론 통제정책을 통하여 이광요는 정보의 홍수 속에서 통제를 적절히 조절하여 싱가포르 정부의 견해가 외국 언론에 의해 휘둘리지 않도록 노력했다. 그리고 강력한 치안유지법을 집행하여 반

(反)정부·반사회세력에 대해 단호한 조치를 취하였으며 각종 단체의 활동을 위축·제한하였다. 또한 반정부작가에 대해서도 명예훼손 명목으로 고소함으로써 작가들의 정치와 지도자들에 대한 논평을 자제시켰다. 이와 함께 인민행동당의 의석확보에 유리한 선거구재편으로 PAP정부의 입지를 강화시켰다.

1958년부터 1982년까지 66번의 캠페인이 실시되어 많은 이슈들이 거론되었는데 항상 사회질서 내부의 어떤 약점에 강조점을 둠으로써 캠페인의 목적을 집단적인 행위를 변화시키는 데 두었다. 그리고 바람직하지 못한 태도를 없애기 위해 비유적 묘사와 상징을 사용해 점진적으로 싱가포르 시민을 좀 더 질서 있게 하고 싱가포르를 이성적인 사회로 만드는 데 초점을 맞추었다. 이러한 행태는 교도적 민주주의(guided democracy)라고 부른다. 이것은 어떤 대가를 치르더라도 정치적 안정을 유지하고, 야당의 표현의 자유를 통제하며, 그리고 사회관계를 엄격하게 정의하는 이광요 수상의 25년간의 총동원 정치철학에 대한 좋은 설명이다.

이광요는 재능 있는 사람을 장관이나 관료나 전문가로 임명하는 일이 많을수록, 그의 정책이 더욱 효과를 거두고 결과도 좋았다는 것을 깨달았다. 이광요는 관리임용과 임금결정에 있어서 업적주의(meritocracy)를 채택하였다. 싱가포르에서의 모든 국정운영 정책은 PAP의 소수 엘리트 그룹의 집단체제하의 민주적 의사결정방식에 의해서 이루어진다. 피상적으로 이광요가 독재자로 알려져 있고 모든 결정을 독단적으로 처리했던 것처럼 알려져 있지만 이광요는 사람들의 말을 주의 깊게 들었으며 옳은 말은 기꺼이 채택하고 그른 말은 버릴 줄 알았다.

싱가포르의 수상 이광요는 유교의 덕목을 중시하여 지도층 엘리트가 먼저 모범을 보이는 책임정치를 실행했다. 그는 지도층이 부패하여 사회적 규칙에 따르지 않으면 국민들을 따르게 할 수 없다고 판단하고 지도자들의 도덕적 책무(noblesse oblige)를 중시하였다. 싱가포르 정부는 만의 하나 있을지도 모를 관료사회의 부정부패를 방지하기 위해서 수상실 직속기관으로 '부패방지위원회'를 설치해 놓고 있다. 이광요는 다른 어떤 이데올로기나 철학보다도 실천 그 자체를 중시한 정치가로서 관심사는 항상 국민이 더 많은 행복과 혜택을 누릴 수 있는 나라 건설이었으며 이를 위해 가장 중요한 것은 실천과 성취 그 자체였던 것이다.

이광요에게 있어 민주주의는 모든 것에 선행하는 이상적 이념이 아니라, 방종과 무질서의 나락에서부터 규율과 절제가 확고하게 정의된 사회로의 전환을 의미하는 것이다. 그는 "민주주의는 경제발전의 선결요건이라는 주장을 생각 없이 따라가는 것도 실수를 범하게 된다"고 주장했다. 이광요는 좋은 정부란 국민을 위해 일하는 정직하고 효율적인 정부이며, 논리적으로 그럴 듯하게 들리는 이론이 있다고 해도 거기에 얽매이지 않는 정부라고 했다. 그리고 리더의 창의적인 능력으로 효율적인 국가시스템과 조직문화를 창출하여 국민이 최고 수준의 생활을 영위할 수 있도록 환경을 만들어 주는 존경을 받는 정부이다.

Ⅴ. 공동체주의적 처방 2: 사회·문화정책

본 장에서는 이광요가 아시아적 가치에 입각하여 구체적으로 어떠한 정책들을 도입하고 추진했는가를 살펴보려 한다. 이러한 정책들은 그가 정치적 지지 동원을 위한 처방에 해당되는 것으로 교육, 복지, 노동, 주택을 중심으로 사회 정책적 측면과 모국어활성화, 충·효교육, 종교지식교육, 국민공유가치함양 정책과 같은 문화 정책을 주요내용으로 하고 있다.

1. 사회정책

(1) 교 육

이광요는 교육을 중시하고, 사회행위에 있어서 이성적 판단의 중요성을 강조했는데, 이는 그가 인간의 도덕성을 강조하는 유교의 영향을 크게 받았기 때문이다. 유교가 교육을 강조하는 것은 가부장적 정부의 자비로움과 결합되어 있으며 국민교육을 위한 교훈적 교화방식으로 이루어진다.1) 유교적 가치의 특징은 바로 가부장의 권위, 강한 리더십, 공동체의식, 근면과 절약 그리고 교육중시에 있으며 그것은 유교영향권에 있는 나라들의 높은 교육열로 확인할 수 있다. 이

---

1) Kuan Yew Lee, 류지호 역, 『내가 걸어온 일류 국가의 길』(서울: 문학사상사, 2000), p.213.
   이후부터는 『일류 국가』로 인용함.

광요 전 총리는 "배움을 멈추는 날이 곧 죽는 날"이라며 배움에는 멈춤이 없음을 강조했다.2) 싱가포르 정부는 예의를 지키는 것과 공중화장실 사용 후 물 내리기 등을 대중에게 교육하는 데 있어서 모택동 스타일의 범국가적 캠페인을 벌이고 공공토론방법을 이용했다.

PAP는 경제성장에 몰두하면서 싱가포르의 유일한 자산인 인적자본이 지속적으로 개발되고 향상되어야 한다는 사실에 주목했다. 1960년부터 교육시스템은 다양한 개혁과 급속한 변화를 겪으면서 결속력이 강한 다민족사회로서 싱가포르공화국을 개발하고 지원하는 교육시스템으로 진화시키려는 노력을 늦추지 않았다.3)

이광요에 있어서 가장 어려운 개혁은 교육제도의 개혁이었다. 왜냐하면 싱가포르 국민을 구성하는 4개의 서로 다른 문화언어그룹은 단일 영어에 기초한 교육을 받도록 통일되지 않으면 국민적인 통합을 이룩할 수 없기 때문이었다.4) 이광요는 이렇게 말했다.

> 교육제도통일의 중요성을 인식하는 데는 상당한 시간이 걸렸고 공통의 교육제도를 형성하는 데는 여전히 20여 년이 더 걸릴 것이며 많은 노력과 프로그램들이 필요할 것이지만 그 시간이 얼마나 걸리든 교육제도를 통합해야만 합니다. 모든 싱가포르 학교에 있어서 영어가 첫 번째 언어 내지 두 번째 언어가 되어야 하고 그리고 나서 영어를 잘하는 학생이 좋은 직업을 가지도록 하게 해야 합니다.5)

---

2) 대한매일, 「평생교육」, 2003,
   http://www.cctoday.co.kr/n.../read.php?idxno=1145(검색일: 2003. 5. 20),
   p.1.

3) Beng-Huat Chua, *Communitarian Ideology and Democracy in Singapore*
   (London and New York: Routledge, 1995), p.62.

4) Michael Hill and Lian Kwen Fee, *The Politics of Nation Building and
   Citizenship in Singapore*(London and New York: Routledge, 1995), p.73.

5) 위의 책, p.197.

그러한 정책이 실질적으로 효과를 보았고 점차 사람들이 영어를 열심히 해야 잘 살 수 있다는 것을 인식하게 됨에 따라 영어가 점점 많은 사람들에게 선택되게 되었다. 영어가 제1언어로 정착된 후 밀려오는 서구의 물질문명으로 인해 사회체계가 느슨하게 되기 시삭하자 1970년대 후반부터는 아시아 가치의 중요성을 강조하고 충·효 사상을 주입하기 위해 중국어교육을 통한 모국어 활성화를 모색하고 유교를 장려하기 위해 종교교육을 시행했다. 그 목적은 중국어를 통해 중국고전을 접하게 하고 충·효 사상을 흡수하도록 유도하기 위한 전략적 발상이었다. 교육제도 자체를 재정비하는 것이 사고통제 계획에서 가장 중요한 과제였다. 이광요는 청년들을 장악하는 일의 중요성을 과소평가하지 않았다. 그는 학교와 대학이 한 세대 내에 바람직한 결과를 창출시킬 힘이 있다는 것을 알고 있었다. 그가 원하는 싱가포르의 발전에 대한 그 자신의 생각을 분명히 한 후, 그는 특별한 관심을 갖고 정부의 교육정책을 수립하기 시작했다. 곧 중등학교가 길들여졌고 대학은 순응주의의 최후 거점이 되었다. 매일 애국심 수련 과정을 실시하는 것으로 이광요가 군대식 교육을 선호한다는 것을 알 수 있었다. 이광요는 미국을 경멸하는 친(親)영주의자로 알려졌으나 무력하지 않은 강건한 사회를 창출하는 교육제도를 탐구할 때, 그는 아이들이 맹세의 서약을 암송하기 위해 매일 아침 국기 앞에 모이는 미국식 관습에서 힌트를 얻었다. 싱가포르 어린이들은 "우리 싱가포르인들은 인종과 언어와 종교를 초월하여 하나의 단결된 국민으로서 정의와 평등에 입각하여 우리나라의 행복과 번영과 발전을 이루기 위해 민주주의 사회를 세울 것을 서약합니다"라는 맹세를 한다.6) 전 학생에 대한 강제 군사교육이 실시 도입되게 되었

---

6) T. S. George, 閔堯基 역, 『동남아의 최장기집권자 이광요』(서울: 남도문화사. 1988), p.185.

202

으나 그 민감한 문제에 대한 공개적 토론은 금지되었다. 이광요는 훈련과 정부의 명령을 통하여 자신의 교육 정책의 목표인 집단적 사고의 형성, 다양한 가치들에 대한 존중, 상부에는 지도자적 자질, 하부에는 복종의 자질의 형성을 이룩할 수 있을 것으로 믿었다. 학교 운영에 대한 혁신을 강화하고 과목의 개정, 인민행동당 당원들을 교원노조에 집어넣고 중국식 교육을 재구성함으로써, 이광요는 그물 같은 학교 조직을 효율적으로 국가 통제 아래로 끌어들였다. 학생들이 취직하거나 상급 학교에 진학할 때 인성 확인서를 갖추어야 한다는 필요성 때문에 학생들은 지시에 따라야만 했다.

1) 교육제도

이광요는 1959년 독립 이후 산업화를 추진하면서 인적자원의 개발에 주력하였다. 소규모 도시국가로서 부존자원도 없고 문화와 언어를 달리하는 다민족국가의 제약을 극복하고 산업화를 추진하기 위해서는 교육·훈련을 통하여 효율적이고 유연한 인적자원을 개발하는 것이 가장 중요하다고 본 것이다.[7] 1960년대 초부터 학교교육체계를 다양화하고 기술·직업교육을 강화하였다. 1960년 정부의 경상지출 가운데 교육비는 25%를 차지하는 가장 큰 지출부문이었다. 1960년대 후반에는 기술교육이 교과과정에 포함되었고 중등교육과정의 전문학교들도 확장되거나 재편되었다. 각종 직업훈련을 목적으로 하는 학원들도 세워졌다. 1979년 산업구조 개편이 촉진되면서 전문기술교육위원회가 발족되어 일반 교육체계와 직업훈련체계에 큰 변화가 있었다. 일반교육체계에는 능력별 학습수준과 진도를 달리하는 교과과정 분리제도가 모든 정규교육과정에 도입되었다. 정규교육을 마쳤거

---

7) 장영철, 「싱가포르의 사회복지제도」, 장영철·양승윤(외), 『동남아의 선진국가: 싱가포르』 (서울: 한국외국어대학 출판부, 1998), p.219.

나 중퇴한 사람들은 직업기술훈련체계에 연계시켜 인적자원의 효율화를 꾀하였다. 직업훈련을 강화하기 위하여 직업훈련청(VITB: Vocational and International Training Board)을 신설하여 종래 분산된 직업훈련 업무를 통합하였다. 직업훈련청은 노사단체들에게 식업훈련과정의 개설을 권장하여 다양한 교육과정이 개설되게 하였다.

직업훈련을 지원하기 위하여 기술개발기금(SDF: Skill Development Fund)을 설립하기도 하였다. 점증하는 가계의 교육비 부담을 줄여주면서 누구나 능력에 따라 충분히 교육을 받을 수 있도록 정부는 다양한 교육비지원 프로그램을 개발하여 실시하였다. 이러한 프로그램은 단순히 모든 가구의 교육비 부담을 줄이는 것이 아니라 주로 저소득 가구를 대상으로 하여 교육비를 지원하는 방향으로 실시되었다. 왜냐하면 교육비가 상승하면 부모의 직업이나 학력 또는 가정환경에 따라 학생들의 학업 성취에 주는 영향도 달라지며 특히 저소득 가구의 학생들에게는 매우 큰 영향을 주기 때문이었다. 저소득 가구에 대한 교육비지원 프로그램으로는 소가족 개선계획, 특수학교 저소득 가구의 학생지원, 교육저축의 확대 실시, CPF 교육융자, 저비중 과외지도 확대, 재훈련프로그램의 확대 등이 있었다. 시험과 경쟁을 바탕으로 하는 교육체계 때문에 과외수업이 보편화되어 있어 부모들에게 상당한 부담을 주었다. 그래서 저소득 가구의 학생들을 위하여 학교와 지역사회 등에서는 실비 또는 무료로 보충수업을 하거나 과외수업과정을 개설해 주었다. 지역단위 독서실을 마련해 주기도 한다. 저소득 가구의 취업한 자녀들을 대상으로 하는 기능훈련, 진학시험, 야간 및 주말기능향상, 중고령자의 기능향상, 청장년의 기능향상을 위한 다양한 재훈련 프로그램이 마련되어 있었다. 정규교육을 이수하지 못한 사람들에게 학력을 얻을 수 있도록 하는 프로그램도 있다.8) 싱가포르는 정부가 각급 학교의 대부분

204

을 직접 관리하거나 보조하고 있어서 학비가 매우 저렴할 뿐 아니라 특히 저소득 가구와 근로자의 자녀에 대해서는 학비보조, 장학금, 교육비융자 등의 다양한 프로그램을 개발하고 있어서 싱가포르 주민과 근로자 가구의 자녀 교육비지출에 대한 부담은 비교적 적은 편이었다.

어린이로부터 고등교육까지 영어로 교육받아온 이광요와 인민행동당 간부들은 과학기술·경영노하우를 획득하고 경제발전을 추구하기 위해서는 싱가포르의 여러 언어 가운데 영어가 절대적으로 중요하다고 믿었다.[9] 또한 영어는 싱가포르의 3대 인종에 대해서 공용어로서 공평하게 강제하기 쉽다고 생각했다. 그러나 중국인 사회에는 문제가 남아 있었다. 중국인들은 자신들의 문화적 전통에 대한 애착이 강하고 또한 중국인 사회에 있어서 언어적 통일성이 없었기 때문이다. 1970~71년에는 중국어 신문인 남양상보(南洋商報)로부터 언어교육정책을 비판받은 정부는 그 신문이 언어문제를 이용해서 종족문제를 격화시켰다는 이유로 그 간부를 체포·수감했다. 이 신문은 정부가 영어를 중시하는 2중 언어교육을 도입하고 나서부터 오히려 중국학생이 읽기 쓰기도 할 수 없는 상태가 되고 말았다고 비판했다. 이광요는 이러한 비판에 격분했다고 전해오고 있지만 수년 뒤 냉정을 되찾고 2개 언어교육이 참담한 결과로 끝났다는 것을 사실로 받아들였다. 그러나 이광요에게 있어서 이중 언어정책은 싱가포르라고 하는 다민족사회를 성공시키기 위해 필요불가결한 것이었기 때문에 문제는 그것을 개선하는 것이었다. 1978년 1월 라디오·TV가 7월 이후 중국어방언을 폐지하였다. 또한 이광요는 곧이어 언어문제에 관해서 연설하고 중국인에 대해서 가정 내에서 방언사용의 정지를

---

8) 장영철, 위의 글, p.234.

9) Ho Khai Leong, *The Politics of Policy-Making in Singapore*(Singapore: Oxford University Press Pte Ltd, 2000), p.46.

요청했다. 같은 해 6월에는 군 내부에서의 교련언어로 사용하던 복건어(福建語)가 폐지되었다. 그리고 다음해 9월에는 만다린어(Mandarin) 권장운동을 개시했다.[10] 돌연한 방언추방운동은 보통의 중국인 학생에게는 그때까지의 이중 언어교육이 사실상 가정 내에서 널리 사용되는 방언을 포함해서 3개 언어교육이 되고 있다는 데 대한 반성에 기초한 것이었다. 이중 언어교육이 강제된 1966년 이후, 많은 학생들이 어느 언어도 만족스럽게 습득할 수 없는 상황이 되었다. 따라서 방언추방은 이중 언어교육을 성공시키기 위한 측면조치로서 이해할 수 있는 것이다. 그러나 이상에서 언급한 대학의 통합과 후에 언급한 미디어의 통합 등이 거의 동시기에 강행된 것을 가미해서 생각해보면 이광요의 뇌리 속에는 보다 효과적인 행정을 위한 문화적 통합이라는 발상이 있었는지도 모른다. 또한 모국어교육과 그와 관련된 아시아적 가치체계의 강조는 중국인사회에 대해서는 유교·불교로의 회귀·통합을 추구하고, 기독교로의 편중에 제동을 거는 것이었다. 종교적 측면에서의 이러한 현상도 1980년대 후반에 나타났다.

이광요는 이중 언어교육의 근본적 개선을 모색하여 1978년 8월에 고켕쉬(Goh Keng Swee)국방장관을 중심으로 한 연구반을 발족시켰다.[11] 그 결과는 다음해 3월에 소위 고·리포트(Goh report)라는 제목으로 발표되었다. 보고는 종래의 2개 언어주의 교육의 결과 초등학생의 약 29%가 고용되지 못할 정도로 언어능력이 부족한 사실을

---

10) 방언추방운동은 나중에 아이들의 성명에까지 파급되고 출생등록 시의 방언사용은 금지되어 표준어 사용이 의무화되었다. 그러나 1991년 12월에 이르러 정부는 부모의 요망을 허용해 방언도 허가했다. The Straits Times, 1992. 12월 14일.

11) Michael Hill and Fee Lian Kwen, *The Politics of Nation Building and Citizenship in Singapore*(London and New York: Routledge, 1995), p.68.

인정해 개선책으로서 초등학교 1년부터 언어습득을 중시한 교육을 실시하고 3년 수료 시에 시험에서 3개의 등급으로 나누어 능력이 없는 아이는 이후 5년간 하나의 언어 코스에 배치하고 장래는 직업훈련학교까지 만으로 한정했다. 한편 능력이 있는 아동 가운데 특히 우수한 학생은 이후 3년 코스 내지는 5년 코스로 초등학교 과정을 마치고 졸업시험결과에 의해 이중 언어교육 중학(4년간, 경우에 따라서 5년간)을 거쳐 각자 전문대학(College 3년간) 또는 대학으로 간다. 또한 이 2개 언어 중에서는 제1언어가 필수영어이며 "모국어"는 본인 내지는 양친의 자유선택에 맡기는 것으로 했다. 인도인 가운데 대다수를 점하는 타밀계에는 모국어로 말레이어를 선택하는 사람이 많았기 때문이다. 새로운 제도는 1979년 3월 국회에서 승인되어 7월에 시행되기에 이르렀다. 이 보고서가 발표되기 3개월 전 교육부는 1979년 1월부터의 새로운 제도로서 초등학교 졸업시험으로 특히 우수한 학생을 중국계 9개의 중학교에 집중시켜 영어와 중국어의 언어교육을 실시한다고 발표했다. 이러한 교육의 결과 1988년 이광요의 연설에 의하면 초등학교 및 중학교에서의 졸업시험에서 합격자율은 상승하고 그 결과 대학입학자수도 1978년부터 1988년 사이에 2배가 되었다고 하면서 정부의 교육체계 및 교육목표에 대한 정책적 대응의 정당성을 과시하게 되었다.[12]

2) 직업훈련시스템의 운용

발전과정에서의 각종 변화에 대처하기 위한 싱가포르의 교육정책은 경제학의 기본법칙들과 합리주의에 입각하고 있었다. 싱가포르 정부는 이러한 관점에서 인력관리 및 교육계획을 수립했고 학생들을

---

12) 이광요의 1988년 독립기념강연 참조.

개인의 학습능력과 적성뿐만 아니라 국가의 인력수요에 따라 진학가능한 교육수준과 교과과정으로 분류하는 교육제도를 운영해 왔으며, 치밀한 조사, 연구에 입각하여 의사결정을 합리화해 왔다.[13]

1959년 자치정부 수립과 동시에 싱가포르 정부가 산업화정책을 펼치면서, 싱가포르의 교육체계는 다민족, 다문화, 다언어로 구성된 소규모 국가의 정체성 확립뿐만 아니라 경제개발에 필요한 생산적인 인적자원을 효과적으로 육성하고 공급하는 역할을 담당해 왔다. 이를 위해 정책결정자들은 교육의 경제성에 초점을 맞추어 왔다. 그 예로서 1960년대 초 기술·직업교육을 포함하는 학교체계의 다양화를 시도하였고, 이를 위해 초, 중등학교의 시설을 대폭 확장하였다. 1960년대 후반 들어 기술, 직업교육에 대한 정부지출이 58% 증가하여 중등학교 수준에 중등직업학교, 중등기술학교, 중등상업학교 및 직업학원 등이 세워졌고, 중등교육 저학년에 기술·기능과목이 정규과목으로 채택되기 시작했다. 또한 고등학교 수준(post secondary level)의 싱가포르 전문학교(Singapore Polytechnic), 니안 기술전문학교(Nee Ann Technical Poly)들이 확장, 재편되어, 산업화에 필요한 기술교육에 비중을 둔 교육체계를 확립시켜 나갔다. 이러한 정규교육[14]

---

13) 장영철, 앞의 글, p.218.

14) 초등학교과정은 기본단계와 오리엔테이션 단계로 구분된다. 기본단계에서 언어와 수리능력이 강조되고 4학년 마칠 때 시험을 통해 주로 언어습득능력에 따라 세 가지 교과과정으로 분류된다. 6년의 초등학교과정을 이수할 때 시험을 통해 세 가지 중학교과과정으로 분류 배치된다. 약 8%가 영어와 중국어를 제1 외국어로 하는 특수지원계획(Special Assistance Program)에 배치되고, 나머지는 능력에 따라 고속(Express) 또는 보통(Normal)과정의 중학교육을 받게 된다. 처음 2년은 공통과목을 이수하고, 2년 후 인문, 과학, 상업, 기술, 교과과정 중 하나를 선택하게 되어 있다. 중학과정은 4년 이수 후 GCE O Level 시험을 보게 되나, 보통과정의 학생들은 4년 후 GCE N Level 시험을 보고, 그중 성적이 우수한 학생들에 한해서 중학 5년 과정을 이수 후, GCE O Level 시험을 치를 수 있는 기회를 부여한다. 나머지는 직

이외에도 경제개발청 주도하에 해외 투자유치의 일환으로 UN과 투자국 정부들의 협조로 훈련센터와 생산센터를 설립하여 새로운 산업들이 필요로 하는 산업기술·기능공들을 양성하였다. 1971년 정부와 산업이 공동으로 추진하는 공동산업훈련계획(Joint Industrial Training Scheme)이 도입되었고, 이 계획 하에 설립, 운영되는 훈련센터들은 경제개발청의 감독 하에 주로 다국적기업들이 필요로 하는 숙련장인들(skilled craftsmen)을 양성하기 위한 훈련 프로그램과 교과과정을 개발·시행하였다. 이후 1979년 산업구조개편이 추진되면서, 인력개발정책의 통합적 운용이 강조되고 통상산업부장관이 주재하는 전문·기술교육위원회가 정식으로 발족되었다. 이 위원회는 훈련된 전문·기술·숙련 인력들을 적정수준 확보, 유지하는 것을 목적으로 하면서, 대학, 전문학교, 직업·기술학교 및 경제개발청의 훈련센터 등 관련 교육, 훈련기관의 학생 및 교직원 정원조정과 필요 재정을 추정 권고하는 기능을 수행했다. 또한 기술·지식산업육성에 필요한 기술이전을 위해 경제개발청은 선진국의 기술, 재정지원 하에 중졸, 고졸 이상의 학력을 가진 이들을 훈련시키는 기술학원(Institute of Technology)을 설립하여 '신기술의 창구' 역할을 하도록 했다. 이를 통해 싱가포르 산업훈련체계의 발전이 가속화되었고, 도제식 훈련체계(Apprenticeship)가 공식적인 훈련프로그램으로 도입되기 시작했다.15) 이러한 일련의 교육기술훈련 체계 개혁 및 산업훈련체계의 발

업·기술교육학원이나 도제과정을 통해 노동시장에 참여케 된다. 중등교육 이수 후 GCE O Level 성적과 취향에 따라, 전문학교 디플로마 과정이나 주니어 칼리지·센트럴라이즈드 인스티튜션으로 진학한다. 전자는 주로 전문기술배양을 위한 과정이며 후자는 대학진학을 목표로 한다. 이 과정들은 이수 후 GCE A Level 시험을 보며, 그 성적에 따라 일부는 대학 또는 전문학교·직업학교 써티피케이트 과정을 거쳐 노동시장에 참여하게 되고, 나머지는 졸업장을 수여 받고, 노동시장에 참여하게 된다.

전은 경제활동의 다각화와 기능향상을 지원하는 데 초점이 맞춰졌다. 이러한 교육훈련체계는 환경변화에 능동적으로 대처하는 신축성과 필요하다면 혁신적 개혁도 주저하지 않는 정부의 의지를 반영하는 것이었다.

(2) 복 지

이광요의 국민우선정치는 맹자의 민본주의와 유사하다. 맹자는 통치자의 신하에 대한 의무를 강조하면서 "국민이 우선이고, 그 다음이 국경이며, 마지막이 왕이라고 했다.(the people first, territory next, the king last.)"16) 맹자는 국민의 행복과 경제적 번영과 복지가 통치자의 미덕을 측정하는 잣대였다. 이광요는 각 부문에서 국민들에게 최고의 질 높은 생활수준을 영위할 수 있도록 하고자 노력했다. 싱가포르 경제개발의 주역이자 EDB설립자인 고켕쉬(Goh Keng Swee)는 '사회주의 국가로서 싱가포르'는 경제적으로 불가능하다고 주장하면서 사회주의 원칙들은 현실적으로 추구되어야 하며, 국민들의 이해와 복지가 우선해야지 독트린이나 슬로건이 중요한 것이 아니라는 점을 강조하고 있다.17) 이런 점에서 싱가포르 집권당 및 정부 지도자들은 유럽 특히 영국식 복지국가 모형을 근로윤리·직업윤리를 저해하는 주요 요인으로 규정하고, 국가경제의 도산을 초래할 수 있는 유형으로 경계하고 있다. 사회보장제도는 근로의욕을 높이는 방향으로 기획되어야 한다는 것이 싱가포르 지도자들의 일관된

---

15) 장영철, 앞의 글, p.194.

16) Michael D. Barr, *Lee Kuan Yew: The Beliefs Behind the Man* (Washington, D.C: Georgetown University Press, 2000), p.218.

17) 장영철, 앞의 글, p.201.

210

원칙이다. 이광요는 그가 취한 해외투자를 위한 노조활동 규제 및 임금억제, 공적주의에 의한 소수 영재 위주의 사회화 등은 생존을 위한 경제적 실용주의에 바탕을 둔 것이어서 좌익성향의 사회주의자로부터 많은 비판을 받았다. 그러나 그는 다음과 같이 항변했다.

> 사회주의의 근본적인 명제는 부모의 신분이나 부에 상관없이 모든 사람에게 기회가 균등하다는 것입니다. 모든 이가 의료, 교육, 생활에 있어서 동일한 기회를 가져야 합니다. …… 나는 아시아의 개발도상국들 어디에서나 인간은 그들이 얼마나 유능한가를 보여줄 균등한 기회를 원하며, 그런 과정에서 모든 이를 위한 부를 창조해 나간다고 믿습니다. 그러나 그들이 그렇게 하는 것은 대가가 성과에 일치할 경우이지 성과에 상관없이 대가가 주어질 경우엔 그렇지 않습니다.[18]

이광요는 싱가포르의 재정운용 면에서도 실용주의 노선을 실천하였다. 싱가포르 재정수입은 공공재화와 용역의 판매대금 및 사용료가 대부분을 차지하고 있다. 이는 필요 불가결한 보조를 제외하고는 공공부문의 지출비용을 회수하는 것을 원칙으로 하는 싱가포르 집권당의 철학을 반영하는 것이다. 싱가포르 정부는 안보, 치안, 검찰 기능들을 제외한 사회 간접자본 구축 및 기타 경제기능들을 여러 형태의 공기업들을 세워 수익성에 입각하여 공공사업을 집행·운용한다.

싱가포르의 사회보장·복지제도는 우선 두 가지 지침으로 요약해 볼 수 있다. 첫째는 모든 사회복지·보장지원이나 보조는 일시적이어야 하며, 수혜자로 하여금 자조자립 할 수 있는 길을 모색하는 데 도움이 되는 방향으로 제공되어야 한다. 기본적으로 의존심의 지속은 삶의 의지를 쇠약케 하므로 독립심과 자립자족 정신의 함양이 도

---

18) 위의 글, p.234.

움을 받는 이에게 궁극적으로 더 도움이 된다는 점을 강조하고 있다. 둘째는 사회복지·보장은 여러 사람·기관의 협력으로 이루어지는 것이 더 효과적으로 실행될 수 있다는 점이다.

　본 절에서는 싱가포르의 사회복지부분을 기능별로 의료 및 보건과 사회보장으로 나누어 살펴보기로 한다.

1) 의료 및 보건

　이광요에게 있어서 의료보험문제는 또 하나의 처리 곤란한 문제였다. 그가 영국에서 학생으로 있을 때인 1947년, 노동당 정권은 국립 의료 서비스를 실행했다. "모든 사람은 평등하며 그 누구도 최상의 의료 서비스를 거절당해서는 안 된다"는 그들의 믿음은 이상적이긴 했지만 비실용적인 것이라 엄청난 비용인상을 수반했다.[19] 결국 영국의 의료 서비스는 실패했고 미국식의 의료보험 제도는 엄청난 진단 테스트 비용이 보험료에서 지불되어 값이 비쌌기 때문에 이광요는 나름대로의 해결방안을 모색해야 했다. 그는 싱가포르의 의료 예산이 통제 범위를 벗어나지 못하도록 하는 문제로 고심했다. 1975년 이광요는 개인이 내는 월 중앙후생기금(CPF)의 일부를 의료비로 비축해 두자고 제안하고 이에 대해 몇몇 내각 동료들과 논의하였다. 1977년부터 이광요는 모든 CPF 회원들에게 월수입 1%를 특별 예금으로 적립하여 자기 자신과 가족을 위한 의료비용을 공동 지불하도록 했다.[20] 1980년 선거가 끝난 후, 이광요는 고촉동(Goh Chok Tong)에게 보건부의 책임을 맡기어 원하는 사용자가 공동 지불함으로써 낭비와 손실을 막을 수 있는 완전한 의료서비스체계를 구현하

---

19) 『일류 국가』, p.178.
20) 『일류 국가』, p.179.

212

도록 권고했다. 그 결과 1984년 메디세이브가 실행되어 CPF '특별 구좌'는 상당히 많은 돈이 예치되었다. 이광요와 그의 팀은 메디세이브 구좌를 위해 월부금을 임금의 6%까지 올렸으며, 1986년에는 상한선이 1만 5000달러(S $)에 달했다. 이 상한선은 일정한 간격을 두고 올랐다. 이 상한선을 넘는 저축은 회원의 일반 CPF 구좌로 이체되어 주택 대출금 상환이나 다른 투자에 사용될 수 있도록 하였다. 가족의 연대감과 책임의식을 강화하기 위하여, 메디세이브 구좌들은 조부모나, 부모, 배우자, 아이들과 같은 회원의 직계 가족을 위한 의료비용을 지불하는 데 사용할 수 있었다.21)

싱가포르 의료·보건정책은 1980년대 그리고 1990년대에 각각 중요한 전기를 맞이하였다. 1980년대는 의료정책의 전기를 마련한 네 가지 중요한 정책이 있었다. 첫째는 1983년의 국가보건계획(National Health Plan: NHP)의 발표이고, 둘째는 1984년 의료저축 (Medi-save)의 도입이며, 셋째는 1985년 정부병원들의 구조개편 또는 '민영화'를 들 수 있으며, 넷째는 1990년대에 도입된 의료보험제인 메디쉴드(Medi-shield)의 도입과 극빈·불구계층을 위한 메디펀드 (Medi-fund)의 실시이다.22)

첫째, 1983년의 국가보건계획은 점증하는 의료비용에 대한 싱가포르 정부의 우려에서 비롯된 것으로서, 보건진료에 대한 수요와 공급의 균형을 맞출 필요성에서 도입되었다. 이를 위해서 강조된 것이 자신의 건강을 증진하고 유지하는 데는 개인의 역할이 중요하며, 예방의학과 보건교육이 공공보건부문에서 채택해야 할 접근방법임을 강조하고 있다. 이에 따라 정부는 구식정부병원들의 경영을 개편하고 저

---

21) 『일류 국가』, p.179.
22) 정영철, 앞의 글, p.211.

급병상(Class C Ward)들을 격상시키며, 기초 의료서비스는 일선 예방·치료 기관으로서 정부와 민간부문이 제공한다는 것이다. 둘째, 의료저축(Medi-save)계정의 도입은 중앙공적금(Central Provident Fund: CPF) 의료저축(Medi-save) 계정을 설정하여 개인이 필요한 의료서비스를 받기 위한 재원을 적립토록 하는 것으로 의료 저축은 35세 이하의 사람들이 매월 수입의 6%를 적립하여 15,000달러(S $)상한을 유지토록 하고 있다. 이는 과거 10년 동안 싱가포르 사람들의 입원율과 저급병상비용을 기준으로 산정한 것이다. 이로써 의료저축은 매일 병상사용료, 의사진찰비, 수술 기타 검사비, 처방약, 의료기구, 재활서비스 등에 충당되며, 의사진찰비 50달러(S $)를 포함하여 하루 300달러(S $)까지 지급되며, 연 3,000달러(S $)까지 사용할 수 있다. 정신병원과 지역사회 병원의 경우는 매일 상한이 각각 150달러(S $), 100달러(S $)까지로 되어 있다. 각 연령별 의료저축 기여율은 35세 이하는 월급의 6%, 35~44세는 7%, 45세 이상은 8%로 되어 있다. 셋째, 1995년 싱가포르 정부는 의료서비스 재정을 개인, 가족, 고용주에 전가한 이외에도 정부병원들의 운영을 개편하여 민간병원들처럼 운영, 관리되도록 추진하였다. 민영화의 첫 사례는 국립대학병원(National University Hospital: NUH)이다. 이러한 정부병원의 개편으로 비용과 질 면에서 민간부문과 경쟁할 만한 의료서비스와 시설을 제공할 수 있었지만 완전히 민간부문식 경영에 의존할 수 없었다는 것이 의료체계의 민영화가 갖는 한계였다.[23] 넷째, 1990년대 메디쉴드(Medi-shield) 보험제도가 실시되어, 치명적인 질병을 앓고 있는 환자들의 의료비용을 보험으로 충당해 주기 시작했다. 메디쉴드는 의료저축과는 달리 원치 않으면 가입하지 않을 수

---

23) 위의 글, p.215.

도 있다. 70세 이하의 CPF회원이면 가입할 수 있으며, 병원비, 신장수술과 심장질환 및 암환자들의 외래진료비를 충당해 주도록 되어 있다.

2) 사회보장

영국과 스웨덴의 복지비용이 계속 증가하는 것을 지켜보면서 이광요는 이러한 허약한 시스템은 피해야겠다고 생각했다. 이광요와 그의 팀은 1970년대 상황을 통해 정부가 가장의 기본적인 의무까지 대신 책임져 주면, 사람들 안에 있는 욕구가 약화된다는 것을 인식하게 되었다. 복지사업은 독립심을 손상시키게 되었고, 사람들은 가족의 안녕을 위해 일하지 않아도 되었다.

이광요와 그의 팀은 가장이 부모, 아내, 그리고 자식을 비롯한 자기 가족을 부양해야 한다는 유교 전통을 강화하는 것이 최상의 해결책이라고 생각했다.[24] 싱가포르의 사회복지·보장체제는 노동부 산하 CPF공사가 관장하는 근로자의 재정적 자립 기반구축을 강조하는 중앙적립금(Central Provident Fund: CPF)체계와 지역사회 개발부 복지국의 주관 하에 민간 자원자선·봉사단체를 총괄하는 NCSS(National Council of Social Service: NCSS)의 사회복지시설, 서비스 및 재정지원체계로 나누어 볼 수 있다. 원래 사회보장부분은 사회봉사부(Ministry of Social Service)에서 전담하였는데, 1985년 지역사회개발부(Ministry of Community Development: MCD)로 재편되면서 지역사회관계와 대중교육·피드백사업들과 함께 사회복지·보장사업들을 취급하고 있다.[25] 싱가포르는 높은 세금으로 조성된 기금으로 운영하

---

24) 『일류 국가』, p.183.
25) 장영철, 앞의 글, p.248.

는 대중적인 복지프로그램보다는 가정, 지역사회, 사회단체·기관 및 정부가 폭넓게 참여하는 '다중지원(Many helping hands)'방식을 택하고 있다.[26] 중앙공적금제도는 다른 나라들과는 달리 싱가포르에서 공적으로 관리되는 의무적인 개인저축프로그램을 말한다. 이 제도는 싱가포르 사회복지·보장제도의 주축을 이루어왔을 뿐만 아니라 경제성장전략의 운용에 중요한 영향을 미쳐왔다. CPF제도는 1955년 영국 식민정부에 의해 채택된 이래, 계속 실시되어 오고 있다. 영국식민정부는 식민지의 사회보장요구를 충족시킬 기금과 자원들이 고갈되는 사태를 원치 않았기 때문에 식민국가가 자기자금 증식을 통한 적립금제도를 추구하게 하였다. 말레이시아는 1951년 종업원 적립금 제도 (Employee's Provident Fund: EPF)를 채택하였고, 싱가포르에서는 1955년 CPF제도를 도입하게 되었다. 싱가포르 사람들은 일단 고용되면 CPF 계정을 갖게 되어 있으며, 각 계정은 개인의 것이다. 고용주와 종업원은 월급에서 각각 20%씩 도합 40%를 CPF계정에 저축하도록 되어 있다. 모든 저축은 적립 시나 인출 시 세금이 면제된다. 싱가포르 CPF제도는 싱가포르의 국가저축률을 높이는 데 지대한 역할을 했다. CPF가 상당히 모이고 많은 사람들이 자기 집을 소유하게 되기까지는 시간이 필요했다. CPF는 아주 다른 사회를 만들어냈다. CPF와 자기 집 소유는 싱가포르가 30년이 넘는 동안 끊임없이 성장하고 발전할 수 있는 기초가 된 정치적인 안정성을 보장해 주었다. CPF 같은 사회 보장제도를 실시하기 위해선 물가상승률이 낮고, 이자상승률은 물가상승률보다 높아야 한다. 사람들이 물가상승이나 통화 가치하락 때문에 자신의 저축이 눈 녹듯이 없어지지는 않을 거라고 믿을 수 있어야 했다. 다른 말로 하면, 안정적인 재정 및 예산 정책이야말로 CPF의 성공을

---

26) 위의 글, p.249.

위한 전제조건이다. 이광요는 공정한 재분배를 통한 국민 통합정책에 대해 이렇게 언급했다.

> 우리가 자유 시장 경제의 경쟁을 통해 얻은 부를 재분배 하지 않았다면, 싱가포르의 연대감, 즉 자신들은 운명을 공유하고 있는 하나의 국민이라는 느낌은 약화되었을 것입니다. 만일 승자가 모든 것을 갖는다면 경쟁은 격렬해지겠지만, 집단의 결속력은 약해질 것입니다. 그러므로 개인 간의 경쟁과 집단 연대의 균형을 맞출 필요가 있습니다.[27]

이광요는 어떤 집단이든지 인구의 5% 정도는 항상 책임감이 없고 무능력한 사람들로 채워져 있기 때문에 그런 사람들은 미성년자처럼 돌봐줘야 하고 그 사람들의 아이들도 부모와 같은 무책임한 삶을 반복하지지 않도록 구제했다. 싱가포르는 다른 기회가 전혀 없는 사람들만이 도움 받을 수 있도록 했다. 이는 서양의 태도와 정반대의 것이다. 서양에선 자유주의자들이 부끄러움도 모르고 자신의 권리를 요구하라고 사람들을 부추겨서, 복지비용이 엄청나게 치솟았다. 싱가포르의 복지정책은 사람들이 계속해서 최선을 다하도록 만들었다. 재정적인 안정과 균형 잡힌 예산, 낮은 세금은 많은 투자와 고생산성을 촉진했다. 임금의 40%를 의무적으로 저축해야 하는 CPF 외에, 많은 사람들은 자발적으로 우체국, 저축 은행(POS 뱅크)에 추가 예금을 만들었다.[28] 이 모든 것은 정부 자금을 풍부하게 해 정부는 도로, 다리, 공항, 컨테이너 하역부두, 발전소, 저수지, 신속한 대중교통 체계와 같은 인프라에 투자할 수 있었다. 싱가포르는 비용을 낭비하지 않음으로써 낮은 물가상승률을 유지하였고 외화를 빌려 쓰지 않

---

27) 『일류 국가』, p.184.
28) 『일류 국가』, p.185.

아도 되었다. 이광요는 노사가 서로 싸우면 어떤 문제도 해결할 수 없음을 알고 과격 노조지도자들과 협조조항을 만들기 위해 긴밀히 공조했다.[29]

(3) 노 동

이광요는 노동정책에 있어서도 개인보다는 국가를 중시하는 그의 정치사상을 적용했다. 개인의 이익보다는 공동체의 이익을 중시하여 노조를 국가관리 하에 놓고 엄격히 통제한다. 이광요의 정치 인생은 노동조합의 법률 고문과 협상가로서 노동조합을 위해 일하는 것으로 시작했다. 1950년대 중반까지 대부분의 조합은 공산주의자들이 장악하고 있었으며, 공산계 조합과 비공산계 조합들을 불문하고 모두 전투적인 조직으로 변해갔다. 새로운 고용을 창출하기 위해서는 외자를 받아들여 새로운 고용을 창출하고 조합을 공산주의 통제 하에서 벗어나게 해야 했다. 싱가포르는 공산세력의 노동조합 장악으로 1940년대 후반부터 1960년대에 이르기까지 끊임없는 파업과 태업, 폭동을 겪지 않을 수 없었다. 이광요는 싱가포르의 '영국식 노동 관행'[30]이 새로운 노동운동의 고민거리였다. 1966년 7월, 이광요는 영국군에 고용된 육군 공무원 노동조합 모임에서 가진 연설을 통해 영국 경제를 무너뜨린 영국 노동조합의 나쁜 관행들을 버려야 한다고 호소했다. 이광요는 노사문제에 있어서 '관리와 규율, 노동 규범'을 다시 세워 효율적으로 재정비

---

29) Schein, 앞의 책, p.37.

30) 식민정부는 공산주의의 영향에 대항하기 위해 영국 노동조합 평의회의 (British Trade Union Congress)에서 잭 브레이저(Jack Brazier)같은 노동운동 전문가를 고문으로 초빙했다. 노조의 고문들은 공산주의 조합의 지도자들이 공산주의에 물들지 않고 고용주들에게서 더 많은 임금과 이익을 얻어내는 온갖 나쁜 관행들을 가르쳤다.

하지 않으면 안 된다고 역설하였다.[31] 싱가포르를 성장시키기 위해서 이광요는 이상처럼 체제와 조직을 만들어 스스로 그 선두에 서서 국민과 경제를 이끌었다. 싱가포르 성장의 기본 틀은 국가, 외국자본, 그리고 노동자의 삼자결합에 있지만 이 개발체제 가운데 이 나라의 노동자는 어떠한 역할을 감당하였는가? 싱가포르가 외국자본을 유치해서 산업개발을 진행해 나갔다는 것은 앞에서 논했다. 싱가포르정부가 외국자본을 유치하는 데는 절대로 필요한 조건이 하나 있다고 믿고 있었는데 그것은 바로 노동조합의 관리였다. 이광요는 파업이 빈번하고 노동자의 정치력이 강한 나라는 외국기업들이 싫어한다고 판단했다. 이광요의 측근 정치가의 한 사람은 독립 직후의 일을 회고하고 증언한다. 이광요는 처음부터 싱가포르의 생존에 모든 노력을 기울였다. 노조와의 교섭에 정력을 집중했다. 비공산계 간부전원을 시청 안의 회의실에 모아놓고 외자흡수를 위해서는 안정된 정치상황을 만드는 것이 무엇보다 중요하다고 설명했다.

> 솔직히 말해서 어떠한 파업도 나는 용서하지 않을 계획입니다. 무분별한 파업을 하는 자는 형무소에 들어가게 될 것입니다. 정말입니다. 외자를 유치하는 데는 거기에 적합한 국내상황을 만들 필요가 있습니다. 산업 없이는 우리들은 기력이 쇠해질 수밖에 없습니다. …… 이것은 생존을 위한 시련입니다. 잘 판단하는 게 좋습니다. 앞으로 2년간 보너스를 비롯해서 각종 상여금은 잊어버리는 것이 좋을 겁니다.[32]

이러한 단호한 태도를 가진 이광요 정부는 1967년 말 노동조합법을 개정하고 고용, 전환배치, 해고 등을 경영자의 경영권한으로 정하

---

31) 『일류 국가』, p.160.
32) 『일류국가』, p.107.

고 노동조합의 발언권을 봉쇄했다. 연휴도 12일에서 10일로 삭감했다. 이보다 전에는 노동쟁의 중재재판소가 설립되어 재판소에서 조정 중인 사안은 노동쟁의에 들어가지 않는 것으로 결정되었다. 이것에 의해 파업의 여부는 실질적으로 국가가 결정권을 가지게 되었다. 사실 1960년대 전반기는 매년 50건 전후였던 파업이 1970년대 중반에 와서는 10% 줄고 1978~1985년 사이는 제로가 되었다. 이러한 일련의 노동정책은 국가생존의 위기상황에서 노동자(국민)의 권리가 제한된다. 이광요는 "노동자는 국가위기를 극복하기 위해서 아무것도 말하지 말고 단지 자신을 믿고 가만히 있는 게 좋다"[33]라고 했다. 여기서 이광요의 강한 의지를 읽을 수 있다. 이광요는 "개발과 성장을 위해서는 노동자들의 희생과 인내가 필요하다. 이것은 국민에게 풍요한 사회생활을 영위하도록 하기 위해서 필요 불가결한 것이다"[34]라고 생각했다. 싱가포르의 성장과 개발을 고찰하는 데 있어서 이러한 노동정책이 간과되기 쉽다. 경제성장정책을 추진하는 데 있어서 값싼 미숙련 노동력뿐만이 아니고 훈련된 숙련노동력도 필요하게 되었다. 이 숙련 노동자의 존재는 타국과의 경쟁에 있어서도 유리하게 하는 요인임으로 정부는 노동자의 기술훈련에 힘을 기울였다. 초기단계는 직업훈련소 설립 정도로 그쳤지만 1970년대 말이 되자 선진 여러 나라정부와 대기업의 협력을 얻어 여러 기능훈련센터를 설립했다.

1970년대 초, 이광요는 일본식 노사를 본받아 노사 간의 공통된 목적의식을 갖도록 하기 위한 시스템을 시도했다.[35] 예를 들면, 모두

---

33) 『일류국가』, p.108.

34) 『일류국가』, p.108.

35) 노조는 회사가 조종하는 인형이 아니라, 회사의 정신을 흡수하고, 자사의 성공을 바라는 존재였다. 일본의 노조는 회사의 생산과 생산성에 영향을

유니폼을 갖춰 입고 함께 일하며, 화장실과 사원 식당도 공유하는 등 사소한 부분부터 평등주의를 실천한 것이다. 일본인은 기업 내 노조를 통해, 외부 노조로부터 사내조화를 침해받지 않도록 집단 결속을 강화하고 있었다. 어쨌든 노동조합과 노동자는 이처럼 개발체제의 가운데 편입된 것이지만 점점 이것이 가능하게 된 것은 정부에 의한 노동자 관리가 완성되어 있었기 때문이다. 1950년대에 들어와 인민행동당과 공산계 그룹이 격렬하게 정치투쟁을 전개했을 때 노동조합은 공산계 그룹을 지지하는 최대의 정치기반이었다.[36] 때문에 정부는 1960년대에 들어와 노동조합의 억압과 관리에 전력을 기울였다. 그 방법은 공산계 노동조합의 단체법등록을 철폐하여 강제적으로 해산시키고 한편으로 정부의 주장대로 전국노동조합평의회(National Trades Union Congress)를 창설하고 노동조합을 후자에 편입시키는 방법으로 시행해왔다. 이광요는 노사 간에 절묘한 조화를 어떻게 이루었는가에 대해 다음과 같이 언급한다.

> 그런데 노사문제가 투쟁의 양상을 띠면서 싱가포르는 위기를 맞게 됐어요. 40년대와 50년대를 거쳐 60년대까지 하루가 멀다 하고 폭동과 파업, 소요, 방화, 공장폐쇄가 계속됐습니다. 이런 식으로 가다가는 국가가 도산에 처하고 말 것이라는 것을 알았죠. 세계적인 다국적 기업들이 싱가포르에서 철수를 할 것이고, 국내기업인들도 자금을 회수해 다른 국가들로 떠날 것이 분명했기 때문입니다. 그래서 우리는 노사정위원회를 만들게 됐습니다. 정부와 경영자대표, 그리고 노동자 대표로 구성된 위원회는 정규적으로 만나 그해

미치지 않는 실제적인 방법으로 요구를 한다. 점심시간에 항의 파업과 태업을 하거나 혹은 근무시간에 완장을 달고 시위를 한다. 노조원들은 회사 경영의 건전성을 참작하는데, 이는 경영자가 노동자의 연금 일부를 지불하는 이유에서다. 이광요는 이러한 일본의 노조방식이 뛰어나다고 생각했다.

36) 『일류국가』, p.159.

의 지침을 함께 평가하고, 그에 따라 분야별로 5-6, 혹은 7-8퍼센트의 임금인상이 바람직하다든가 아니면 보너스를 주는 것이 바람직하나든가 등의 제인들을 나눕니다. 이 제안도 강제적으로 '해라'가 아니라 '했으면 좋겠다'는 추천의 양식을 취했죠. 우리는 바로 이런 방식으로 노사갈등을 해소해 나갔습니다.[37]

이러한 싱가포르식 국가조합주의는 국가에 대한 노조의 절대적 협조와 순응을 전제로 한다.[38] 여하튼 그 이후 사회주의전선의 쇠퇴와 함께 공산계 노동조합이 무력화되고 노동자는 전국노동조합평의회의 아래에 결집되게 되었다. 노동자의 조합 가입비율은 25% 정도밖에 되지 않았다.[39] 전국노동조합평의회의 서기장에는 인민행동당의 실세지도자가 임명되었다. 1993년에 대통령에 임명된 옹텡청(Ong Teng Cheong)도 그중 하나로서 그는 건축가로 출발하여 국가개발청에 오랫동안 일한 후 정치가로 변신하여 중요 각료위치에서 일하다가 1980년대 말경 인민행동당원위원장과 전국노동조합 평의회 서기장으로 취임했다. 1990년대 말에는 부수상이 되어 많은 중요한 지위를 겸임했지만 이 가운데는 노동조합서기장이 제일 중요한 위치였다. 이것이 상징하는 것처럼 노동자와 노동조합은 인민행동당정부의 개발체제를 지탱하는 중요한 조직이 되어 있었다. 매년 여름 8월 9일에 독립기념일 행사 퍼레이드가 열려 수많은 경제·사회단체가 참가하고 있지만 전국노동조합평의회는 언제나 행렬의 제일 선두에 등장한다. 그 정도로 정부와 긴밀한 관계에 있었다.

---

37) 송선근 외, 『세계를 움직이는 사람들』 (서울: 한국방송출판, 2000), p.69.

38) 박준식, 「싱가포르의 국가조합주의적 노사관계에 대한 고찰」, 『동남아시아연구』 (1997, 1월호), p.128.

39) 岩崎育夫, 『リー・ゴァンユ 西洋どアシアのはざまで』 (東京: 岩波書店, 1996), p.110.

싱가포르의 개발에 없어서는 안 될 유용한 노동자가 있었다. 그것은 바로 외국인 노동자이다. 개발을 시작했을 때 인구 200만의 작은 국가였지만 대규모 노동 집약형 산업을 광범하게 진흥하면 조만간에 노동력부족문제에 부닥칠 것은 명백하였다. 사실, 1970년대 일찌감치 노동력부족의 병목현상에 직면했다. 농촌의 잉여노동을 가지지 못한 여러 도시국가에서는 노동력을 필요로 하는 산업의 진흥을 그만둘까 아니면 외국인근로자를 도입할까 중의 하나를 선택할 수밖에 없었다. 싱가포르 정부는 좀 더 성장하기 위하여 후자를 선택했다. 싱가포르에서 일하는 근로자의 범주를 둘로 나누면, 조립공장에서 근무하는 젊은 여성 및 건설노동자들과 같은 미숙련근로자, 그리고 싱가포르 국립대학의 교수들과 변호사들과 같은 전문노동자들이다. 이 둘의 범주는 수입을 기준으로 구분하지만 정부의 대우가 완전히 다르다. 전자 그룹은 월급 1500달러(S $) 이하의 근로자가 거기에 속하고 그들을 고용하는 기업이 싱가포르정부에 노동허가신청을 해야 한다.[40] 지적수준이 높은 외국인 근로자는 미 숙련근로자처럼 구체적인 관리나 규제는 없었다. 그들 전문가는 초빙되었기 때문이다. 싱가포르는 외국인근로자를 무한정 받아들이지 않았다. 그들의 숫자가 많아져 정치·사회적으로 문제가 될 것을 우려하기 때문이다. 그러기 때문에 항상 일정 한도를 벗어나지 않도록 관리하고 있다. 1985년의 마이너스 성장으로 경기가 나빠졌을 때, 전자부품공장에서 약 6000명, 전기관련공장에서 약 6천4백 명, 제조업 전체에서 약 2만 명이 실직했지만 바로 해고된 것은 외국인 근로자였다. 그렇다고 외국인근로자는 대우에 구별과 제한이 있어도 불만을 말할 수가 없었다. 본국의 가난한 농촌에서는 현금수입의 기회가 거의 없지만 여기 싱

---

40) 위의 책, p.111.

가포르에서는 좀 참고 일하기만 하면 모국에서 얻을 수 없는 큰 수입이 있기 때문이다.

이상에서 언급한 것처럼 인민행동당은 정부 개입적인 경제정책으로 외국자본을 적극적으로 도입하고 이 나라의 근로자이건 외국인 근로자이건 그들을 교묘하게 관리해 이들 인적자원과 외국자본을 흡수하여 싱가포르의 성장을 달성하고 유지하였다. 이것이 자원이 없는 작은 나라인 싱가포르의 성장비결이다.[41]

싱가포르 산업화전략은 여타 신흥공업국가의 그것과 비교할 때 매우 독특한 점이 있다. 첫째, 주요 기간산업과 공공 서비스 부문이 국가에 의해서 독점되고 관료집단이 국가기업을 장악함으로써 자본이 사실상 배제된 국가와 노동의 2자동맹적 조합주의가 이루어 졌다는 점이다.[42] 국가의 시장에 대한 과도한 개입은 싱가포르 경제체제의 사회주의적 성격을 거론하게 해준다. 둘째로 외국자본에 대한 적극적인 투자 유인 조치를 통해 다국적기업과 공생하는 경제성장 정책을 집행해 왔다는 점이다.[43] 제3세계의 소극적 태도와 비교되는 싱가포르의 다국적 기업에 대한 적극적 지원정책은 자유무역항으로서 싱가포르의 이미지와 결합하여 싱가포르의 경제체제를 자유주의 시장경제로 규정하는 중요한 근거가 되지만 내적으로는 강력한 노동통제의 필요성으로 인하여 정치적 권위주의를 강화시켜주는 계기가 되었다.

싱가포르의 경제발전 전략은 첫째, 강력한 중앙집권적 정치체제의 바탕 위에 노사를 국가의 통제 하에 두어 산업평화를 유지한 점이다.

---

41) 박준식, 「싱가포르 국가주의적 노사관계에 대한 고찰」, 『동아시아연구』 (서울: 한국동남아시아 학회, 1997), p.113.

42) 장원석, 「아시아적 민주주의의 이상과 고뇌: 싱가포르의 경우」, 『지역연구』 (1995년 봄), p.280.

43) 위의 책, p.280.

둘째, 지정학적 이점을 살려 기간산업을 육성한 점이 외부의 투자를 촉발시키는 요인으로 작용한 점이다. 그리고 셋째는, 외부투자자들에게 세금우대정책을 실시함으로써 싱가포르에 우선적으로 진출하여 투자하도록 유도했고, 넷째, 다국적 기업을 유치함으로써 국내기업 활성화를 위한 투자의 발판으로 이용한 전략이 유효했다. 그리고 마지막으로 은행과 금융기관을 활성화하여 싱가포르에 거점을 둔 국내외 기업들에게 자금을 저리로 융자하여 투자사업확장에 힘을 실어준 점을 들 수 있다.

(4) 주 택

싱가포르는 정직한 정부에 의하여 폭넓은 공공정책을 효율적으로 추진해왔다. 주택정책은 가장 괄목할 만한 성과를 보인 공공정책 중의 하나이다. 영국의 식민지 아래서 싱가포르의 주택사정은 매우 열악한 편이었다. 대부분의 주택은 노후화되어 비위생적이었고 공공주택 건설기관이었던 싱가포르 개량신탁회사(SIT: Singapore Improvement Trust)의 활동부진으로 주택난은 심화되었다. 싱가포르는 영국으로부터 독립한 1959년에 주택개발법을 제정하고 이에 근거하여 SIT를 해체하였다. 1959년 인민행동당이 집권한 이래, 공공주택 공급·소유비율은 세계에서 그 예를 찾아 볼 수 없을 정도로 급속한 신장을 보였다. 이광요는 국민들이 자기 소유의 아파트를 임대 아파트와는 어떻게 다르게 관리하는지를 관찰한 후, 그는 인간 안에 재산에 대한 뿌리 깊은 본성이 자리 잡고 있다고 생각하게 되었다. 1950년대부터 1960년대 전반에 걸친 폭동기간 중에 폭동에 참가한 사람들은 자동차 앞 유리에 돌을 던지고, 차를 뒤집어엎고, 그것을 불태워 버리곤 했다. 하지만 1960년대 중반에 폭동이 벌어졌을 때, 이미 자신의 집과 재산을 소유하게 된 사람들은 다르게 행동했다. 이광요는 젊은이들이 길 위에 세워 두었던 자신들의 스쿠터를 주택개발공사(Housing Development Board; HDB) 건물 계단 위에 안전하게 옮겨다 놓은 것을 보았다. 이광요는 모든 가구에 반드시 그들이 보호하고 방어하고 싶어 할 견고한 자산, 특히 집을 제공해야겠다는 결심을 다시 한 번 확고히 했다.44) 이광요는 집권과 동시에 주택개발공사를 설립하였다. 이로 인해 현재 싱가포르 인구의 약 80%가 여러 가지 형태로 공공주택을 소유하고 있다. 이러한 주택공급은 사회복지·보장뿐만 아니라 사회, 경제, 정치적으로 다양한 목표들을 추구하는 정책적 프로그램 역할을 해왔다. 다인종으로 구성된 싱가포르 공동체의식 함양과 국가의 정체성을 발전시키기 위해, 초기엔 인종별로 주거 공동체를 형성하고 살던 주거형태를 주택단지로 분산, 정착케 함으로써 각 인종 간에 생활 스타일과 경험의 조화를 도모하고, 학교 및 지역사회의 공동참여를 통한 다인종 혼합공동체의 발전을 기대하였다. 싱가포르 정부가 항상 강조하듯이, 공공주택의 공급가격은 정부보조에 의해 항상 국민들의 지불능력 범위 내에서 책정되어 왔다. 정부보조는 크게 세 가지 형태를 취하고 있다. 첫째는 정부지출 보조이고, 둘째는 정부의 저리융자이며, 셋째는 토지매입상의 특권이다. HDB의 적자는 정부로부터 전액 보조를 받도록 되어 있다. HDB의 소요자본지출에 대한 장기금융은 정부의 개발기금으로부터 융자를 받는 형식을 취한다. 주택건설을 위한 융자는 10년 동안 연 6%의 이자를 지불하도록 되어있다. HDB의 차용금 이자는 시중은행의 프라임 레이트(prime rate)보다 낮아 HDB는 금융조건상의 혜택을 누려왔다. 그 밖에도 HDB는 토지를 시장가격보다 싸게 구입할 수 있는 특권을 누려왔

---

44) 『일류국가』, p.182.

다. 이러한 싱가포르의 주택정책은 싱가포르 젊은 부부들에게 집 장만의 걱정을 줄여줌으로 경제적으로 윤택한 생활을 가능하게 하였고, 국민들의 자발적인 협조를 이끌어 내는 견인차 역할을 하였다.

소규모 도시국가의 특수성을 잘 활용하여 이광요는 국민을 정부에 협조적인 구성원으로 유도하기 위하여 정부주도의 주택정책을 폈다. 1959년 PAP정부가 집권하자 대규모 실업사태를 해결하기 위해 대규모 공공주택을 건설하려는 장기적인 전략을 실천에 옮기기 시작했다.[45] 1965년 독립 이후 공산당과의 대결국면에서 그들을 이길 수 있는 방법은 국민들에게 주택과 일자리를 주는 것이라는 사실을 인식한 이광요는 인력자원이 유일한 자산임을 깨닫고 인력들이 자발적으로 국가의 정책에 협조하도록 주택이라는 인센티브를 사용하였다. 1970년대 초까지 주택프로그램은 눈부신 성장을 이루었기 때문에 영국의 지시 하에 홍콩 식민행정부도 주택문제를 해결하기 위해 싱가포르 모델을 모방하기 시작했다. 이광요의 자기 집 갖기 계획은 새로운 자본을 건설사업에 투입함으로써 직업을 창출하려는 의도도 없지 않았다.[46] 1965년 9월 독립한지 한 달 후에 이광요는 10년 안에 빈민들이 살고 있는 모든 판잣집을 허물 것이며, 고층 아파트가 들어선 근대적인 주택가로 만들겠다고 거주민들에게 약속했다.[47] 주택정책은 근로자 개인별 계좌를 설정하여 운용하는 중앙적립금제도(CPF)라는 독특한 장치를 중핵으로 하는 근로복지체계를 근간으로 이루어지고 있다. 이것을 이용하여 주택을 소유하고 교육비를 융자받을 수 있게 함으로써 사회보장과 저축기능을 절묘하게 조화시키고

---

45) Michael Hill and Lian Kwen Fee, *The Politics of Nation Building and Citizenship in Singapore*(New York: Routledge, 1995), p.117.

46) Michael D. Barr, 앞의 책, p.149.

47) 『일류국가』, p.296.

있다. 개인별 계정은 가족 간에 서로 대체하여 활용할 뿐만 아니라 상속도 가능하도록 함으로써 동양적 가치관과도 연계될 수 있다. 정부는 공공주택사업을 대대적으로 전개하여 근로자의 주택마련을 용이하게 하며 각급 학교의 개발, 건설 및 운영에 소요되는 비용의 대부분을 부담함으로써 근로자 가계의 교육비를 포함하여 가계비 지출 부담을 경감시켜준다. 따라서 싱가포르는 노사가 각각 수입의 20%씩 부담하는 CPF에 의하여 의료 재난 및 노후에 대한 최소한의 보장이 되어 있을 뿐 아니라 주택 소유율이 높고 교육비의 상당부분은 정부가 부담하기 때문에 근로자의 교육비 부담이 상대적으로 낮아 안정적인 생활이 가능하다.

공공주택사업은 이광요 수상이 주민사회를 통제하기 위한 방편으로 추진했던 몇 가지 핵심사업 중의 하나이다. 그러나 그것은 물리력에 의한 통제가 아니라 사회조직을 개선하고 경제성장을 이룩함으로써 간접적으로 통제하는 것이다. 주택개발청은 싱가포르의 인구분포를 변경시키는 데 효과적인 도구였다. 즉 이광요는 종족과 파벌, 그리고 종교와 언어의 다양성에 뿌리박고 있는 자연공동체를 붕괴시키고, 그들 모두를 한 곳에 집중시킴으로써 이들을 용이하게 조정하고 통제할 수 있게 되었다. 인구의 80%가 정부지원으로 건립된 고층아파트에서 살고 있고 그들 중의 대부분은 아파트를 임대하기보다는 중앙예비기금으로부터 대부를 받아 아파트를 구입하였다.[48]

싱가포르의 공공주택건설은 그 규모와 속도에서 볼 때 대단한 환경실험이다. 그것은 아직 세계에 유래가 없는 고밀도 인구의 대부분을 고층건축물에 살게 하고 있다는 점에서 대단한 사회적 실험이라고 할 수 있다. 거기에는 새로운 지역사회를 만들어 국민을 위한 새

---

48) James Minchin, 이성봉 역, 『李光耀』 (서울: 삼호미디어, 1994), p.355.

로운 생활양식을 만들어내는 계획이 필요했다. 공공주택건설은 주택개발청(HDB)이 20년간에 35만 6천호를 건설하고 인구의 70%를 수용했다는 점에서 대단한 도시개발의 실험이었다.(〈표 5-1〉 참조)

〈표 5-1〉 HDB의 주택·상업개발 공급추세(1960-1994)

년도	총계	주택공급	상업개발	년간주택 공급율	각 기간 말 HDB주거인구비율
1960-1965년 (제1차 건설계획)	54,430호	53,777호	653호	10,755호	25%(1964/65)
1966-1970년 (제2차 건설계획)	66239호	63,448호	1,791호	12,690호	36%(1969/70)
1971-1975년 (제3차 건설계획)	113,819호	110,362호	3,457호	22,072호	48%(1974/75)
1976-1980년 (제4차 건설계획)	137,670호	130,981호	6,689호	26,196호	74%(1979/80)
1981-1985년 (제5차 건설계획)	200,377호	189,299호	11,078호	33,860호	81%(1983/84)
1986-1990년 (제6차 건설계획)	121,400호	119,708호	1,692호	23,942호	87%(1989/90)
1991-1994년 (제7차 건설계획)	51,256호	67,521호	354호	16,0880호	86%(1994)

자료: 장영철, 「싱가포르의 사회복지제도」, 장영철, 유인선(외) 『동남아의 선진복지국가 싱가포르』(서울: 한국외국어대학교출판사, 1998), p.237..

주택단지의 개발은 뉴타운이라는 형태로 진행되어 쾌적한 주거공간 마련에 중점을 두었다. 지역사회정신의 육성에는 시민자문위원회, 지역공동체 센터, 관리위원회, 거기에 자발적으로 사회봉사를 하려고 하는 단체와 개인의 집합체인 주민위원회의 활동이 많은 도움이 되었다. 주민의 물리적 환경이 변했기 때문이라고 해도 그와 함께 생활양식이 변한 것은 아니다. 생활양식의 변화는 충분한 고용기회의 제공, 그 결과로서의 풍성함, 교육제도, 사회적 가치관의 변화에 의해 유발된 싱가포르 사회경제적 변화에 큰 영향을 받았다. 그렇지만 공공주택단지는 그것을 위한 하나의 무대라고 볼 수 있다. 정치적 안정과 경제발전계획의 성공에 의해 주택단지에 의한 물리적 환경을 향상시키는 것이 가능하게 되었다. 그리고 이것은 생활의 질을 향상시켜 정치적 안정을 강화하고 경제개발을 용이하게 한 요인임에는 틀림없다. 경제적으로는 공공주택건설은 국가차원에서 국민총생산(GNP)의 증가에 현저한 역할을 하게 했고, 자본지출의 최대 부분을 점하고 있다. 특히 정부의 자본지출에 있어서 높은 점유율은 다른 대도시에서는 찾아 볼 수 없는 것이다. 개인차원에서는 분양가격과 비용과의 상대적인 관계는 주택의 종류와 소재지에 의해 서로 다르다. 공공주택개발의 양상이 비슷한 홍콩과 일본과 비교해보자면 싱가포르정부가 특히 주택의 분양가격을 대폭 싸게 해서 국민의 대다수가 쉽게 구입할 수 있도록 함으로써 내 집 마련의 확장에 노력하고 있는 것을 알 수 있다.[49] 싱가포르 사회통제의 기구인 HDB는 싱가포르 정부가 요구하는 바람직한 사회의식을 불어넣고, 적절한 사회적 행위를 유도하기 위해 규칙과 법을 도입할 수 있는 권한을 부여받았다. 공동체 치안시스템으로서 공공주택제공은 1983년에 도입되어 3만의 HDB거주자가 있는 곳마다 경찰초소가 설치되었다.[50]

이광요는 1960년에 주택개발공사(HDB: Housing Development Board)를 설립하여 연차계획에 따라 불량주택을 철거 및 재개발하여 공공 아파트를 대량으로 공급하였다. 투자재원의 대부분을 정부 차입금에 의존하는 HDB는 중산층과 저소득층을 대상으로 분양주택과 임대주택 등 공공주택을 공급할 뿐 아니라 각종 편의 시설과 상업용 건물을 건설하

---

49) 위의 책, p.144.

50) Michael Hill and Lian Kwen Fee, 앞의 책, p.128.

기도 하며, 주택단지 조성과 관리, 건축 관련 엔지니어링 및 주택정책 수립 등 공공주택과 관련된 거의 모든 업무를 하나의 조직 내에 집중시 키고 있는 체계적이고 효율적인 기관이다. HDB를 통하여 실시되어 온 공공주택 건설정책은 시대에 따라 정책목표와 대상 및 제도의 변화를 거치면서 추진되었다.(〈표 5-2〉 참조)

〈표 5-2〉 HDB의 공공주택 건설

건설 계획	지어진 아파트 총 호수	연평균 건축 율
First(1960-5)	54,430	9,072
Second(1966-70)	66,239	13,248
Third(1971-5)	113,819	22,764
Fourth(1976-80)	122,925	28,924
Total	357,413	X = 18,502

자료: Peter S. J. Chen, Singapore Development Policies and Trends, (Singapore: Koon Wah Printing(Pte) Ltd., 1983), p.203.

HDB의 출발 초기인 1961년 시작한 제1차 주택건설 5개년 계획은 저소득계층의 주거안정을 목표로 1~3개의 방을 갖춘 임대용 긴급주 택공급에 주력하였다.[51] 이 기간에 HDB에 의하여 공급된 주택 총수 는 653호의 상가를 포함하여 54,430호에 이르는데 이 숫자는 1927년 부터 1959년까지 32년간 공급된 23,000여 호의 무려 2.4배에 이른다. 1968년 정부는 HDB 주택구입자에 대하여 중앙공적금제도(Central Providents Fund, 이하 CPF)계정의 적립액을 인출 할 수 있도록 하 였다.[52] CPF제도란 근로복지사업의 주축으로 기금은 노사가 취업근

---

51) Peter S. J. Chen, *Singapore Development Policies and Trends*(Singapore: Koon Wah Printing(Pte) Ltd., 1983), p.202.
52) 장영철, 앞의 글, p.270.

로자의 임금을 기준으로 일정비율을 갹출한 자금으로 형성되고 있다. 정부는 단지 그 기금을 관리·운영하고 있을 뿐이며 운영비의 일부만을 분담하고 있다. CPF제도의 도입을 계기로 공공주택에 대한 근로자의 수요가 대폭 증가하게 되고 제 2차 계획 기간에노 HDB는 주택을 66,239호를 건설했다. 1970년대 초반에 이르러 공공주택수요는 가장 크게 증가하였고 입주 대기자의 수가 1974년에는 10만 명을 넘게 된다. 이들의 수요 양태도 방수가 많은 큰 아파트를 요구하였고, 임대주택보다는 분양주택을 선호하게 되었다. 이러한 주택수요의 팽창과 양태 변화에 대응하여 싱가포르의 주택정책은 크게 바뀐다. 중산층을 대상으로 하는 공공주택정책의 일환으로 1974년 주택·도시개발회사(HUDC: Housing & Urban Development Co.)가 1974년에 설립되었다.[53] 그 해부터 우편저축은행(Credit POSB: Credit Post Office Savings Bank)에 의한 주택자금제도가 마련되어 민간 주택자금을 대출하기 시작하였다. CPF도 1975년에 중산층 주택공급 계획을 실행하였다. 그 결과 제4차 계획부터 주택정책의 초점은 양적 공급에서 질적 개선으로 이행되고, 실제 건설되는 주택도 방 1~2개형이 격감하고 3~4개 이상에 집중되었다. 그러나 HUDC 주택의 경우 좋은 위치에 부유층지역이 형성되어 계층 간에 위화감을 조장할 우려가 있게 되자 1980년에 그 기능을 다시 통합하였다. 주택공급 대상이 저소득층에서 중산층으로 크게 확대되면서 민간주택가격이 급등하자 대형화·고급화된 공공주택에 대한 수요가 다시 급증하였다. 이러한 요구에 부응하여 HDB는 제5차 계획기간에는 무려 200,377호를 건설하여 수요를 충족시키면서 각종 제도로 가격안정을 도모했다. 아울러 쾌적한 주거환경을 마련하기 위하여 주택건설 기준을 강화하

---

53) Michael Hill and Lian Kwen Fee, 앞의 책, p.124.

232

고 주민자치기구에게 주택단지 관리업무를 일부 이양했으며, 주택단
지별로 특색 있는 체육 · 위락 · 공공시설을 여유 있게 배치하는 데
주력했다. 주택수급이 거의 균형상태에 이르게 되자 1989년부터 공
공주택을 구매할 수 있는 가구의 수입 상한을 폐지하고 HDB의 재판
매 아파트를 구입한 가구에게도 투자용으로 민간주택을 구입할 수
있게 하는 등 주택의 보유와 거래에 관한 각 가족에 대한 지원 강화
와 저소득 가구의 주택소유 지원을 위한 계획을 마련하였다.54)

체계적이고 효율적인 정부의 주택정책이 장기간 지속됨에 따라 싱
가포르의 주택보급률은 100%를 넘어섰고, 공공주택 거주인구비율이
1994년 86%에 달했다. 그 가운데 대부분인 81%가 자가주택 거주인
구이고 나머지 5%만이 임대주택 거주인구이다.

싱가포르 근로자의 거의 대부분은 HDB의 공공주택사업을 통하여
주택을 마련하고 있다. 공공주택은 정부에서 지원하는 보조금을 바탕
으로 HDB가 건설하기 때문에 민간주택보다 저렴하게 공급된다. 그러
므로 HDB에게 주어지는 정부보조금이 주택 가입자에게는 주택가격을
저렴하게 하고 임대주택 거주자에게는 낮은 임대료가 적용되도록 함
으로써 간접지원을 하고 있다. HDB에서 공급하는 주택 가운데 중산층
용 주택을 제외한 모든 주택에 대해서 주택자금이 대출되며 그 이자율
이 비교적 낮고 장기간에 걸쳐 상환된다. 일반주택의 경우 분양가격의
20%를 현금으로 불입하며 대가족 우선공급 등 특별주택에 대해서는
10%만 현금으로 불입하고 나머지는 전액 대출해 준다. 상환기간은 5
년 미만에서 최장 25년까지이며 이자율은 대상 · 기간 및 주요 은행의
예수금 금리 변동 등에 따라 달라지지만 상업은행 금리보다 저렴한 편
이다. 장기의 저리 융자 역시 근로자의 주택마련에 대한 정부의 지원

---

54) 장영철, 앞의 글, p.240.

책이라 볼 수 있다. 특히 근로자들에게는 1968년 이래 중앙적립금제
(CPF) 개인 계정의 적립금을 공공주택 구입 시 또는 대출금 상환 시
에 인출할 수 있게 함으로써 더 큰 편의의 혜택을 주고 있다.[55] 이미
지적한 바와 같이 CPF계정은 근로자 본인과 사용자가 임금의 일정비
율을 함께 부담하여 적립된 것이며 55세까지는 특정 목적 이외에는 인
출을 못하게 되어 있었다. 그러한 적립금을 주택 구입과 대출금 상환
에 활용할 수 있게 한 것은 본인의 현금지출 부담을 줄여주는 편의와
혜택임에 틀림없다. 사용자의 기여분도 활용할 수 있다는 것은 근로자
의 주택마련에 대한 일종의 기업 내 근로복지라고도 말 할 수 있다. 이
것은 CPF에 가입한 근로자가 개인계정에서 주택구입 자금으로 인출
할 수 있는 경우는 첫째, 공공주택구입자금인출제도, 둘째, 민간주택구
입자금 인출제도, 셋째, 주택보장보험제도 등 세 가지로 대별된다. 공
공주택 구입자금인출제도는 1968년부터 시작되었으며 당시에는 HDB
주택 또는 JTC(Jurong Town Co.)가 건설한 주택을 구입하는 경우 주
택 입주금과 주택자금 대출금의 월상환금에 대하여 일부 또는 전부를
CPF의 적립금에서 인출하여 사용할 수 있게 하였다. 1975년에는 중산
층용 공공주택을 구입할 때에도 CPF 적립금의 인출을 허용하였고,
1977년부터는 군인주택에도 허용하였다. 1986년부터는 민간주택시장
에 매각할 수 있게 된 중산층용 주택에도 적립금 인출이 허용되었다.
민간주택구입자금 인출제도는 1981년에 도입되었다.[56] CPF에 가입한
근로자가 주택마련 또는 투자목적으로 싱가포르에 있는 주택을 구입
할 때 적립금을 인출할 수 있게 한 제도이다. 이 역시 주택구입자금 지
불이나 주택자금대출금의 월상환금에 대하여 전부 또는 일부 쓸 수 있

---

55) 장영철, 위의 글, p.262.
56) 위의 글, p.271.

234

게 한 것이다. 공공주택이건 민간주택이건 구입한 주택을 매각하게 되면 인출된 금액을 다시 예치해야 한다. 그 후 1년이 경과하면 재인출도 가능하다. 한 채 이상의 주택을 구입하거나 신규 적립금이 쌓이게 되면 새로 주택을 구입할 경우에도 CPF적립금을 인출할 수 있다.

주택보장보험제도는 1981년에 시작한 제도로 주택을 구입한 CPF가입자가 사망 또는 장애로 노동력을 상실한 경우에 대하여 차입한 주택자금 대출금의 잔여 금액을 본인 대신에 상환해 주도록 한 제도이다. 그렇게 함으로써 장애 가입자 또는 사망 가입자의 가족이 계속 해당 주택의 소유권을 유지할 수 있게 된다. 이 제도는 공공주택 구입자금 인출제도에 의하여 주택을 구입하는 55세 이하의 정상적 근로자에게 가입이 의무화되어 있다. 보험료는 가입자의 연령과 성별, 그리고 보험기간 등에 의하여 달라지며, 해당주택을 매각하거나 주택자금 대출금을 만기 전에 상환하는 경우에는 보험료 중 미사용 분은 CPF가입자의 일반계정으로 환불된다. 이처럼 싱가포르 근로자들은 거의 대부분 주택마련을 위하여 CPF적립금을 활용하고 있다. 또한 그 적립금의 상당 부분이 사용자의 기여에 의하여 조성되고 있다. 그러므로 기업이나 노동조합이 별도로 주택마련을 지원할 필요성을 느끼지 못하며 실제 종업원 또는 조합원의 주택마련을 위한 지원도 거의 없는 것이 특징이다. 사회보장제도와 맞물린 공공주택정책은 결혼한 지 얼마 안 되는 저소득 부부들의 주택마련에 대한 걱정을 덜어주고 그들의 소득을 일상에 필요에 소비할 수 있도록 함으로써 정부의 정책에 자발적으로 협조하도록 하는 강력한 동인이 되었다.57)

---

57) Michael hill and Lian Kwen Fee, 앞의 책, p.122.

2. 문화정책

(1) 모국어 활성화정책

이광요는 중국문화의 확대가 싱가포르의 안정을 해치는 것으로 간주했다. 그 이유는 중국어교육, 문화의 중시는 중국 국수주의와 밀접한 관련을 가지고 있으며 다른 소수민족에게는 배타적이기 때문이었다.[58]

단일 공용어로 영어를 사용하자는 정책에 대한 저항은 끊임없이 계속되었다. 모순적인 것은 이광요가 누구보다도 중국어교육의 유지를 간절하게 원한다는 사실이었다.[59] 1950년대에 중국어 중학교 학생 지도자들의 법률고문으로 활동했을 때, 이광요는 그들의 생기발랄함, 역동성, 잘 짜여진 규율, 그리고 사회적이고 정치적인 일에 높은 참여도를 보이는 것에 깊은 인상을 받았다. 그런데 반대로 영어교육을 받은 학생들의 사회적 무관심과 자기중심주의, 그리고 자신감의 부족은 이광요를 당혹스럽게 만들었다.[60]

1966년부터 2개 언어정책을 시작했지만 싱가포르를 교묘히 '영어국가'로 유도한 것은 영어가 국민을 통합하는 데 가장 무난했기 때문이었다. 제2언어인 모어(母語)는 경시되었고 영어는 의사소통의 국제적 도구로서 급속히 보급되었다. 그렇지만 영어의 보급은 단순한 언어의 영역일 뿐만 아니라 국민 특히 젊은이들에게 서구적 가치관의 보급도 의미하고 있다. 중국어에서 영어로의 전환이 일어나자, 이광요는 중국어 학교체계에서 배울 수 있었던 가치 있는 것들을 잃

---

58) Michael D. Barr, 앞의 책, p.188.

59) 『일류국가』, p.230.

60) 『일류국가』, p.230.

236

어버리게 될까 걱정이 되었다. 이광요는 중국어 학교의 장점들을 보존하고 싶었다. 잘 짜여진 커리큘럼과 자신감, 그리고 그들이 학생들에게 일깨워준 도덕적인 가치와 사회적 가치들, 중국의 전통에 기초한 삶의 가치와 문화들, 이런 장점들을 보존하고 싶었던 것이다. 이광요는 이러한 동일한 가치들을 두 개의 언어를 새로 도입하려는 학교의 학생들에게 물려주려 하였다. 그는 그들이 교육용 언어인 영어만 사용하게 되어 가족에 대한 유교적 가치를 학교에서 배울 수 없는 상황을 초래해 자신들의 문화를 잃어버리게 할 수는 없었다.[61]

PAP의 지지율이 1979년 2월의 보궐선거로부터 분명히 저하한 원인을 정부는 그 통치스타일에 있는 것이 아니고 서구 가치에 영향을 받은 젊은이(1965년 이후 세대)가 개인의 자유만을 내세우며 정부를 비판하는 데 있다고 생각했다. 싱가포르 집권당의 지지율을 떨어뜨리는 서구적 가치에 대응하기 위해서 어떻게 할 것인가에 초점을 두었는데 이에 대한 해답이 바로 교육부보고서(Report of the Ministry of Education 1978)였다. 이것은 당시의 고켕쉬 교육부장관을 중심으로 마련된 것이기 때문에 고켕쉬의 보고서(Goh report)라고 불렸다. 이 보고서의 중심은 모어(母語)교육을 통하여 아시아적 가치를 함양하고 그것에 의한 도덕교육의 강화이다. 영어교육이 커다란 비중을 점함에 따라서 탈문화의 위험이 무시할 수 없는 정도에 이르게 되었다. 탈문화로의 위험을 피하는 방법은 "중국인아동(華人兒童)·학생에게는 고대중국사로부터 한(漢)왕조라고 하는 유교국가 건설까지의 역사와 유교적 규범을, 인도인은 인도의 역사와 힌두교의 규범을, 말레이사람은 동남아시아의 역사와 말레이 전통을 각각의 모어로 가르치는 것이다"[62]라고 설명하면서 보고서는 모어교육(母語教育)을 통

---

61) 『일류국가』, p.236.

해서 사회 도덕적 행동규범을 전달하는 것이 효과적이라고 제언했다.
비록 영어를 공용어로 하고 있지만 아시아의 문화와 도덕을 계승해
나가기 위해서는 모국어교육을 통하여 그 목적을 효과적으로 달성할
수 있다는 것이다.

고켕쉬의 보고서(Goh report)가 '중국인아동·학생이 중국어를 통
하여 배우는 것은 다름 아닌 유교적 규범이다'라는 논지 속에는 중
국어를 통하여 접하는 광범위한 중국사상에는 도교 등 유교 이외의
것도 포함된다는 것을 의미한다. 유교적 규범만을 가지고 마치 그것
이 중국의 전통적 가치의 모든 것처럼 간주하는 것은 정부가 중국인
에게 습득을 기대하는 규범이 바로 인내, 질서, 부모에게 효행, 애국
심 등을 포함하는 유교(儒敎)적 가치이기 때문이다. 이러한 정부의
생각은 1982년부터 시작하는 종교지식교육(宗敎知識敎育)에 의해서
시작한 것이다. 더욱이 모국어를 중시한다고 해도 영어를 경시하는
것은 아니다. 영어와 모국어의 습득을 효과적으로 하기 위해서 고켕
쉬 박사의 보고서는 지금까지의 학교교육제도를 개정해서 능력별 학
급편성을 실행에 옮기도록 제안했다. 그 결과 평균 내지는 평균 이
상의 아동은 영어에 숙달하면서 동시에 출신 민족·그룹의 모국어에
대해서 상당히 높은 수준의 읽기, 쓰기 능력을 가지도록 하는 능력
별 학급편제가 도입되었다. 새로운 제도에서는 아동·학생은 초등교
육과정 4학년 때 치러지는 시험의 결과에 따라 세 개의 단계로 나뉘
어지는 것으로 시작하여 몇 번의 선발시험에 의해 분류한 뒤 사회로
배출하는 것이다. 이러한 신교육제도에 의한 엘리트주의적 코스 분

---

62) Goh Keng Swee(with the Education Study Team), *Report on the Ministry
of Education 1978*, (Singapore: Ministry of Education, 1979), pp.1-5. 고·
보고서(Goh Report)의 요지는 "Education and Science"(Singapore:
Ministry of Culture, 1981), pp.85-88.

238

류에서 중요시되는 것은 당연히 영어와 모국어의 습득 정도이다.
1970년대 후반부터 진행된 싱가포르 경제의 고도화('신산업혁명'이라
불림)가 필요로 했던 것은 영어에 숙달한 대량의 숙련기술자와 전문
직 종사자였으며, 그들을 효과적으로 교육하는 새로운 시스템이 절
실했다. 이광요는 중국어 중학교 가운데 가장 우수한 아홉 개의 학
교를 특별 지원계획 하에 두고 그 학교에서 학생들이 특별집중 프로
그램을 통해 영어와 중국어를 배울 수 있도록 추가로 교사를 배치했
다. 그래서 이들 학교들은 전통적인 중국어 학교들이 가진 형식과
규율, 사회적 예의범절들을 보존하는 데 성공했다.63)

(2) 중국어고전 및 충효교육

중국인은 중국어로 말하는 캠페인은 중국어를 매개로 동양고전을
접하게 함으로써 국민들에게 충·효를 심어주기 위함이었다. 이광요
와 그의 아내 가옥주(柯玉珠)는 영어로 교육하는 학교에서 교육을
받았기 때문에 영국에서 공부하는 동안 중국출신의 학생을 만나고
나서 중국인으로서 중국어를 구사하지 못한다는 데 대한 일종의 상
실감을 느꼈다.64) 공식적으로는 아시아 고유의 교육을 받지 못하고,
또 다른 한편으로는 영국 문화에도 속하지 못했다. 다시 말해 두 문
화 사이의 이방인에 지나지 않았다. 이광요와 그의 아내 가옥주는
이 같은 문화적 장애를 자신들의 세 아이에게는 물려주어서는 안 된
다고 결심했다. 그래서 세 아이를 활기차고 자신감 있는 중국인 사
회의 어엿한 구성원으로 만들기 위해 중국인 학교에 보냈다. 아이들

---

63) 『일류국가』, p.237.
64) 『일류국가』, p.226.

은 중국어로 교육을 받을 수 있었고, 부모에게 효도하는 것이 훌륭한 시민이라는 중국적인 가치관을 몸에 익혔으며 게다가 영어까지도 유창하게 구사하게 되었다. 이광요의 자녀들은 두각을 나타내며 상을 타기도 해 학교와 중국어 신문들은 이 사실을 보도해 다른 부모들이 그들의 자녀를 중국어 학교로 진학시키도록 장려했다.65) 특히 1979년부터 개시된 중국인은 중국어로 말하도록 하는 캠페인은 교육현장에서 모국어의 활성화정책을 병행했다. 이것은 사회 전체에서의 모국어 재건운동이었다. 당시 싱가포르는 정부주도 정책인 영어국가로의 유도에 의해서 전통적 가치를 잃어가고 있었다. 즉 독립 이래 정부가 추진해온 개발과 경제적 성공 가운데 최고의 전통적인 가치가 파괴되어 서구적 가치관에 영향을 받은 것이 중국인이었기 때문에 그들이 정부비판의 선두에 설 가능성이 있다고 간주되었기 때문이었다. 실제로 1979년 2월에 보궐선거에서 야당후보자가 30%를 상회하는 득표를 한 것은 비교적 부유한 중국인이 많이 사는 지구였다.66) 이 캠페인은 구체적으로는 먼저 방언추방운동으로 나타났다.

정부는 1981년 11월에 비판적인 광동어(廣東語) TV드라마를 돌연 폐쇄시킨 것을 시작으로 강력하게 방언을 추방하기 시작했다. 이것에 대해서 반대파는 방언을 사용하지 않으면 친근감이 없다는 점과 방언을 버리면 소위 뿌리를 잃어버린다는 것, 특히 홍콩에서는 광동어도 공용어가 되고 있다는 점을 들어서 방언을 존속시킬 것을 제언했다. 그러나 정부의 자세는 강경했다. 싱가포르의 방언은 여러 언어가 가미된 소위 '싱가포르 토착언어'에 지나지 않고 문자로 나타내지 못하는 표현도 많고 문화적 가치가 낮다는 점, 홍콩의 광동어는 잘

---

65) 『일류국가』, p.226.

66) *The Straits Times*, 11 February, 1979.

240

보전된 언어이고 싱가포르 토착중국어와는 다르다는 점을 강조하며
양보하지 않았다. '중국인은 중국어로 말하기 캠페인'은 매스미디어를
총동원하여 실행했다. 중국어신문은 물론 이 표어는 '우리 중국인사
회의 공통어인 보통어로 이야기하자'(1979년), '방언이 아니고 보통어
로 이야기하자'(1980년) '공공장소에서는 보통어로 말하자'(1981), '매
일 보통어로 이야기하자'(1982년) 등 매년 홍수처럼 많아지는 '보통
어로 대화하지 않으면 중국인이 아니다'와 같은 상황이 연출되기 시
작했다. 이광요 수상은 또한 각지의 집회에서 이렇게 언급했다.

> 감정적으로 모국어가 될 수 없는 영어로만 교육을 받는다면 중
> 국인의 감정은 왜곡되고 말 것입니다. 보통어는 중국인에게는 모국
> 어로 받아들여질 뿐만 아니라 전통적인 중국가치도 또한 계속 이
> 어가게 할 것입니다.[67]

그리고 보통어 학교의 학생이 영어 학교의 학생보다 행실이 바르
다는 점을 들어 보통어를 학습하는 것과 그것에 의해 습득되는 행동
규범을 '중국인 다움'으로 적극적으로 칭찬했다. 이러한 발언은 독립
전후에 보통어·중국문화를 배제하려고 했던 시기와는 대조적이다.
그러나 '중국인은 중국어로 말하기 캠페인'에 대한 소개도 잡지
ASIAN WEEK의 영어판과 중국어판에서는 완전히 다르다. 영어판
은 야당과 같은 자세를 취해서 그것이 모든 사람이 그런 것처럼 기
사내용을 쓴다. 보통어판은 영어판과 같은(정부에 대한) 적대적인
접근을 하지 않는다. 두 개의 판은 완전히 문화가 다르다.[68] 이것은

---

67) 新加坡中華總商會·新加坡宗鄉會館連合總會編, 『李光耀談新加坡華人社會』
 (Lee Kuan Yew on the Chinese Community in Singapore)(新加坡: 勝利
 出版, 1991), p.95.

68) *The Far East Economic Review*, 2 February, 1989.

서구식 민주주의학습의 결과인 개인주의와 충효를 강조하는 유교적인 행동규범의 차이를 의미하는 것이다. 이러한 운동은 커다란 효과를 거두었다. 중국어교육을 받은 중국인이 적극 동참했기 때문이다. '중국인은 중국어로 말하기 캠페인은' 그늘에게 공공연하게 중국어와 중국문화를 추진하는 기회를 제공했다. 이 운동은 그 후 장기간에 걸쳐 다양한 방법으로 지속되고 있다.

(3) 종교지식교육

모국어의 재건에 의한 도덕교육의 강화를 구체적으로 추진하려는 목적으로 1982년부터 학교교육의 현장에 종교지식교육이 도입되었다. 중등교육과정 3, 4년의 학생은 성서지식(Bible Knowledge), 불교 연구(Buddhist Studies), 힌두교 연구(Hindu Studies), 이슬람지식(Islamic Religious Knowledge), 유교윤리(Confucian Ethics), 세계종교(World Religions) 가운데 하나가 필수과목으로 채택되었다. 중국인을 대상으로 한 '중국어로 대화하는 캠페인'을 대대적으로 벌이는 목적은 배우는 아동시기부터 아시아의 전통적 가치를 종교라는 매개체를 통하여 교육하면 국민 모두가 도덕성을 함양할 수 있다는 것이다.69) 이러한 종교지식교육의 중심은 유교였다. 당초는 종교로서 확립되어 있지 않기 때문에 교과과정으로 만드는 데 어려움이 있어 선택대상이 되지 않았던 유교(儒敎)를 적극적으로 도입하도록 힘쓴 이

---

69) Gopinathan, S., "Religious Education in a Secular State: The Singapore Experience," *Asian Journal Political Science*, Vol. 3 No.2(December 1995), pp.20-21. 5개의 선택 외의 시크(Sihk)단체의 요청으로 시크(Sihk Studies)도 선택과목으로 도입되었지만 교과과정을 만드는 것이 곤란하기 때문에 삭제했다. 세계종교(World Religion)도 같은 이유로 나중에 삭제되어, 선택폭은 결국 네 개가 되었다.

242

는 바로 이광요 수상이다.[70] 이광요 수상은 전통적인 가치를 잃어버리고 서양화되는 중국인에게 먼저 '중국어를 말하는 캠페인'에 의해서 언어로 특히 유교교육에 의해 정부가 바라는 유교적 가치관, 윤리관(인내, 규율, 질서, 부모에 효행, 애국심 등)을 침투시켜서 중국인을 하나로 규합하려 했다. 유교를 선택대상으로 삼은 이유를 이광요 수상은 다음과 같이 설명한다.

> 유교의 전통으로 교육받은 사람은 나이든 양친을 한 사람이라도 방치하는 일이 없습니다.(中略) 우리들의 임무는 전통적인 유교의 가치를 젊은이에게 전하는 것입니다.[71]

1982년, 싱가포르는 대대적으로 유교선전과 해외로부터의 저명한 유교연구자를 초대한 강연회가 빈번하게 개최되어 유교의 해(a Year of Confucianism)라고 일컬어진다. 이 시기는 또한, 아시아 NICS발전의 요인을 유교적 가치로 돌리는 신유교주의를 제창하는 학설이 각광을 받고 있는 경향이 있어 정부는 이 학설에 의거해서 "유교는 싱가포르의 경제발전에 적합하다"는 생각을 분명하게 했다.[72] 유교는 확실히 경제발전에 도움이 되는 측면(교육의 중시 등)도 있어 싱가포르와 같은 PAP일당지배를 전제로 하고 국민의 이의신청을 거부하는 체제에서는 적합한 사고방식이다. 왜냐하면 유교에는 개인의 권리, 개인의 자립이라는 사고방식은 포함되지 않고 지배자, 피지배자, 부자(父子), 부부, 형제, 친구라는 5개의 기본적인 인간관계에 있어서 의무에 주목하여 충의, 부모에게 효행, 우애, 진심만을 강조하기 때문이다. 즉 PAP

---

70) 위의 글, p.20.

71) *The Straits Times*, 6 January, 1991.

72) 田中恭子, 「ンガポールの儒教教育」, 『アジア研究』 제37권 1호, 1990년, p.12.

정부가 유교를 추진하는 것은 마치 정부지도자는 군자이기 때문에 군자를 따르면 발전과 번영은 틀림없이 온다는 것을 강조하려는 것이다. 유교주의적 인간의 이상에 있어서 군자는 좋은 정부의 필수요건이다. 군자는 미덕, 문화, 재능, 능력, 그리고 장점을 가진 신사를 의미한다.[73] 유교교육을 받은 사람은 체제에 쉽게 동조하고 협조하는 사고방식을 소유하고 있어서 유교의 주입식교육은 일당지배의 안정을 의도한 극히 정치적인 것이라고 할 수 있다. 실제로 유교를 선택한 아동・학생이 사용하는 『유교윤리』(중등교육과정 3년 차)의 「국가와 가족」이라는 교과서에서는 '국가와 국민은 하나의 행복한 가족처럼 살지 않으면 안 된다'라고 서술하고 있으며 지도자의 자질에서는 '덕과 능력이 있는 인물이 지도자이며 국민의 물적인 생활뿐만 아니라 정신적・도덕적인 면도 향상시킬 수 있는 사람'이라고 서술하고 있다. 또한 국민의 역할은 '가족의 연장자와 국가가 자신의 의견과 다르면 그들을 존경하면서 자신의 의견을 정확하게 설명해서 조언을 하도록 해야 하며 그렇게 하기 위해서는 바른 지식을 습득하고 도덕적인 틀에서 벗어나지 않도록 하는 것이다'라고 설명하고 있다. 이광요를 잘 아는 고촉동 수상은 이렇게 말하고 있다.

> 싱가포르는 영국으로부터 물려받은 제도 위에 유자(儒子)와 같은 이상적 정치 지도자를 모셔왔습니다. 즉 도덕적으로는 고결하고 사람들로부터 신뢰받는 공자와 같은 유자(儒子)입니다. 다스린다는 것은 바른 것을 행하는 것입니다. …… 이광요는 현대의 공자입니다.[74]

정부지도자가 이광요 수상을 군주화하려는 움직임도 이러한 유교

---

73) Michael D. Barr, 앞의 책, p.212.
74) *The Straits Times*, 6 January, 1991.

244

중시와 관련이 있다. 1983년 9월 이광요 수상은 60세의 생일을 맞이했다. 이때 축하식에서는 TV·라디오를 생중계 하면서 국가적 행사로서 경축했다. PAP의 창시자의 한 사람인 라쟈라트남(당시는 제2부수상)이 사회진행을 맡으며 대통령이 친구로서 축사를 낭독하는 등 10년 전의 50세 축하파티보다도 공적 색채가 강해졌을 뿐만 아니라 유교적 전통에 걸맞은 축하행사였다.75) 이광요는 1990년에 수상을 고촉동에게 양보했지만 그 후에도 '모든 각료의 고문(顧問)'이라고 하는 선임장관으로서 정권에 커다란 영향력을 행사하고 있다. 그러나 정부의 커다란 노력에도 불구하고 결국, 종교지식교육은 1989년에는 수정되어 1990년도에는 필수에서 제외되게 되었다. 그 직접적인 이유는 유교를 선택한 학생이 1989년에 중등교육과정 3학년 전체의 17.8% 정도밖에 안 되는 소수이기 때문이지만 사실상의 이유로 첫째는 종교지식교육에 의해서 종교에 대해서 관심이 고조되어, 정부가 가장 바랐던 유교의 침투가 아니고 기독교가 특히 중국인들에게 침투한 것이다. 다음의 〈표 5-3〉은 민족별로 믿는 종교를 1980년도 1990년도에 비교한 것이다.

정부가 기대한 유교(분류에서는 중국전통신앙에 포함된다)는 감소하고 중국인의 불교도와 크리스찬이 증가하고 있는 것을 알 수 있다. 경제발전과정에서 전통적인 가치와 공동체를 잃고 서구화된 중국인이 케케묵은 유교가 아니고 불교와 기독교에 매력을 느낀 것은 당연한 것인지도 모른다. 둘째로, 종교단체 특히 기독교 단체가 학교와 병원 등에서 열심히 선교활동과 정치적 사회적인 활동을 하게 되어 그것에 대해서 다른 종교단체가 반발해 서로 다른 종교단체 간의 마찰로 번질 위험이 있었기 때문이다. 특히 정부에 대해서 치명적인 것은 기독교

---

75) *The Far East Economic Review*, 6 October, 1983.

단체의 활동이 체제비판으로 바뀌기 시작한 점이다. 1983년의 고학력 여성의 출산 장려책에 반대해서 가톨릭교회는 정부에 의견서를 제출했다. 또한 1987년 치안유지법으로 구금된 16명은 교회를 거점으로 외국인노동자의 인권옹호활동을 해온 사회운동가였다.

〈표 5-3〉 싱가포르의 민족·그룹별 신앙종교(%) 1980년/1990년

		1980년	1990년
중국인	불 교	34.1	39.3
	중국전통종교	38.4	28.4
	그리스도교	10.7	14.0
	기타종교	0.2	0.3
	無종교	16.6	18.6
말레이계	이슬람교	99.6	99.6
	기타종교	0.3	0.2
	無종교	0.1	0.2
인도계	힌두교	56.5	52.5
	이슬람교	21.7	27.0
	그리스도교	12.5	12.2
	다른종교	8.1	7.0
	무종교	1.2	1.2

자료: 田村慶子, 『シンガポールの國家建設』(東京: 明石書店, 2000), p.252.

예상하지 못했던 국민의 종교열성이 높아져 특히 영어교육을 받은 전문직종사자 등이 종교단체 하에 집결해 정부비판을 하는 것을 염려한 정부는 종교지식교육을 수정하는 동시에 1990년에는 '종교조화법(Maintenance of Religious Harmony Bill)'을 제정해서 성직자가 서로 다른 종교 간에 마찰을 일으키는 행동과 종교단체의 이름으로 사회 정치적 상황에 간섭하는 것을 금지했다.[76] 종교단체의 공적인

246

사회 활동은 이 법률에 의해서 종지부를 찍게 된 것이다.

'중국인은 중국어로 대화하는 캠페인'과 함께 주목할 만한 것은 중국인에 대한 역사교육·애국심교육이 실시되어 온 점이다. 1972년에 초등교육의 학습지도요강으로부터 제외된 역사 과목은 1980년대 초반에 부활했다. 그 의도는 싱가포르에 일거리를 찾아서 중국으로부터 맨몸으로 온 조부가 각고의 노력을 기울여 성공을 쟁취한 역사적 사실을 언급함으로써 싱가포르건국의 고난의 발걸음을 가르치고, 애국심을 고양시키는 데 있었다.

(4) 유교적 국민공유가치 함양

종교지식교육에 실패했기 때문에 PAP정부가 고켕쉬박사 보고서(Goh report)의 핵심인 모국어 말하는 것을 활성화시키는 도덕적 교육을 더욱 강화할 수 없었다. 먼저 1990년대에 들어와 '중국인은 중국어로 말하도록 하는 캠페인'의 목적에는 방언의 추방과 더불어 '유교적 지식전달'이 포함되게 되었다. 이광요는 "중국어를 말하는 것으로 중국문화전통을 중국인의 다음 세대에 전달하는 것이 가능하다. 중국어는 중국의 고전 특히 공자의 가르침에 접근할 수 있는 유일한 방법이다"[77]라고 말하기도 했다. 주목할 만한 사실은 중국인뿐만 아니라 말레이인과 인도인을 포함한 모든 싱가포르 국민에게 유교적인 가치관을 보급시키려는 시도가 1988년부터 시작되었다는 점이다. 1959년부터 1960년대 전반, 말레이어를 습득하는 것으로 국민 정체성을 구축하려했던 시도는 지금에 와서 유교적인 가치관을 모든 국

---

76) *The Far East Economic Review*, 19 October, 1989.

77) Quah Stella R., *Family in Singapore: Sociological Perspectives*(Singapore: Times Academic Press, 2nd. ed., 1998), p.147.

민에게 공유하게 함으로써 탑다운 방식의 국민 정체성 구축으로 변화한 것이다. 1989년 1월, 싱가포르 대통령은 "싱가포르 사람들의 생활양식이 서양화되고, 아시아 사람의 도덕, 의무와 사회에 대한 사고방식이 서양화된 개인주의적이고 자기중심적인 사고방식으로 계속 변화해오고 있다. 싱가포르의 상이한 민족 그룹이 공유 가능한 싱가포르 사람됨의 특징을 가지고 있지 않으면 안 된다"고 언급하면서 모든 국민이 공유 가능한 새로운 가치관으로서 '개인보다도 사회를 우선, 가족중시, 투쟁보다도 합의, 인종 간 및 종교적 조화' 이 네 가지를 중심적 가치(Core Values)로 정하였다.[78]

  2년의 준비와 선전과정을 지나서 1991년 1월 다음 5가지 '국민공유가치(Shared Values) 백서(白書)'가 발표되었다.[79] 정부는 이것을 '중국인, 말레이인, 인도인 등 어느 국민의 가치관과도 조화시킨다'라는 목적으로 백서 가운데 '공유가치를 비(非)중국인에 유교논리를 강요하기 위한 구실로 하려는 것은 아니다'라는 전제조건을 명백하게 밝혔다. 1989년 싱가포르 대통령 연설에서 '중심가치'가 되고 있는 것이 '공유가치'로 대체된 것은 모든 국민이 '공유'가능한 것을 강조하기 위한 것이다. '국민공유가치'는 폐지된 '종교지식교육' 대신에 학교교육의 장에 등장했고, 아동, 학생들을 대상으로 학습하도록 권장되었다. 백서가 '유교 가운데는 예를 들어 인간관계의 중요성을 강조하는 것과 사회를 개인의 위에 놓는 것 등은 현재의 싱가포르에 유

---

78) *The Straits Times*, 10 January, 1989.

79) *The Straits Times*, 16 January, 1991. 다섯 가지 공유가치는
　　① 개인보다도 사회, 사회보다도 국가를 우선
　　② 사회의 기본단위는 가족
　　③ 사회는 개인을 존중하고 지원한다.
　　④ 투쟁보다는 합의
　　⑤ 인종 간 조화 및 종교적 조화이다.

용한 것이다'라는 결론을 내리고 있다는 것을 보더라도 국민공유가치는 명백하게 유교적 색채가 농후하다. 싱가포르정부는, 인내, 규율, 질서, 효행, 애국심 등의 유교적 가치관·윤리관을 정부와 국민을 연결하는 강한 이데올로기적 가치관으로써 모든 국민이 공유하는 것을 목적으로 하였다.[80] 종교지식교육의 실시 배경은 종교적 미덕함양을 통해 각 민족그룹 간의 마찰을 줄이고 국민의 단결을 도모하여 체제를 유지하는 데는 유교적 가치관·윤리관이 최적격 이라는 결론에 도달했기 때문이다. 가장 명백하게 유교적인 것을 '국민공유가치'로 한 배경에는 싱가포르정부의 초조감과 불안이 있다. 국가가 국민공통의 이념과 이데올로기를 권장하는 것은 정권이 위기에 처해 있기 때문에 국가가 '위에서부터, 중심으로부터'의 민족주의를 주입함으로써 국민에게 국가에 대한 일체감과 헌신을 요구한다. 인도네시아의 건국5원칙은 최고신에 대한 헌신, 인도주의, 인도네시아 통일, 지혜롭게 이루어지는 민주주의, 사회적 공정성이 1945년 8월 독립전후의 혼란기에 강조되었다. 한편 말레이시아의 국가이념은 신에 대한 신앙, 국왕과 국가에의 충성, 헌법의 옹호, 법의 지배, 좋은 행동과 도덕이지만 바로 이 이념이 1969년 5월의 민족폭동 다음해에 발표된 것이어서 체제유지를 위한 국가 이데올로기적 성격을 그대로 나타내고 있다. PAP의 위기감은 아주 강했다. 이광요를 '군주'로 신격화하는 것도 정권의 불안을 나타내는 것으로 보인다.

단지 이 '국민공유가치'는 1990년대에 들어와서 국제사회를 장악한 '아시아의 가치논쟁'에 대한 싱가포르의 회답이라는 측면도 함께 고려해야 한다. 1993년의 세계UN인권회의 개최를 앞둔 이 시기는 인권과 민주주의에 대한 서구 여러 나라로부터의 비판에 대하여 아시

---

80) Ho Khai Leong, 앞의 책, p.46.

아 여러 나라들은 '아시아는 아시아의 사고방식, 가치관이 있다'라고 반박했다.[81] 싱가포르는 인권 NGO가 인정되지 않는 나라로 낙인찍혀 중국과 함께 서구 여러 나라에 비판받았을 뿐 아니라 서구의 인권외교에 강하게 반발했기 때문에 싱가포르는 '아시아의 가지관이라는 것은 무엇인가'를 명확히 하지 않으면 안 되었다. 그 회답이라고 할 수 있는 것이 '국민공유가치'이며 그것을 '싱가포르의 가치'로 하지 않고 오히려 '아시아인의 도덕과 의무, 사회에 대한 사고방식'이라고 대통령이 말한 것은 외교적인 측면이 있었지만 다른 한편으로 중국 등의 지지를 얻으려는 의도도 없지 않았다. 냉전종결에 의해서 싱가포르정부의 인권억압정책은 서구 여러 나라의 비난을 받기 시작했다. '중국어로 대화하는 캠페인'을 지지한 중국어파 중국인을 포함하여, 영어의 보급과 능력주의 추구를 권장해온 국민에게 '국민공유가치'는 시대에 뒤떨어진 것일 수밖에 없었다. 싱가포르국민의 입장에서 볼 때 '국민공유가치'의 권장이 "PAP의 권위주의적 통치를 정당화하려하는 숨은 의도를 가지고 있다"라고 생각하게 하는 것은 당연한 것이었다. '개인보다도 사회, 사회보다도 국가가 우선'이 되면 정부비판은 '국민공유가치'에 반하는 것이 되어 비판하는 권리를 주장하는 것은 '서구의 자유주의 사고'로 간주되어 소외되기 쉽기 때문이다. 다른 비판도 많이 있다. 유교적 색채가 진한 공유가치에 대하여 비(非)중국인은 '중국인 국수주의'라고 반발했다. 말레이인 국회의원조차도 "국민공유가치는 다른 사람의 민족의상을 입고 있는 것 같다"라고 비판했다. 또한 "유교적 가치관을 도입하면 당연히 중국으로 눈을 돌리게 된다. 즉 중국과의 민족주의적인 끈을 부활시키게 되어 여러 민족사회에 있어서 위험한 것이다"[82]라고 하는 비판도 비

---

81) 黑柳米司, 「人權外交」, 對 "ワイジアン・ウェィ" 一軟着陸を求めて, 『國際問題』 제422호(1995), pp.37-38.

(非)중국인으로부터 받게 되었다.

3. 소결(小結)

　이광요의 아시아적 가치는 개인보다는 국가를 우선하는 국가 중심적인 사고방식이다.

따라서 국가발전정책에 있어서 국가주도로 거의 모든 정책이 실행되었다. 싱가포르는 리더십원칙 프로그램 그리고 업적 면에서 아시아적 가치를 도입한 전형적인 사례이다. 이광요의 교육에 대한 강조와 권고는 유교정신에 따른 것으로 일반 교육과 도덕교육에 큰 주안점을 두었다. 교육에 대한 유교적 강조는 가부장적 정부의 자비로움과 결합되어 있으며 정부에 대한 교훈적 접근으로 확산된다. 도덕교육의 일환으로 예의를 지키는 것에 대한 캠페인과 공중화장실 물 내리기 등에 관해 설득하는 데는 모택동 스타일의 국가적 캠페인을 벌이고 공공토론방법을 이용했다. 영어가 제1언어로 정착된 후 서구의 밀려오는 물질문명으로 인해 사회체계가 느슨하게 되기 시작하자 1970년대 후반부터는 아시아 가치의 중요성을 강조하고 충효사상을 주입하기 위해 중국어교육을 통한 모국어 활성화를 모색하고 유교를 장려하기 위해 종교교육을 시행했다. 그 목적은 중국어를 통해 중국고전을 접하게 하고 충효사상을 흡수하도록 유도하기 위한 전략적 발상이었다. 이광요는 1959년 이후 산업화를 추진하면서 인적자원개발에 주력하였다. 소규모 도시국가로서 부존자원도 없고 문화와 언어를 달리하는 다민족의 제약을 극복하여 산업화를 추진하기 위해서

---

82) *The Far East Economic Review*, 2 February, 1989.

는 교육·훈련을 통하여 효율적이고 유연한 인력자원을 개발하는 길이 가장 중요하다고 본 것이다. 1960년대 초부터 학교교육체계를 다양화하고 기술·직업교육을 강화하였다. 이 당시 싱가포르 교육체계는 다민족, 다문화, 다언어로 구성된 소규모 국가의 정체성 확립뿐만 아니라 부존자원의 한계를 극복하고 경제개발에 필요한 생산적인 인적자원을 효과적으로 육성하고 공급하는 역할을 담당해왔다. 이를 위해 정책결정자들은 교육의 경제성에 초점을 맞추어 왔다. 고졸 이상의 학력을 가진 이들을 훈련시키는 기술학원을 설립하여 '신기술의 창구'역할을 하도록 하였다. 이를 통해 싱가포르의 산업훈련체계의 발전이 가속화되었고, 도제식 훈련체계(Apprenticeship)가 공식적인 훈련프로그램으로 도입되기 시작했다. 이러한 일련의 교육기술훈련 체계 개혁 및 산업훈련체계의 발전은 경제활동의 다각화와 기능 향상이라는 경제정책을 지원하는 데 초점을 두었다.

이광요와 그의 동료들은 유럽 특히 영국식 복지국가 모형을 근로윤리·직업윤리를 저해하는 주요 요인으로 규정하고 국가경제의 도산을 초래할 수 있다고 경계하였다. 사회보장제도는 근로의욕을 높이는 방향으로 설계되어야 한다는 것이 싱가포르 지도자들의 일관된 원칙이다.

싱가포르는 노동정책에 있어서도 개인보다는 국가를 중시하는 이광요의 정치사상이 적용된다. 개인의 이익보다는 공동체의 이익을 중시하여 노조를 국가관리 하에 놓고 엄격히 통제했다. 이광요는 중국인들이 중국학교체계에서 배울 수 있었던 가치 즉 충·효 사상을 잃어버릴까 걱정이 되었다. 그래서 그는 학교에서 모국어 활성화교육을 통해서 체제를 유지하는 데 유리한 유교적 가치를 강조했다. 중국어를 말하는 것으로 중국문화전통을 중국인 다음 세대에 전달하는 것이

가능하고 중국어는 중국의 고전 특히 공자의 가르침에 접근할 수 있는 유일한 방법이었다. 이외에도 유교가치를 활성화시키기 위해서 종교지식교육정책을 집행했는데 그 결과 기독교가 다른 종교를 흡수해버리는 역현상이 일어나고 기독교는 반정부적인 정치적 성향을 띠게 되자, 종교지식교육을 폐지하기에 이르렀다. 그렇다고 유교적인 공유가치함양을 포기한 것은 아니며 국민공유가치 백서의 형태로 발표되었다. 국민의 입장에서 '국민공유가치'의 권장은 PAP권위주의 통치를 정당화하려는 숨은 의도가 있는 것으로 비치는 것은 당연한 것이었다. '개인보다 사회', '사회보다 국가가 우선'이 되면 정부비판은 '국민공유가치'에 반하는 것이 된다. 그리고 비판하는 권리를 주장하는 것은 '서구의 자유주의 사고'로 간주되어 소외되기 쉽기 때문이다. 국가창업의 리더십에는 한비자나 법가적인 법에 의한 지배가 국가의 질서를 잡는데 유리하고 국가수성의 리더십에는 유교에 그 뿌리를 둔 민본정치 그리고 충효의 덕목이 체제를 유지하는 데 유리하다. 이광요는 이러한 원리를 그의 국가창업과 수성과정에 잘 활용하였다.

VI. 결 론

1. 연구의 요약

이광요는 1990년 말에 수상직을 은퇴할 때까지 식민지 싱가포르의 수상을 4년간 역임했고 말레이연방의 싱가포르 수상직을 2년간, 그리고 독립싱가포르 공화국의 수상직을 25년간 역임했다. 본 연구는 이광요의 근대화리더십을 분석함에 있어 터커의 분석 틀인 상황의 권위적 진단, 처방, 지지의 동원과정이란 세 가지 리더십과정을 상황진단, 비전, 그리고 지지 동원을 위한 처방으로 재규정하여 이를 분석 틀로 설정하고 이광요가 어떠한 근대화리더십과정을 거쳐 싱가포르를 일류 국가반열에 올려놓게 되었는가를 분석하였다. 국가건설초기에 싱가포르는 인구의 증가와 빈곤 문제 그리고 경제기반 미비로 인해 커다란 어려움을 겪었다. 그뿐만 아니라 공산주의자들의 파업과 영국의 철수로 인해 사회적 혼란과 실업난은 더욱 가중되었다. 이러한 어려움 속에서도 이광요는 싱가포르가 더 이상 강대국의 노리개로 전락해서는 안 된다고 주장하면서 군대를 창설하여 일류 국가를 향한 그의 비전을 하나씩 실천해가기 시작했다. 먼저 도덕적인 가족중심사회건설을 위해 그는 이슬람교도들은 예외로 하고 일부일처제를 정착시켰다. 이광요는 집권하면서 싱가포르가 주변국가들 가운데서 살아남으려면 도덕적으로 깨끗하며 능력 있는 관료로 구성된 강력한 일당체제에 의한 규율을 중시하는 깨끗한 정부 실현이 절실히 필요했다. 그는 경제성장의 전제조건은 정치적 안정에 있다고 판단하고 인민행동당을 중심으로 한 강력한 일당지배체제를 형성하였다. 인민행동당은 집단지도체제의 틀을 유지하면서 민주적 의사결정 방식을 통하여 정책결정을 하였다. 그리고 관료들의 청렴성과 정직성을 유지하기 위해 부패행위조사국(CPIB)을 통하여 부패를 막고 예방하기 위해 이 기관의 힘을 더욱 강화시켰다. 그리고 국민들을 교육시키고 도덕적으로 재무장시키기 위해 국민공유가치를 선포했으며 공공질서 지키기를 위한 캠페인을 벌였다. 이러한 질서 있는 사회건설을 위해 이광요는 규율을 강조하면서 경제적 성장을 모색하기 위해 경제기획시스템인 경제개발청(EDB)을 만들었다. 이 기관은 싱가포르의 예상되는 위기상황을 시나리오별로 분석하여 장기적으로 정책적 처방을 내놓았을 뿐만 아니라 외화유치를 위해 세계 각 국에 지부를 두고 다국적 기업을 싱가포르로 끌어들여 투자하게 만들었다. EDB는 싱가포르 경제발전의 작은 심장역할을 감당했다. 특히 싱가포르의 젊은 엘리트들이 EDB의 리더를 양성시키는 독특한 조직문화에서 훈련을 받고 정부의 각 부처에 배치되어 EDB의 전략적 실용주의를 확산시킴으로써 싱가포르 시스템의 효율성을 제고할 수 있었다.

여기에 힘입어 고도의 경제성장률을 기록하면서 서구의 자유주의의 문화가 대량 유입되어 개인주의가 급속도로 확산되자 규율이 느슨해지기 시작했다. 이에 위기감을 느낀 이광요는 1970년대 말 아시아적 가치의 중요성을 역설하여 충·효교육을 위해 각 학교마다 종교교육을 실시하고 각 민족 고유의 언어교육을 강화하였다. 이를 통해 싱가포르 인구의 약 70%를 차지하는 중국인들에게 만다린어를 교육함으로써 고전을 접하도록 유도하여 아시아적 가치를 보전하려 하였다.

이광요는 싱가포르의 경제성장 과정을 통해 얻어진 국부를 공정하게 분배하여 국민들의 신뢰를 얻을 수 있었다. 지지의 동원을 위한 처방이라는 차원에서 이광요는 주택정책을 사용하였다. 주택정책은 국민들을 정부의 정책에 자발적으로 참여하고 협조할 수 있도록 하는 데 강력한 인센티브를 제공하였다. 그는 건국초기인 1960년대 후반에 공공주택임대를 통해 국민들의 신뢰와 협조를 얻어 공산주의자들과의 대결에서 승리할 수 있는 단초를 마련하였다. 부의 균등한 분배를 통해 국민들의 신뢰를 얻은 인민행동당은 국민들의 강력한지지 하에 PAP의 일당지배체제를 공고히 할 수 있었다. 이러한 강력한 정치력을 바탕으로 파업중재 재판소를 설치하여 파업을 철저히 예방하고 단속하는 데 성공하였다. 이광요는 파업을 하는 나라에 외국기업이 진출해서 투자할 이유가 없으며 노사 간에 화합이 없으면, 모두 실업자가 되고 만다는 사실을 노동자와 노조(勞組) 지도자들에게 보다 설득력 있게 주지시켰다. 그리고 이광요는 정책을 효율적으로 수행할 수 있도록 강력하고 공명정대한 지도자가 도덕적 권위를 갖고 국민의 존경을 받을 수 있어야 한다는 통치철학을 실천에 옮겼다. 반(反)식민투쟁을 승리로 이끌었던 제1세대 개발도상국 지도자들의 대부분은 구(舊)질서를 타파하는 데는 성공했으나, 새로운 질서 구축에는 실패했다. 그 이유는 새로운 질서를 수립하는 데 필수적인 좀 더 복잡한 능력, 즉 중요한 경제정책 결정을 내리는 데 필요한 자질이 부족했기 때문이다. 외세를 몰아내고 식민지 상황에서 벗어나면, 번영은 당연히 찾아오리라는 환상 속에 현실을 제대로 이해하지 못했던 것이 문제였다.

효율을 극대화하기 위한 리더십의 3대 요인을 들자면 다음과 같다. 첫째, 비효율을 유발시키는 현실에 대한 정확한 상황진단이다. 둘째, 처방의 과정으로써 문제 상황을 해결하기 위한 적절한 해결책모색이다. 셋째, 지지 동원의 과정으로써 그 해결책의 성공적인 실행을 위한 구성원의 지지 동원에 있다. 이광요는 정책결정을 하기 전에 여러 관점을 검토하여 시행착오를 줄이는 합리성을 보였지만 결국 실천에 가장 큰 강조점을 두었다.

이광요의 정치스타일에서 나타나는 중앙집권적인 정치형태는 서구의 이상적인 민주주의와는 많은 차이가 있다. 이광요의 통치이념과 세계관은 이러한 조건을 재구조화하는 과정에서 잘 드러나고 있다. 엄격한 상벌주위와 실천을 강조하는 업적주의(meritocracy)는 싱가포르의 문화적인 가치통합을 가능케 하고 관료들의 부정부패를 척결했을 뿐만 아니라 합리적인 경제행위를 유지시키는 데 중요한 역할을 하였다. 정치안정을 꾀하기 위한 질서구축에는 법가적인 사상을 도입했으며 사회통합과 유지를 위해서는 유교주의적 가치관이라 할 수 있는 가족주의와 집단주의를 강조하여 무비판적으로 유입되고 있는 서구식 개인주의화를 차단하고자 노력하였다. 여기에 보편적으로 법을 적용시킬 수 있는 강력한 통치방식은 다양한 세력과 종파적 권위를 초월하여 시민의 자유를 박탈한 것이 아니라 오히려 권리를 보호하는 계기를 마련해 주었다.

요컨대 이광요의 근대화리더십은 실력주의, 법의 지배(rule of law) 그리고 높은 도덕성(high morality)과 실용주의(pragmatism) 및 리더의 창의적 능력(creativity)에 의해 그 특징이 드러나며, '연성권위적 실용주의형'에 해당된다.

이광요의 개인의 역사는 곧 싱가포르의 역사라 할 수 있을 만큼 싱가포르의 국가형성에 막대한 영향을 미친 인물이다. 이는 오늘날 경제발전을 이루었다는 국가적 목표달성자로서의 높은 평가와 함께, 싱가포르식의 민주주의라는 결과를 보여주기도 했다. 특히 이광요는 민주주의라는 개념을 서구의 것과는 대별되는 것으로 파악하여 동양권에 맞는 자기 식의 민주주의를 강요한 바 있다. 서구의 근대화의 경향이 동양권에서는 맞지 않는 경향을 볼 때 이광요의 주장에는 상당한 설득력이 있다. 역사적으로 경제성장을 이룬 대부분의 국가들은 정치적 권위주의가 일체의 자유를 박탈하지 않는 나라늘에서만 이루어졌다는 특징이 있다. 그러나 이광요는 관료들을 탈정치화시켜 행정관료형의 강력한 권위주의 국가체제를 형성하면서 근대화의 길을 걸어 왔다는 점에서 서구의 근대화이론과는 정 반대의 양상을 보인다. 그러나 결과적으로 이광요는 싱가포르 사회의 경제발전을 이루어 냄으로써 민주주의의 가능성을 그만큼 넓혀놓았다. 실제로 싱가포르의 최근 상황을 보면 중산층의 급격한 증가와 세대교체에 따른 시민들의 정치 참여 가능성과 주체적 역량의 폭이 상당 정도 커졌다는 것을 알 수 있다. 정부의 정책도 일방적인 상명하달 식의 권위주의적 방식에서 개방적이고 참여 지향적인 형태로 변하고 있다.

경제발전을 단순한 문화적 설명, 예를 들어 유교주의 또는 강한 근로윤리로만 설명할 수 없다. 그것은 많은 상황의 조합이며 고도로 동기부여 된 정부의 활발한 시행착오의 과정이다. 싱가포르 경제발전이 시사하는 바는 각 나라가 그 나라 고유의 문화적 유산을 이해하고 그 문화적 유산의 강점 위에 발전과정을 형성해야 하는 것임을 알 수 있다. EDB는 강한 서열체계를 창출하여 동기부여가 잘된 관료와 경영자 등 성취도가 높은 팀플레이를 하는 사람들로 구성되어 있다. 싱가포르에서의 리더들은 무엇을 할 것인가를 충분히 알고 있고 그것이 아무리 어렵든지 간에 실행시킬 수 있도록 인내를 가지고 팀으로 실행시키며 다른 사람들에게 설득시킬 수 있을 정도로 명확한 것에 기초하고 있다는 것이다. 이런 종류의 리더는 교활한 독재자가 아니며 다른 사람의 말에 귀를 기울이며 아이디어를 찾고, 팀 및 전략 업무팀을 형성하고,

다른 것들로부터 배우는 데 힘쓴다. 이광요는 많은 통제를 가했지만 그러한 통제를 가한 배후의 논리를 명확히 밝히는 의사소통에 대한 노력이 있었다. 싱가포르 사례는 리더십에 대한 맹목적인 추종은 바른 길이 아니며 잘 설득되고 훈련된 사람들이 분명한 비전을 가지고 협조할 때 성공할 확률이 높다는 것을 의미한다. 문화는 사회체계요소 가운데서 가장 안정적인 것이며 시스템변화에 있어서 가장 나중까지 남아 있는 요소이다. 지도자가 진정으로 조직문화를 바꾸려고 한다면 현재 조직을 파괴하지 않으면 안 되고 새로운 사람들과 새로운 문화적 요인으로 장기간에 걸쳐서 형성해 가야 한다. 문화는 서서히 점증적으로 진화적인 단계를 거치면서 변화하며 그러한 단계는 기존에 있었던 것 위에서 만들어진다. 다양성을 파괴하면서 강한 문화를 형성한 조직들은 환경이 바뀌면 약점이 노출되어 취약해진다. 급속히 변해 가는 환경 속에서 다양성은 하위문화들과 서로 교류하면서 소중하게 다뤄져야 하며 억압되기보다는 보전되고 조장되어야 한다. 따라서 리더십의 과제는 다양성을 파괴하지 않고 진정한 콘센서스를 어떻게 성취해 가는가이다. 싱가포르의 특징인, 정부의 경제에 대한개입, 부문별협력, 자비로운 전제정치, 개인주의적인 집단주의, 통제된 개방, 비서열적인 서열체계는 서구적인 시각에서 볼 때 예외적이라 할 수 있다. 싱가포르가 시사하는 것은 영국식민 시대부터 물려받은 다양한 경영과정이 어떻게 발전했고 외국으로부터 모방한 것이 어떻게 경영시스템에 주입되어 아시아적인 것도, 서구적인 것도 아닌 싱가포르의 것이 되었는가에 대한 것이다. 싱가포르에 있어서 가장 두드러진 것은 그들의 '행동 중심적인 낙관주의'이다. EDB 조직원들은 비판을 받아들여 그것을 통해 완벽해 질 수 있다고 생각하고 모든 실수는 개선의 기회로 받아들이는 열린 태도를 견지하고 있다. 이런 태도는 더욱 확대되어 싱가포르는 '배우는 조직'에서 '배우는 국가'로 개념을 상승시켰다.

싱가포르의 성장은 EDB의 효율성, 리더십, 지정학적 우위, 정치적 안정, 팀웍, 강한 정부의 개입, 특별한 경제정책의 선택 등 모든 것의 종합이라 할 수 있다. 그러나 이러한 모든 것이 제 기능을 발휘할 수 있도록 환경을 마련하고 전략을 변화시키며 성장정책을 추진시키는 것은 바로 리더십이다. 이광요는 그의 창의적 리더십으로 EDB란 경제기획기구를 운용함으로써 독특한 조직문화의 창출 및 시민문화의 형성에 성공하였다.

조직을 이해하고 조직의 효율성을 높이는 데 가장 중요한 것은 조직을 이끌어 가는 리더십과 조직문화의 관리에 있다. 만일 이광요가 비전이 없는 평범한 정치인 또는 보통의 민족적 영웅이었다면 싱가포르는 오늘날의 깨끗하고 효율적이고 번영한 도시국가를 이루지 못했을 것이다. 이와 같이 싱가포르의 근대화를 논하는 데는 약 40여 년간 집권한 이광요 수상의 근대화리더십의 역할이 다른 어떤 것보다도 중요한 요인이다.

2. 한국 및 제3세계에 대한 함의

어떠한 집단이나 사회조직에서 리더십은 언제나 관찰되는 현상이며 특히 발전도상국가에 있어서 정치리더십의 역할은 거의 절대적이라고 할 수 있을 정도로 그 비중이 막대하다. 따라서 한 국가의 성공적인 발전의 궁극적 결정요인은 바로 근대화 리더의 창의적인 리더십이라는 것이 본 연구의 중심가정이다.

실천을 중요시하는 이광요의 창의적 리더십은 근대화를 추구하는 많은 제3세계국가들 가운데 싱가포르를 성공적으로 근대화시키는 데 상대적으로 많은 공헌을 했다.

싱가포르 근대화과정에서 나타난 공동체주의적 처방은 한국의 근대화과정에서도 나타나지만 IMF 외환위기를 초래함으로 인해 한국에서는 성공하지 못한 케이스로 인식되고 있다. 그렇다면 그 이유는 어디에 있는가? 한국에서 나타난 공동체에 기반한 유교자본주의는 부패와 무질서를 초래하는 정실자본주의(crony capitalism)로 흘러 결국 도덕적 해이(moral hazard)를 초래해 한국을 위기상황으로 몰아넣었다. 싱가포르 이광요의 근대화리더십 연구결과 싱가포르에서 공동체주의적 처방이 성공한 이유는 첫째, 부패를 근본적으로 차단하는 법과 시스템이 잘 운용되고 있다는 점이다. 사실상, 싱가포르도 정경유착이 되어있지만 정치인들은 경제인들과 거리를 유지함으로 청렴성을 유지하여 연고(혈연, 지연 학연)의식, 패거리의식에 기초한 부패 행태인 정실자본주의의 부작용을 낳지 않았다. 싱가포르는 관료들의 청렴성과 성실성 제고를 위해 강력한 부패방지 시스템인 부패조사국(Corrupt Practices Investigation Bureau)을 가지고 있다. 한국에도 이러한 유사한 법제를 마련하여 시행하고 있으나 그 시행에 있어서 법적 구속력이 싱가포르보다 현저하게 떨어진다. 싱가포르는 관료의 부패를 근절하여 거래비용을 없애고 효율적인 정부조직운용을 위한 발판을 마련했다. 그러나 국제투명성기구의 조사에 따르면 한국은 여전히 부패가 심하고 거래비용이 높은 국가로 분류되어 윤리적 국가경영리더십의 확립과 그 실천이 요망된다.

둘째, 한국에서는 역대 대통령들이 민주주의를 내세우며 권위주의에 입각한 제왕적인 권력을 휘둘렀지만 싱가포르 경우는 집단지도체제하에 민주적 의사결정방식이 잘 이루어져 체제 내의 화합을 실현하여 정책집행의 일관성과 효율성을 유지할 수 있었다. 이광요의 강력한 일당 체제하의 중앙집권체제는 정치적 안정을 실현하여 지속적이고 안정적인 경제의 고도성장을 이룩할 수 있었다. 그러나 한국의 정치적 상황은 여당과 야당으로 나뉘어 분열되어 있어 상대적으로 안정적인 성장을 이룩하는 데 한계가 있는 것으로 보인다. 정치적 다양성을 인정하는 민주주의적 시각에서 보면 바람직하다고 합리화할 수 있으나 정치지도자들이 스스로 모범을 보이는 리더십 결여로 퇴임 후의 수난을 당하는 사례가 빈번하다. 그리고 인기를 얻는 정부행태는 볼 수 있으나 존경을 받는 정부구축에는 매번 실패했다. 셋째, 위기대응체제 운용에 있어서 싱가포르는 미래의 위기요인을 시나리오별로 분석하여 이에 장기적인 안목으로 대응방안을 마련하는 전략적 실용주에 입각한 예방적 위기관리시스템을 유용하게 활용하였다. 한국의 경우는 대부분이 예방적 대응시스템보다는 사후수습에 중점을 두고 있어 좀 더 순발력 있는 위기 대응시스템을 운용해야 할 필요성을 시사한다. 이러한 싱가포르 스타일의 예방적 위기관리시스템은 장차 노사파업문제, 정치적 안정화, 지속적인 경제발전, 북한의 핵문제, 그리고 통일문제 등 다가올 여러 가지 위기요인을 사전에 시나리오별로 분석하여 한국의 국가적 위기에 대처하는 데 있어서 유용하게 활용될 수 있을 것이라고 생각한다. 넷째, 한국을 비롯한 제3세계의 어느 근대화리더들보다 이광요는 리더로서의 자질 즉 창의력, 교육수준, 청렴성, 추진력 등 여러 면에서 훨씬 앞선다고 볼 수 있다. 이러한 창의력과 실천을 앞세우는 이광요 리더십의 우수한 자질이 일류국가로 발전하는 데 있어서 중요한 요소이다. 향후 한국의 지도자 선정에 있어서 투사형보다는 우수한 자질의 전문가형 리더를 선택하는 것이 국가의 안정과 지속적인 경제발전에 도움이 된다는 사실을 시사한다. 다섯째, 서구의 밀려드는 자유주의와 개인주의에 따른 사회의 응집력의

262

와해에 대하여 이를 치유할 새로운 공동체의 이데올로기 개발이나 가치
관 모색에 대한 노력이 싱가포르보다 상대적으로 약하거나 거의 없다.
박정희 대통령 당시 시행되었던 새마을운동과 반상회는 싱가포르에서
한국의 사례를 배워가 새마을운동(Newtown Movement), 시민협의회
(People's Associations)의 형태로 운용되고 있다. 싱가포르의 새마을운
동(Newtown Movement)은 깨끗한 주거환경실현에 기여하며 시민협의
회는 공동체의 응집력을 강화시킬 뿐만 아니라 반사회분자, 불순분자,
그리고 범죄자 색출에 유용하게 이용되며 정부의 정책에 대한 피드백을
제공하는 중간역할을 잘 감당하고 있다. 그러나 한국의 현실은 이러한
좋은 전통의 시스템이 그 기능을 점차 잃어가고 있다. 한국정부도 노동
및 시민단체들을 포함한 기존의 새마을 조직을 활성화함과 동시에 이들
세력들과의 긴밀한 협조와 교류를 통하여 새로운 사회경제적 구조창출
을 위한 개혁을 시도해야 한다.

여섯째, 이광요가 경제를 발전시키기 위한 경제기획 관료기구인
EDB의 창의적 조직운용과 독특한 실용주의적 조직문화는 싱가포르
경제발전의 엔진역할을 담당하였다. 한국의 경우는 조직의 효율을
높일 수 있는 정직과 청렴의 가치를 중시하는 가치체계를 훈련받을
환경이 마련되어있지 않을 뿐 아니라 모범적 조직운용사례에 대한
학습과 그러한 문화를 다른 정부산하조직으로 파급시켜 효율을 제고
하려는 노력이 상대적으로 약하다. 일곱째, 싱가포르의 NTUC(전국
노동조합평의회)는 집권당의 실세에 의해 장악됨으로써 전 노동조합
이 국가의 통제와 지휘를 받아 개별 노동조합이 함부로 파업을 할
수 없고 노사 간에 협조적인 분위기가 형성되어있다. 한국의 경우
파업이 발생할 경우 그것을 통제할 수 있는 예방적인 제도적 장치가
없을 뿐만 아니라 파업이 발생하면 막대한 국가적 손실을 끼치며 그

후유증도 장기간 지속된다. 이를 사전에 예방하기 위해서는 싱가포르처럼 산업별 단위 노조나 일반노동자들에 대한 국가적 통제를 행사할 수 있는 '신사회노주주의(new social unionism)'에 입각한 포괄적인 노동결사체가 필요하다. 여덟째, 싱가포르는 노동을 중시하는 사회복지체계를 확립하여 시장실패자나 사회경제적 낙오자들을 보호하기 위한 사회민주적 정책처방을 내릴 수 있는 정치사회의 제도가 잘 정비되어 있다. 그러나 한국의 경우, 사회복지제도정책의 일관성이 결여되어 있으며 운영상의 허점과 난맥상이 노정된 가운데 상승하는 복지비용은 국민의 부담을 섬증시킨다. 한국은 복지제도에 있어서 정책의 일관성유지와 적정복지비용 책정이 최우선 과제이다. 아홉째, 싱가포르는 경제성장과 관련하여 실용주의적 입장에서 국민들에 대한 기술 기능교육을 중시하며 대학교육만으로 특별한 시험을 치르지 않아도 각종 공무원에 임용될 수 있다. 그러나 한국의 경우 높은 교육열 속에서 비효율적인 고시제도와 비실용적인 인문사회학을 중시하는 풍조 속에서 고학력실업자와 고시준비생만 대량으로 양산하는 비효율을 낳고 있다. 한국도 대학교육만으로도 무엇이든지 다 할 수 있도록 하는 교육제도 정비가 필요하며 산업과 경제발전을 위한 실용적인 기술과 기능을 갖춘 인재로 양성하도록 하는 사회교육제도 마련이 긴요하다.

싱가포르의 이러한 근대화의 성공사례를 제3세계에 그대로 적용했을 경우 과연 성공할 수 있을 것인가는 여전히 의문으로 남는다. 왜냐하면 각 나라마다 그 나라 고유의 문화와 지정학적 위치, 정치적 상황, 경제하부구조, 국민의 의식구조가 각기 상이하기 때문에 일률적인 성공법칙을 적용하기에는 무리가 있다. 싱가포르 사례를 통하여 제3세계 지도자들이 배울 수 있는 사실은 먼저 지도자가 원대한 비전을 가지고 각기 자기나라의 상황에 대한 정확한 진단을 기반으로 하여 국민의 지지 동원을 위한 창의적이며 시의 적절한 정책적 처방을 내릴 때 성공할 수 있다는 것이다.

본 연구에서는 발전과 변화를 이끌기 위한 리더의 엘리트 중심적인 시각을 노정함으로써 국민개개인들의 리더십이나 발전을 위한 노력들이 상대적으로 등한시되는 한계점을 가지고 있다. 또 싱가포르 이광요 리더십에 대한 보다 구체적이고 심도 깊은 재조명을 위해서는 심도 있는 이론적 작업이 선행되어야 함과 동시에 그에 따르는 자료수집도 철저하게 이루어질 필요가 있다. 그러나 이 논문에서는 터커의 리더십접근법을 변형하여 리더십에 대한 논의를 재해석하는 수준에 머무르고 있다. 상황의 인식, 비전, 지지 동원을 위한 처방에 관한 개별적인 자료를 세밀하게 검토하여 새로운 사실을 찾아내고 검증하여 이를 통해 보다 구체적인 현실을 실증적으로 분석하는 단계로는 아직 나아가지 못했다. 마찬가지로 이론을 검토하는 작업에서도 심도 있는 이론적 배경을 기반으로 논의에 접근하지 못하고, 구체적인 이광요의 상황인식과 비전 그리고 처방을 그가 여러 상황에서 언급한 발언 내용을 2차 자료를 통하여 찾아내어 정치리더십 각 단계에 맞추는 수준에 그쳤다. 그에 따라 개념에 따른 논의나 분석이 다소 자의적으로 해석될 수 있는 여지를 갖고 있다.

이와 같은 한계에도 불구하고, 이 논문에서는 싱가포르 이광요의 근대화리더십을 변형된 분석 틀로 재조명함으로써 정치를 "권력에 굶주린 자들의 권력투쟁과정"이라는 권력 중심적인 시각으로 보는 기존의 방법에서 탈피하여 국가발전에 있어서 리더의 창의적인 능력과 효율적인 조직운용 그리고 문화창조의 중요성을 조명하여 근대화 발전과정을 보다 적실성 있게 이해하고 평가하고자 노력하였다.

참고문헌

1. 한글서적

(1) 단행본

고우성(외). 『동남아의 정당정치』. 서울: 오름, 2001.

고우성·길인성·박종철·배긍찬·신윤환·이광철·이병두·전제국. 『동남아의 정치경제』. 서울: 21세기한국연구재단, 1995.

골드버그, 마이클 J. 저·박헌준·유민봉 역. 『성공 경영을 위한 에니어그램 리더십』. 서울: 김영사, 2001.

골드버그, 마이클 J. 저·박종영 역. 『에니어그램 성격의 리더십』. 서울: 상상북스, 2001.

구광모. 『대통령론』. 서울: 고려원, 1984).

기든스, 앤서니·한상진·박찬욱 공역. 『제3의길』. 서울: 생각의 나무, 1998.

김국진(외). 『아세안의 정치경제』. 서울: 집문당, 1993.

김대중(외). 『아시아적 가치』. 서울: 전통과 현대, 1999.

김승혜. 『원시유교』. 서울: 民音社, 1990.

김진왕. 『현대동남아시아의 이해』. 서울: 동남아지역연구회, 1993.

김충남. 『성공한 대통령 실패한 대통령』. 서울: 전원, 1992.

김호진(외). 『한국의 도전과 선택: 21세기 국가경영론』. 서울: 나남출판, 1997.

나이스비트, 존·에버딘, 패트리셔 공저·김흥기 역. 『메가트렌드 2000』. 서울: 나남출판, 1997.

瀧川勉(외). 『동남아시아 現代史入門』. 서울: 나남, 1983.

렁청진저·김태성 역. 『변경(辨經)』. 서울: 더난출판, 2003.

리프먼-블루먼, 진(Lipman-Blumen, Jean) 저·김양호·이승영 공역. 『성공한 리더, 성공한 리더십』. 서울: 경향신문사, 1997.

맹자(외)·류정기 역, 『사서삼경』. 서울: 명문당출판, 1998.

밀리칸, 맥스 외편(Millikan, Max F. et. al.), eds. 柳益衡. 『신생국가의 근대화』. 서울: 文明史, 1972.

박사명(외). 『동남아의 정치리더십』. 서울: 서울프레스, 1996.

블랙(Black, Cyril E.)·진덕규 역. 『근대화의 사회변동: 근대화의 비교사』. 서울: 삼영사, 1983.

블레인, 리(Blaines, Lee) 저·장성민 역. 『지도력의 원칙』. 서울: 김영사, 1999.

서진완. 『주요 제국의 행정제도 동향조사: 싱가포르의 행정조직』. 서울: 한국행정연구원, 1996.

선학태. 『한국정치경제론』. 서울: 심산, 2003.

송성근(외). 『세계를 움직이는 사람들』. 서울: 한국방송출판, 2002.

쉐인, 에드가 H.(Schein, Edgar H.) 저·김세영 역. 『조직문화와 리더십』. 서울: 교보문고, 1990.

신동화. 『싱가포르편람』. 서울: 대외경제정책연구원, 1997.

앳조니, 아미타이(Etzioni, Amitai) 저·류완빈 역.『현대조직론』. 서울: 학문사, 1983.

양승윤.『동남아와 ASEAN』. 서울: 한국 외국어대학교 출판부, 1996.

양종회(외).『동남아시아의 사회계층: 5개국비교연구』. 서울: 고려대학교출판부, 1996.

우에노세이이찌,『중국의 사상』. 김진욱 옮김, 부산: 열음사, 1986.

우종천(외).『아시아·태평양 1998~1999』. 서울: 서울대 국제지역원, 1999.

劉明種.『중국사상사(I)』. 대구: 이문출판사, 1983.

이각범(편).『제3세계 사회발전논쟁: 근대화이론·종속이론의 비판과 한국』. 서울: 한울 출판사, 1986.

이광요 저·류지호(역).『내가 걸어 온 일류 국가의 길』. 서울: 문학사상사, 2000.

이광요 저·류지호(역).『리콴유 자서전』. 서울: 문학사상사, 1998.

이대웅.『지도자의 전략과 리더십』. 서울: 혜진서관, 1992.

李愛熙(외),『공자 사상의 계승』. 서울: 열린책들, 1995.

이서행.『새로운 북한학: 분단시대 통일문화를 위하여』. 서울: 백산서당, 2002.

______.『淸白吏 精神과 公職倫理』. 서울: 인간사랑, 1990.

이완범.『한국전쟁: 국제전적 조망』. 서울: 백산서당, 2000.

이우진.『동남아정치론』. 서울: 법문사, 1984.

이은호(외).『동남아정치입문』. 서울: 박영사, 1991.

이한빈.『국가발전의 이론과 전략』. 서울: 박영사, 1969.

전제국·김성주·박사명·고우성·양길현·윤진표·정영국. 『동남아의 정치리더십』. 서울: 서울프레스, 1996.

정광균. 『싱가포르 그 나라를 알고 싶다』. 서울: 세훈문화사, 1999.

정윤재. 『다사리국가론』. 서울: 백산서당, 1999.

朱日耀·정귀화 역. 『전통중국정치사상사』. 부산: 新知書院, 1999.

최지태. 『孟子學』. 서울: 을지서적, 1991.

최평길. 『대통령학』. 서울: 박영사, 1998.

클락, 네어(Neher Clark) 저·동남아지역연구회 역. 『현대 동남아의 이해』. 서울: 서울프레스, 1993

한국비교사회연구회(편). 『동아시아의 성공과 좌절』. 서울: 전통과 현대, 1998.

한 홍. 『거인들의 발자국』. 서울: 두란노, 2000.

함성득. 『대통령학』. 서울: 나남출판, 1999.

헌팅턴, 사무엘(Huntington, Samuel P.) 저·민준기 배성동 공역. 『정치발전론: 변혁사회에 있어서의 정치질서』. 서울: 을유문화사, 1983

홉스테드(Hofstede, Geert) 저·차채호·나은영 역. 『세계의 문화와 조직』. 서울: 학지사, 1995.

(2) 논 문

김형곤. 「'비전' 실천한 대통령들이 '성공'」. 『주간조선』. 서울: 조선일보사, 2003).

박래영. 「대만·싱가포르의 근로자 복지제도: 주택·교육제도를 중심으로」, 『한국노동연구원 정책연구』, 서울: 한국노동연구원, 1997.

박정남. 「최고경영자의 카리스마적 리더십에 관한 연구: 최고경영자의 행동특성과 조직 의 성과를 중심으로」. 명지대학교 대학원 박사학위논문, 1995.

박준식. 「싱가포르 국가주의적 노사관계에 대한 고찰」. 『동아시아연구』, 서울: 한국동남아시아 학회, 1997.

박혜남. 「조직문화와 조직유효성에 관한 연구: 개인과 조직특성의 적합관계를 중심으로」. 세종대학교 박사학위논문, 1995.

설한. 「자유주의, 공동체주의, 그리고 문화: 키믈리카(Kymlicka)의 자유주의적 문화주의 이론을 중심으로」. 『1998 연례학술회의 논문집』, 서울: 한국정치학회, 1998.

이서행. 「반부패의식과 제도로서 청백리의 규범문화」. 서울: 한국부패학회, 2002.

이종열. 「한국과 싱가포르의 공공주택정책 비교분석: 국가의 역할과 전략을 중심으로」. 한국행정논집, 1996.

이주호. 「조직의 문화유형, 리더십유형 및 행동성과에 관한 실증연구」, 대구: 계명대학교 박사학위논문 1996.

장원석. 「아시아적 민주주의의 이상과 고뇌: 싱가포르의 경우」, 『지역연구』, 서울: 서울대학교 , 1995.

전제국. 「싱가포르의 리더십교체와 정치진화」, 『동남아의 정치리더십』, 서울: 서울프레스, 1996.

전택수. 「경제발전과 문화의 관계에 관한 연구」, 『정치·경제발전과 문화』, 성남: 한국 정신문화연구원, 1998.

정수산. 「이광요 이후의 싱가포르 정치」, 『입법자료분석』, 제4권, 제2호,

서울: 대한민국국회, 1992.

정윤재. 「근대국가 발전에 대한 정치리더십 접근: 쓰루타니 다케쓰구를 중심으로」, 『장면·윤보선·박정희: 1960년대 초 주요 정치 지도자 연구』, 성남: 한국정신 문화연구원, 2001.

조지(George, T. S.)저·민요기 역. 『동남아의 최장기집권자 이광요』, 서울: 南島文化社, 1998).

민친 제임스(James Minchin)·이성봉 역. 『李光耀』, 서울: 삼호미디어, 1994.

함성득. 「성공적인 대통령을 위한 국정운영 리더십」, 『한국정치학회보』, 한국정치학회, 1998.

2. 일본어 서적

(1) 단행본

S.ジャ ヤグマイル(編). 『シンガポールの知惠, 發展の 源泉』. 齋藤志郎 (譯), 東京: サイマル出版會, 1984.

村井 雄. 『都市國家シンガポール 豊ガさと管理の中で 』. 東京: 三一書 房, 1990.

岩崎育夫. 『リー・ゴァンユ 西洋どアシアのはざまで』. 東京: 岩波書店, 1996.

松美弘. 『シンガポールの經濟開發』. 東京: 平論社, 1973.

田中恭子.『シンガポンル の 政治哲學 上, 下』. 東京: 井村文化事業社, 1988.

矢延洋泰.『小さな國の 大きな開發』. 東京: 勁草書房. 1983.

竹下秀邦.『シンガポール リーコァンユウの 時代』. 東京: アジア經濟研
　　　究所. 1995.

田村慶子.『頭腦國家 シンガポール』. 東京: 講談社現代新書, 1993.

吳慶瑞.『シンガポールの經濟發展を語る』. 渡辺利夫・高橋　宏・荒井茂
　　　夫(譯), 東京: 井村文化事業社, 1977.

Lee Tsao Yuan, Linda Low.『シンガポールの 企業家精神』. 岩崎育夫
　　　(譯), 東京: 井村文化事業社, 1990.

ギャリーロダン.『シンガポール工業化の政治經濟學』. 田村慶子・岩崎育
　　　夫(譯), 東京: 三一書房, 1992.

綾夫恒雄(外).『もっど知りたいシンガポール』. 東京: 弘文堂, 1982.

田村慶子.『シンガポールの國家建設』. 東京: 明石書店, 2000.

リム チョンヤ.『シンガポールの經濟政策 上, 下』. 岩崎輝行・森健(譯),
　　　東京: 井村文化事業社, 1988.

村田翼夫.『東南アジア諸國の國民統合と敎育: 多民族社會における葛藤』.
　　　동경: 東信堂, 2000.

(2) 논문

黑柳米司.「人權外交」. 對「ワイジアン・ウェィ」一軟着陸を求めて 『國
　　　際問題』422.(1995).

3. 영어서적

(1) 단행본

Apter, David E. *The Politics of Modernization*. Chicago: The University of Chicago Press, 1965.

Barr, Michael D. *Lee Kuan Yew: The Beliefs Behind the Man*. Washington D.C.: Georgetown University Press, 2000.

Black, Cyril E. The Dynamics of Modernization. New York: Harper & Row, Publishers, 1966.

Black, Cyril ed., *Comparative Modernization*. New York: Macmillan Publishing Co., Inc. 1976.

Brooke, Timothy and Hy V. Luong eds. *Culture and Economy: The shaping of Capitalism in Eastern Asia*. Ann Arbor: The University of Michigan Press, 1999.

Brown, David. *The State and ethnic Politics in Southeast Asia*. London: Routledge, 1994.

Buchanan, B. A. Iain. *Singapore in Southeast Asia: An Economic and political Appraisal*. London: The Camelot Press Ltd., 1972.

Buchanan, B. A. Iain. *Singapore In Southeast Asia*. London: G. Bell And Sons Ltd. 1972.

Burns, James Macgregor, *Leadership*. New York: Harper & Row. 1978.

Campbell, Collin. *The U.S. Presidency in Crisis: A Comparative*

Perspective. New York: Oxford University, 1998.

Chen, S. J. Peter. *Singapore Development Policies and Trends*. Singapore: Oxford University Press, 1983.

Chua Beng-Huat. *Communitarian ideology and democracy in Singapore*. London: Routledge, 1995.

Elgie, Robert. *Political leadership in Liberal Democracies*. London: Macmillan Press, 1995.

Hill, Michael and Fee Lian Kwen. *The politics of Nation Building and Citizenship in Singapore*. New York: Routledge, 1995.

Hill, Michael and Lian Kwen Fee. *The Politics of Nation Building and Citizenship in Singapore*. New York: Routledge, 1995.

Huff, W. G. *The economic growth of Singapore Trade and Development in the Twentieth Century*. London: Cambridge University Press, 1994.

Huntington, S. P. *Political Order in Changing Societies*. Yale University Press, 1968.

Josey, Alex. *Lee Kuan Yew: The struggle for singapore*. Singapore: Angus&Robertson Publishers, 1980).

Kang, David C. *Crony Capitalism: Corruption and Development in South Korea and the Philippines*. United Kingdom: Cambridge University press, 2002.

Kellerman, Barbara ed., *Political Leadership*. London: University of Pittsburgh Press, 1986.

Kellerman, *Political Leadership*. London: University of Pittsburgh Press,

1986.

Kernial, Singh Sandhu. Paul Wheatley. eds., *Management of Success: The Moulding of Modern Singapore.* Institute of Southeast Asian Studies, Singapore: Chong Moh press. 1989.

Khai, Leng Ho. *The Politics of Policy-Making in Singapore.* Singapore: Oxford University Press. 2000.

Lee, Kuan Yew. *From Third World To First: The singapore Story: 1965-2000.* New York: Harper Collins Publishers, 2000.

Lee, Kuan Yew. *The Singapore Story.* Singapore: Singapore Press Holdings. 1998.

Low, Linda and Toh Mun Heng eds. *Public Policies in Singapore: Changes in the 1980s and future Signposts.* Singapore: Times Academic Press. 1992.

McGregor. Douglas. *The Human Side of Enterprise.* New York: McGraw-Hill Co. 1960.

Minchin. James. *No man is an Island A portrait of Singapore's Lee Kuan Yew.* Sydney: Allen and Unwin. 1986.

Naisbitt, John. *Global Paradox.* New York: *Avon Books,* 1995.

Neher. D. Clark. *Southeast Asia in the new international Era.* Singapore: Westview Press, 1991.

Oei. Anthony. *What if there had been no Lee Kuan Yew?.* Singapore: Mandarin Paperbacks. 1992.

Ong. Wee Hock. *The Economics Of Growth And Survival.* Singapore: Eurasia Press, 1979.

Ong, Wee Hock. *The Economics of Growth and Survival.* Singapore: National Union Congress, 1978.

Paul, Josiane Cauquelin, Lim Birgit Mayer-Konig eds., *Asian Values. An encounter with Diversity.* Singapore: Curzon press, 1998.

Pfiffner, James. *The Strategic Presidency: Hitting the Ground Running.* Chicago: Dorsey Press, 1998.

Pye, Lucian W. *Asian Power and Politics: The Cultural Dimensions of Authority.* London: The Belknap Press 1990.

Quah, S. T. John *In Search of Singapore's National Values.* Singapore: Times Academic Press, 1990.

Quah, Stella R. *Family in Singapore: Sociological Perspectives.* Singapore: Times Academic Press, 2nd Edition, 1998.

Rhee, Jong Chan. *The state and industry in South Korea: The limits of the authoritarian state.* New York: Routledge, 1994.

Rodan, Garry. *The Political Economy of Singapore's Industrialization: National*

Rodan, Garry. "Elections without representation: The Singapore experience under the PAP." *The Politics of elections in Southeast Asia.* London: Cambridge university press, 1996.

Rostow, W. W. *The Stage of Economic Growth.* London: Cambridge University Press, 1960.

Schein, H. Edgar. *Strategic pragmatism: The Culture of Singapore's Economic Development Board.* London: The MIT Press, 1997.

Simonton, Dean. *Why Presidents Succeed.* New Haven: Yale University

Press. 1987.

Taylor. R., H. *The Politics of Elections in Southeast Asia.* Singapore: Woodrow Wilson Center Press and Cambridge University Press. 1996.

Tsurutani, Taketsugu. *The Politics of National Development: Political Leadership in Transitional Societies.* New York · London: Chandler Publishing Company. 1973.

Tucker. Robert C. *Politics as Leadership.* Columbia: University of Missouri Press. 1981.

Turnbull. C. M. *Dateline Singapore: 150 years of the Straits Times.* Singaopre: Singapore Press Holding. 1995.

Vasil. Raj. *Asianising Singapore.* Singapore: Chong Moh Press. 1995.

You. Poh Seng and Lim Chong Yah eds. The Singapore Economy. Singapore: Eastern Universities Press. 1971.

(2) 논문

Barr, Michael D. "Lee Kuan Yew: Race, Culture and Genes." *Journal of Contemporary Asia.* VOL. 29. No.2, Quarterly, 1999.

Bellows. Thomas J. "Singapore in 1988." *Asian Survey.* Vol. XXIX. No.2(February 1989).

Bellows, Thomas J. "Singapore in 1989: Progress in a Search for Roots." *Asian Survey.* Vol. XXX. No.2(February 1990).

Benetelspacber, Carl E. "*A Case Analysis of Families with an Elderly Member in an Institution.*" Singapore: National University of Singapore, 1994.

Chen, S. J. Peter. "Asian Values in Modernizing Society: A Sociological Perspective." *Working Papers* No.51. Department of Sociology, Singapore: National University of Singapore Press, 1976.

Chew, Melanie. "Human Right in Singapore: Perceptions and Problems." *Asian Survey*, Vol. XXXIV, No.11(November 1994).

Chung, Yoon Jae. "A Medical Approach to Political Leadership: An Chae-Hong and A Healthy Korea." Ph. D. diss., University of Hawaii, 1988.

__________. "Globalization and the Politics of Asian Values: The Singapore Case and Its Implications for Korea." 『새 천년 한 국인의 정체성』(성남: 한국정신문화연구원 2000).

__________. "Civil Society and Eurocentrism in Korean Democratization: A Critique from a Political Leadership Perspective." *The Review of Korean Studies*. Vol. 5 No.1(June 2002).

Ganesan N. "Malaysia-Singapore Relations: Some Recent Developments." *Asian Affairs*, Vol. 25, No.1(Spring 1998).

Gopinathan, S. "Religious Education in a Secular State: The Singapore Experience." *Asian Journal political Science*, Vol. 3, No.2(December 1995).

Heng, Chee Chan. "Singapore in 1985: Managing Political Transition

278

and Economic Recession." *Asian Survey*, Vol. XXVI, No.2 (February 1986).

Hook, Sidney. "The Eventful Man and the Event-Making Man." Edited by Barbara

Hussin, Mutalib. "Singapore in 1993: Unresolved Agendas in an Eventful Year." *Asian Survey*, Vol. XXXVI, No.2(February 1994).

Huxley, Tim. "Singapore in 2000: continuing Stability and Renewed Prosperity amid Regional Disarray." *Asian Survey*, Vol. XLI, No.1(January/February 2001).

Jose Jim, and Christine Doran. "Marriage and Marginalisation in Singaporean Politics." *Journal of Contemporary Asia*, Vol. 27. No.4(Quarterly 1997).

Junn, Sung-chull. "Economic Crisis and Asian Values." Korea Focus, Vol. 6, No.3(May-June 1998).

Kahi, Legong Ho. "Citizen participation and policy making in Singapore: Condition and Predicaments." *Asian Survey*, Vol. XL, No.3(May/June 2000).

Kelly, David. "Freedom as an Asian Value." Michael Jacobsen and Ole Bruun, eds., *Human Rights and Asian Values: Contesting National Identities and Cultural Representations in Asia*, London: Curzon, 2000.

Kim, Shee Poon. "Singapore in 1991: Endorsement of the New Administration." *Asian Survey*, Vol. XXXII, No.12(December 1992).

Lee, Lai To. "Singapore in 1986: Consolidation and Reorientation in a Recession." *Asian Survey*, Vol. XXVII, No.2(February 1987).

Lee, Lai To. "Singapore in 1999: Molding the City-State to Meet Challenges of the 21st Century." *Asian Survey*, Vol. XL, No.1(January/February 2000).

Lyons, Lenore. "The Limits of Feminist Political Intervention in Singapore." *Journal of Contemporary Asia*, Vol. 30 No.1 (Quarterly 2000).

Mauzy, Daniel K. "Leadership Succession in Singapore: The Best Laid Plans." *Asian Survey*, Vol. XXXIII, No.12(December 1993).

Mauzy, Diane K. "Leadership Succession in Singapore." *Asian Survey*, Vol. XXXIII, No.12(December 1993).

Mauzy, Diane K. "Singapore in 1994." *Asian Survey*, Vol. XXXV, No.2(February 1995).

Neher, Clark D. "Asian Style Democracy." *Asian Survey*, Vol. XXXIV, No.11 (November 1994).

Paul, Erik C. "Prospects for Liberalization in Singapore." *Journal of Contemporary Asia*, Vol. 23, No.3(Quarterly 1993).

Quah, Jone S. T. "Singapore in 1983: The Continuing Search for Talent." *Asian Survey*, Vol. XXIV, No.2(February 1984).

Quah, Jone S. T. "Leadership Transition in an Election Year." *Asian Survey*, Vol. XXV, No.2(February 1985).

Ramesh, M. "Social security in Singapore: Redrawing the Public-Prince Boundary." *Asian Survey*, Vol. XXXII, No.12(December 1992).

Rigg, Jonathan. "Singapore and the Recession of 1985." *Asian Survey*, Vol. XXVII. No.3(March 1988).

Rodan, Garry. "Elections without representation: The Singapore experience under the PAP." *The Politics of elections in Southeast Asia*. New York: University of Cambridge Press, 1996.

Stogdill, R. M., "Handbook of Leadership." lst Eds., (New York: Free Press, 1974).

Tillman, Robert O. "The Political Leadership." Kernial Singh Sandhu and Paul Wheatley, Eds., *Management of Success*(Singapore: Chong Mob Offset Printing, 1990).

Wilkinson, Barry. "Social Engineering in Singapore." *Journal of Contemporary Asia*, Vol. 18 No.2(Quarterly 1988).

Williams, Jeremy B. "Capitalist Development and Human Rights: Singapore Under Lee, Kuan Yew." *Journal of Contemporary Asia*, Vol.22 No.3(Quarterly 1992).

부록 : 주요사건연대표

날 짜	주요 사건
1923. 9. 16	이광요 출생
1936~1939	래플스 중고등학교에 다님.
1940~1942	래플스 대학에 다님.
1942. 2. 15	일본이 싱가포르를 점령함.
1945. 9	영국 싱가포르에 복귀.
1946~1950	영국 케임브리지에서 법학을 전공.
1947. 12	영국에서 가 옥주와 비밀리에 결혼.
1948. 6	말라야와 싱가포르에 비상령이 선포되고 말레이 공산당 지하로 잠복.
1950. 8	유학생활을 마치고 싱가포르로 귀국.
1950. 9	가 옥주와 싱가포르에서 정식결혼.
1950~1959	변호사 개업. 여러 노조의 법률자문으로 활약함.
1954. 11	인민행동당 결성.
1957.8.31	말레이 연방독립.
1957.12	인민행동당, 시의회 선거에서 13석 획득.
1959. 5	인민행동당 새헌법 하에 실시된 총선에서 51석 중 43석 획득.
1959. 6.5	35세 나이로 싱가포르 자치령 정부 총리에 취임.
1960. 2	림킴산을 청장으로 하는 주택 개발청(HDB) 수립. 대규모 주택건설사업시작.
1963.2	'냉동창고' 작전을 통해 공산세력과 그 지지자들을 체포함.
1963. 8.31	싱가포르는 말레이시아 연방 발족에 앞서 독립을 선언함.
1963. 9.16	말라야, 싱가포르, 시라와크, 시바로 구성되는 말레이시아 연방 결정.
1963. 9.21	인민행동당 싱가포르 총선에서 승리.
1965.8. 9	싱가포르 연방에서 분리독립.
1984.	총선에서 인민행동당은 14년 만에 의회의 2석을 다른 당에 넘겨줌으로써 단일 당 의회 시대는 막을 내림.
1990.9	이광요 총리직에서 사임하고, 같은 인민행동당 소속의 고촉통이 총리에 취임. 이광요는 원로 장관(Senior Minister)에 추대되어 국정에 참여하고 있으며, 국제정치무대에서 많은 국제회의에 참석하고 우방의 정상들과도 빈번히 만나 외교활동을 지속함.
1999. 10	서울 청와대에서 김대중 대통령과 회담.
2000. 2	내방한 전두환 전 대통령과 회담.
2000. 11	동남아시아국가연합(ASEAN)- 한·중·일 정상회의에 참석차 내방한 김대중 대통령과 회담.
2001.8	싱가포르를 방문한 한나라당 이회창 총리와 회담.
2004.8	고촉동총리 후임으로 이광요의 아들 리센룽 총리체제 출범.

【ENGLISH ABSTRACT】

An Analysis of Lee Kuan Yew's Modernization leadership

Lee Sang-Soo
The Department of Political Science
Graduate School of Korean Studies
The Academy of Korean Studies

The modernization process of Singapore in the latter half of the 20th century has been remarkable and could said to be dependent, mainly on the leadership played by Lee Kuan Yew. This dissertation attempts to examine the process of Singapore's modernization by analyzing Lee Kuan Yew's political leadership. Robert C. Tucker, the author of Politics as Leadership puts forward three processes which are necessary to achieve success in leadership, namely, an authoritative diagnosis of the situation, prescription, and the mobilization of support. By restructuring Tucker's framework of analysis, I have redefined and modified Tucker's three ideas of leadership into diagnosis of the situation, vision, and prescription for the mobilization of support. Accordingly, The purpose of this dissertation is to examine Lee Kuan Yew's modernization leadership process by which he succeeded in elevating his country from the third world.

In chapter II I explain how Lee Kuan Yew diagnosed the situation in Singapore when he first took charge. In the initial stage of the nation building process, Lee suffered the difficulties of a rapid growing population and poverty caused by lack of economic infrastructure. The growing population was a great challenge; he created jobs by establishing job training centers, built hospitals, and provided housing. When he realized that the problem could be solved by industrialization, he found the source of the problem was the lack of economic infrastructure. There was a lack of skill in economic management, few skilled workers and insufficient capital. In the initial stages, the industrial policy of the Singapore government was manufacturing to provide jobs. But the lack of skilled workers was a serious problem because Singapore wanted to sell its products in advanced countries. To make matters worse was the social disorder and unemployment aggravated by the communist strike in the wake of the withdrawal of the British army based in Singapore. To secure Singapore's independence, Lee Kuan Yew established an army and set about his vision to become an advanced country.

Chapter III illustrates Lee Kuan Yew's visions which were molded by his education in the United Kingdom. When he returned to Singapore he became anti-colonialist, anti-communist, and a total pragmatist. The political ideology adopted by Lee, who had been longing for social reform, was a system of democratic socialism. Lee put his first political priority on the issue of independence from England. Following his success, has systemic reform aimed to realize a society of equal opportunity that distributed national wealth equally.

Under democratic socialism he undertook policy prescriptions to mobilize people's support, just as he had declared in his inaugural speech as prime minister, saying that he had a dream to build a society where each living unit might typically have one wife, two children, a three room apartment, a car, and a five hundred dollar high income wealthy society.

When Lee took office as Prime Minister, he thought that social cohesion was markedly weak due to polygamy and prevalent extra-marital affairs. Lee stressed the importance of family values by laying weight on the fact that the family is the building block of society. The policy prescription for building moral society was making legislation towards a monogamous system that made exception for some Muslims. It was a tentative decision to maintain social stability by avoiding unnecessary provocation of minority groups. Lee cherished the idea of filial piety to enhance the cohesiveness of Singapore's community whereby he could establish a sound family centered moral society.

The direction of the social welfare system of Lee was heading towards encouraging individual labour and the equal distribution of wealth; he wished to avoid a system of unlimited state responsibility. Lee and his cabinet members could get political support from the many two-paycheck couples who had difficulty obtaining accommodation by furnishing them with low priced public housing. This public housing initiative was successful enough to receive the admiration of the world. As Lee gained political power, he demanded a disciplined clean government with a strong one party system of competent technocrats. He advocated that leaders should be exemplary people of action.

Lee's strong desire to enhance the living standards of his people drove him to adopt three policies to promote international business. First, the Singapore Government vigorously expanded the financial services industry in Singapore, thereby promoting Singapore as a financial center. Second, a broad characteristic of government policy was to maintain differential incentives and constraints between international and domestic financial institutions. Third, a paramount characteristic of government policy was a desire to preserve the soundness and resilience of Singapore's financial intermediaries.

Chapter Ⅳ specifies Lee's prescriptions for Singapore to become an advanced country. Lee thought that the precondition of economic development was political stability. So, he made a strong one party system centered on the Peoples Action Party (PAP). He made a political decision to utilize democracy in the collective leadership of the PAP. He strengthened the power of the Corruption Investigation Bureau to maintain honesty and integrity. Moreover, he proclaimed certain shared values to establish public order. Meanwhile he stressed the importance of discipline to construct an orderly society. On the other hand, he had the Economic Development Board (EDB) pursue the means for economic development. The main purpose of setting up the EDB was to attract foreign capital from various multi-national corporations. The primary function of the EDB was to promote the establishment of new industries in Singapore, and to accelerate the growth of existing ones. The institution selected the best personnel: those who worked in the EDB offered long-term policy prescriptions for Singapore by analyzing expected future crises. The people working for the EDB were capable of directing whatever was required, even if they had not been specifically trained for it. Accordingly, the EDB has played a key role in the economic development of Singapore. Especially, many of Singapore's young elite underwent training in the peculiar organizational culture of the EDB. They expanded EDB's strategic pragmatism by posting staff in many governmental organizations. In so doing, they could raise their systemic effectiveness. As Singapore recorded high rates of economic growth, social integrity loosened after the massive influx of western individualism into Singapore's community.

Chaper V looks at Lee's attempt to search for a new ideology for rule in anticipation of the massive influx of the western liberal culture of individualism and materialism. To get through the crisis, Lee spread Confucian Values from the late 1970's, especially by strengthening education in the native Chinese language. Also, each school prescribed multi-religious education and put educational priority on patriotism and filial piety. The result of the effort is that 70% of Singaporeans have become familiar with the Chinese classics. On top of that, the PAP government declared that shared values based on confucianism lead to the enhancement of social cohesion.

Lee utilized Confucian values for the integration of Singaporeans. Lee adopted Mencius' values that suggest a good king has to take care of his people with love and righteousness. He emphasized preventive caring within the social policy of education, welfare, labour-management, and housing. He also stressed the importance of technical education. In mapping out his social welfare policy, he tried to encourage the will to work by rejecting aid for jobless people; the Singapore government would not take full responsibility of the weak.

National interest is much more important than private interest in confucianism. Accordingly, Lee put the labour union under state control to maintain stable economic development. A harmonious relationship between labour and management was the key factor for inducing foreign investors.

In the process of mobilizing support, offering cheap public housing was a strong incentive for newly married couples. By caring for the people, the PAP government could mobilize political support for its policy implementation.

Chapter VI, the conclusion, considers several implications of Lee's modernization leadership in terms of the South Korean experience, and looks at the feasibility for success if applying the same ideas to other third world countries. The limits of the analysis framework used in this dissertation are also pointed out.

The lesson from Singapore is that modernization leaders can succeed only if they have a great vision pertaining to their own situation and implement sound and creative policy prescriptions for the mobilization of people's support.

The major limit in the analysis framework of this dissertation is that the examination is carried out from an elite-centered perspective. Although this dissertation has such a limitation, by adopting the leadership approach rather than the traditional power oriented one, light is shed on the importance of the leader's creative leadership to solve problems and the ability to form an inventive organization with a creative culture.

The economic development of Singapore is the outcome of the complex nature of the EDB's cultural effectiveness, geographical advantage, team work, and sound economic policy. The main independent factor was surely Lee Kuan Yew's leadership that has been able to change the situation in such a way as to drive the nation towards positive growth. All in all, the most important factor in the analysis of Singapore's modernization is this statesman's 40 year political leadership.

· 저자 ·

이상수
(李尙洙)

· 약 력 ·

고려대학교 영어영문학과 졸업
경희대학교 평화복지대학원 석사
한국학 중앙연구원 정치학 박사

고려대학교 정치외교학과 연구교수

· 주요논저 ·

「북한과 중국의 미국식 인권개념에 대한 입장」
「북한인권법에 나타난 미국의 동북아 안보정책변화」
「미국의 동북아 인권안보정책에 대한 북한과 중국의 대응동향」
「The Japan's Security Policy: Its New Defense Outlines」
「North Korean Human Rights Acts and Its Implications」
외 다수

이광요 (李光耀)의 국가경영리더십

· 초판 인쇄	2006년 3월 30일
· 초판 발행	2006년 3월 30일
· 지 은 이	이상수
· 펴 낸 이	채종준
· 펴 낸 곳	한국학술정보㈜
	경기도 파주시 교하읍 문발리 526-2
	파주출판문화정보산업단지
	전화 031) 908-3181(대표) · 팩스 031) 908-3189
	홈페이지 http://www.kstudy.com
	e-mail(e-Book사업부) ebook@kstudy.com
· 등 록	제일산-115호(2000. 6. 19)
· 가 격	29,000원

ISBN   89-534-4882-4 93340 (Paper Book)
       89-534-4883-2 98340 (e-Book)